教育部职业教育与成人教育司推荐教材

中等职业学校现代物流管理专业教学用书

# 现代物流信息技术

**第 2 版**


主　编　苏春玲

副主编　莫　柳

机 械 工 业 出 版 社

本书共八章，主要内容涉及现代物流信息概述、数据库技术、现代物流信息网络技术、现代物流信息技术、现代物流EDI技术、现代物流管理信息系统、现代物流信息系统的常用硬件与软件和现代物流信息管理系统的解决方案。每章后有小结，每节后有各种类型的复习思考题，便于教学参考和学生自学、自我检查之用。

本书内容新颖，阐述简练，案例突出。能结合中等职业教育的特点和市场对物流人才需求的情况，传播新理论、新观点、新方法，并注重对学生基本分析能力和实际操作能力的培养。本书可作为中等职业学校物流专业、运输管理专业、电子商务专业、经济管理专业等相关专业的教学用书，也可作为在职培训教材。

**图书在版编目（CIP）数据**

现代物流信息技术/苏春玲主编. —2版. —北京：机械工业出版社，2008.9（2011.9重印）

教育部职业教育与成人教育司推荐教材. 中等职业学校现代物流管理专业教学用书

ISBN 978-7-111-16318-3

Ⅰ. 现… Ⅱ. 苏… Ⅲ. 物流-信息技术-专业学校-教材 Ⅳ. F253.9

中国版本图书馆CIP数据核字（2008）第140747号

机械工业出版社（北京市百万庄大街22号 邮政编码100037）

策划编辑：朱 华 王英杰

责任编辑：朱 华 王英杰 马 晋

责任校对：程俊巧 责任印制：杨 曦

北京双青印刷厂印刷

2011年9月第2版·第2次印刷

184mm×260mm·10.5印张·259千字

4 001—5 500册

标准书号：ISBN 978-7-111-16318-3

定价：16.00元

凡购本书，如有缺页、倒页、脱页，由本社发行部调换

电话服务

社服务中心：（010）88361066

销 售 一 部：（010）68326294

销 售 二 部：（010）88379649

读者购书热线：（010）88379203

网络服务

门户网：http://www.cmpbook.com

教材网：http://www.cmpedu.com

封面无防伪标均为盗版

## 中等职业学校现代物流管理专业教材编审委员会



**本 书 主 编：** 苏春玲

**本书副主编：** 莫 柳

**本 书 参 编：** 马晓红 侯小俊

**本 书 主 审：** 李新胤 冯明源

# 第2版前言

随着全球经济一体化和信息技术的迅速发展，社会生产、物资流通、商品交易及其管理方式正在发生深刻的变化，现代物流发展已经成为一个国家或地区综合竞争力的重要标志之一，被喻为促进经济增长的“加速器”和“第三利润源泉”。在我国，物流基础战略地位也日益显现出来，发展现代物流业已成为各级政府和各类企业高度重视的热点问题。物流业的快速发展使得物流人才的培养成为一项十分紧迫的任务，加强中等职业学校的现代物流管理专业的建设发展亦迫在眉睫，这套“中等职业学校现代物流管理专业教学用书”便是在这种背景下进行修订的。

“中等职业学校现代物流管理专业教学用书”（第1版）是由全国26所职业院校的专家、学者共同规划、共同编写的，整套教材从物流基础理论入手，系统地阐述了物流的基本概念、基本理论、基本方法和操作技能，是一套较为适合中等职业学校物流管理专业培养目标和教学特点的教材。该套教材自面市以来，深受广大师生和业界读者的欢迎。通过一段时间的使用、实践，我们也对物流企业的岗位技能要求及用人需要进行了深入的调查和了解，并广泛收集了各院校和读者对本套教材的反馈意见和建议，深感有必要在新的形势下对第1版教材从结构到内容进行修订，以使本套教材更能适应物流行业对人才实际要求的变化，更方便广大师生的使用，更符合中职学生的培养目标和教学特点。

本套教材的修订在借鉴和吸收国内外物流学的基本理论和最新研究成果的基础上，密切结合我国物流业的发展与物流职业教育的实际，充分体现“以就业为导向”的职业教育思想，适应行动导向教学方法的需要。全套教材以物流的基本知识和基本能力的培养为主要内容，突出应用能力的培养，教材内容本着“理论够用，技能过硬，实践为主”的原则进行修订，使其内容及结构均更加适合职业学校教学的要求及中职学生的年龄特征。

第2版教材的主要特点是：

（1）为了适应不同行业、不同地区学校物流管理专业办学及学生就业要求，在原来规划的第1版13本教材的基础上，增加了《现代物流实训指导》、《职业学习与就业指导》两本书。

（2）教材各章增加了学习目的要求或教学要点，并附有本章小结，以方便读者“提纲挈领”地了解并掌握各章节的内容。

（3）尽量避免理论阐述泛泛而谈等不足，减少理论分析，理论知识阐述只注重解决“是什么”的问题；技能训练方面则重点解决“怎么干”的问题，突出了实用性和操作性，更能适合中职学生基本素质和技能培养目标要求，也使读者能更好地掌握物流相关的基本技能。

（4）对一些必须掌握的知识点和重要资料书中用“知识卡”，“资料库”、“动动脑”、“想一想”等标示出来，以便读者重点了解阅读。

（5）增加了大量的图片、表格等来阐述专业术语和技能知识，图文并茂，趣味性与知识性有机结合，以增强读者对所学知识的感性认识。

(6) 每节后均设有“训练与提高”，可用于随时检查学习效果，案例分析题则突出运作管理方法与技能实训，有利于培养学生动手操作和解决实际问题的能力，便于读者理解巩固所学知识。每节后的练习题都在教参资料中配有标准答案，可供查对。

(7) 为了方便广大教师的备课和教学，每本教材增加了助教多媒体课件电子教案和参考图片资料等。为了适应中等职业教育课程改革的需要，配给的教案中介绍了20多种常用的教学方法（如项目教学法）的运用，以帮助教师组织教学过程，使教学更生动直观，提高教学效率。

(8) 各本教材内容基本独立，可根据实际情况进行选择教学。

本套教材既可作为中职学校物流专业课程的教材，也可作为物流企业开展岗位短期培训的教材，也适合广大物流业界人员作为学习参考用书。

《现代物流信息技术》一书由苏春玲主编，莫柳为副主编，马晓红、侯小俊参加编写，全书由李新胤、冯明源审定。具体分工如下：第一、二、三、六、八章及第四章第五节至第八节由苏春玲编写，第四章第一节至第四节和第五章第三节由马晓红编写，第五章第一节和第二节由莫柳编写，第七章由侯小俊编写。

本套教材在编写过程中，参考或引用了不少专家学者的研究成果与资料，作者已尽可能地在参考文献中列出，在此对这些专家学者们表示衷心的感谢；有些资料的引用可能由于疏忽没有指出资料出处，若有此类情况发生，编者则表示万分歉意。

物流学的理论与方法仍在发展之中，有待不断充实与完善。编者们意在奉献给读者一本具有特色的实用教材，但限于作者的水平，书中难免有不妥之处，敬请广大专家和读者批评指正。

**中等职业学校现代物流管理**
**专业教材编审委员会**

# 第1版前言

当今科学技术的发展日新月异，经济全球化趋势明显增强，给世界各国经济发展带来了前所未有的发展机遇。现代物流产业作为现代经济的组成部分，在国民经济建设与社会发展中发挥着愈来愈重要的作用。发展现代物流产业对改善投资环境，优化资源配置，降低生产成本，提高经济效益，促进产业结构的调整，具有十分重要的意义。目前，物流产业被认为是国民经济发展的动脉和基础产业，其发展程度成为衡量一个国家现代化程度和综合国力的重要标志之一，被喻为经济发展的加速器。

物流研究的是生产领域与流通领域所产生的物品流动现象，将运输、储存、装卸、搬运、包装、流通加工、配送、信息处理等基本功能进行有机结合，研究物品从供应地向接收地的实体流动过程。现代物流是多学科、多技术的综合性强的专业领域。尽管物流概念传入我国已经多年，但对物流的研究相对滞后，物流技术水平相对落后。改革开放以来，随着高新技术的发展与应用，企业生产效率极大提高，产品研发周期缩短，市场竞争加剧，流通领域结构的变革和零售业的发展，生产系统与流通系统产业紧密结合已成为趋势。企业在产品供应链活动中，不再是利益对立的，而是在伴随着信息流、资金流和物流的交往中，成为物流一体化中的利益共享者和战略同盟者。一方面，通过物流一体化，物流配送不仅加快了物品的流通速度，而且可以大大降低企业的经营成本；另一方面，信息技术的广泛应用为物流业的发展注入了强大的生命力。计算机网络的普及与信息技术的发展实现了数据快速、准确传递，大大提高了订单处理、仓储、装卸、运输、采购、订货、配送的自动化水平，使物流各环节实现一体化运作。同时，信息技术的飞速发展，能对流通渠道中的商流进行有效管理，并对商流活动中的物流成本进行精确计算，这就完全可能打破传统的企业关系束缚，把原来在企业内部完成的物流作业交由专业公司运作。专业物流公司——第三方物流企业的蓬勃兴起，物流新技术的推广应用，以及国际物流市场的迅速发展，将使物流市场竞争面更广、起点更高，同时，竞争也将变得十分激烈。

根据我国加入WTO的承诺，物流业是最先开放的行业之一。要实现物流一体化，发展第三方物流，与国际物流企业竞争，必须引起各级政府部门的重视，出台有效的政策措施加以引导，改革分散的物流管理体制，提高物流现代化水平，加快培养物流经过管理、物流技术应用等现代物流人才。为保证物流产业发展所需要的各类技术人才，在加强高层次物流经营与管理人才培养的同时，要大力发展物流职业技术教育，通过各种途径培养一大批物流管理和物流技术人才，特别是造就大批物流生产第一线技术操作和运作管理的应用型人才，推行物流从业人员职业资格制度，建立多层次、多样化的物流人才培养体系。

为了适应我国物流产业发展，培养应用型物流职业技术人才，全国26所职业院校于2004年6月在广西桂林召开了“职业院（校）现代物流管理专业教学研讨会”，规划编写这套“中等职业学校现代物流管理专业教学用书”，其中《供应链管理》等6本教材被国家教育部职业教育与成人教育司列为推荐教材。同时，成立了“中等职业学校现代物流管理专业教材编审委员会”。参与这套教材编写的同志大多数是长期从事物流研究、物流企业经营管理、物流技术开发应用和物流教学的第一线专家、企业人员和教师。这套教材介绍了现代物流经营理念与物流实用新技术，吸收了国内外物流研究成果与物流实践经验。在编写过程中，针对职业教育的特点与物流岗位从业要求，参考了大量国内外物流专业书刊，使整套教材尽量反映专业学科前沿的最新理论与实用技术，并附有案例介绍与分析，具有简明、系统、实用等特点。这套教材既可作为中等职业学校物流管理专业教材，也可作为我国物流企业和其他企事业单位从事物流工作的在职人员的培训用书，也可供广大青年、学生、再就业人员作学习参考。

由于时间仓促，编者水平所限，加之物流产业处于迅速发展时期，新理论层出不穷，新技术不断涌现，教材中难免有误，敬请国内外同行和广大读者提出宝贵意见，共同商榷，以期再版时改进，不断提高编写水平，促进我国中等职业学校物流专业教材建设与发展。

中等职业学校现代物流管理
专业教材编审委员会

# 目　录

# 第一章 现代物流信息概述

**本章知识要点**

- 现代物流信息的定义、作用、特点及种类等
- 现代物流信息工作的内容
- 现代物流信息系统的主要工作、基础平台

**【案例】**

**一汽大众汽车有限公司应用现代物流信息系统纪实**

一汽大众汽车有限公司目前仅捷达车就有七八十个品种、十七八种颜色，而每辆车都有2 000多种零部件需要外购。从1997年到2000年年末，公司捷达车销售量从43 947辆增加到94 150辆，市场兑现率已高达95%~97%，公司的零部件保持在“零库存”状态，而创造这一巨大反差的是一整套较为完善的现代物流信息控制系统。

一个占地90 000多平方米，可同时生产三种不同品牌、亚洲最大的整车车间，它的仓库也一定壮观非常吧？不！这儿没有仓库，只有入口。

走进一个挂有“整车捷达车入口处”标牌的房子，只见在上千平方米的房间内零星地放着几箱汽车玻璃和小零件，四五个工作人员在有条不紊地用电动叉车往整车车间送零件。在入口处旁边的一个小亭子里，一位工作人员正坐在电脑前用扫描枪扫描着一张张纸单上的条形码——他正在把订单发往供货厂。这时一辆满载着保险杠的货车开了进来，两个工作人员立即开着叉车跟上去。几分钟后，这批保险杠就被陆续送进了车间。据了解，公司零部件的送货形式有三种：第一种是电子看板，即公司每月把生产信息用扫描的方式通过电脑网络传送到各供货厂，对方根据这一信息安排自己的生产，然后公司按照生产情况发出要货信息，对方则马上用自备车辆将零部件送到公司各车间的入口处，再由入口处分配到车间的工位上。如刚才的保险杠就采用这种形式。第二种叫“准时化”，即公司将按生产线过车顺序的配货单传送到供货厂，对方也按顺序将货直接送到工位上，从而取消了中间仓库环节。第三种是批量进货，对于那些不影响大局又没有变化的小零部件，供货厂每月将其分批量地送一到两次，这样，公司库存大大降低了。原有的一个专门在各车间送货的车队现在也解散了，而公司的订货、生产零件、运送、组装等全过程都处于小批量、多批次的有序流动中。

在整车车间，生产线上每辆车的车身都贴有一张生产指令表，零部件的种类及装配顺序一目了然。计划部门按生产线装车顺序通过电脑网络向各供货厂下计划，供货厂按照装车顺序生产零件、装货，整车生产线上的工人按装车顺序组装，保证一伸手就可以拿到正在操作的车上的零部件。现代物流管理就这样使原本复杂的生产变成了简单而高效的“傻子工程”。而整车车间的一条生产线过去只能生产一种车型，现在却能同时组装两到三种车型，

而且物流供应及时、准确，生产现场比原来节约人员近10%。此外，零部件的存储少了，公司每年因此节约的成本达六七亿元人民币。同时，供货厂也减少了30%～50%的在制品及成品储备。先进的现代物流管理带来了实实在在的效益，难怪公司部经理陆林奎说："一个单位谁是头儿？电脑！"

随着现代物流信息控制系统的完善，电脑网络由控制物流、信息流发展到公司的决策、生产、销售、财务核算等各个领域，使公司的管理步入了科学化、透明化。现在公司主要部门的管理人员人手一台电脑，每个人以及供货厂方随时可以清楚地了解每一辆车的生产和销售情况。公司早已实现了"无纸化办公"，各部门之间均通过电子邮件联系。德国大众公司每年的改进项目达1 000多个，一汽大众依靠电脑网络实现了与德方同步改进，不仅使领导层得以集中精力研究企业发展战略性问题，也营造了一个充满激烈竞争的环境。

**案例分析**

20世纪80年代竞争靠质量，20世纪90年代竞争靠流程优化，21世纪竞争靠速度。新经济时代产业的信息化将提升企业的发展速度，使企业如虎添翼，提高竞争能力。一汽大众汽车有限公司在流程重构的同时，积极推进现代物流信息化，尤其在生产物流的准时化管理过程中努力实现"零库存"，实现公司生产物流的精益化和生产管理的敏捷化，最终在市场激烈的竞争中取得胜利，在现代物流"第三方利润源"的竞争中占有一席之地。

## 第一节　现代物流信息

现代物流信息（GB）是反映现代物流各种活动内容的知识、资料、图像、数据及文件的总称。现代物流信息是现代物流系统中各个子系统、各个作业环节生成的信息集合，随着现代物流活动的发生，借助于一系列的信息文件如各种物资单据、凭证、台账、报表、资料等，渐渐形成现代物流信息流。

**一、一体四流**

"一体四流"是指现代物流过程中的商流、现代物流、资金流和信息流。

1. 商流

随着商品所有权的转移所形成的活动称为商流，一般又称为商品交易活动。在商品经济社会，商品交易活动频繁发生，商品由供给方转让给需求方，从而形成了商流。商流的内容具体包括了市场需求预测、计划分配与供应、货源组织、订货、采购调拨、销售等，贯穿于商品交换的全过程。

2. 现代物流

现代物流是物品从供应地向接收地的实体流动过程。根据实际需要，将运输、储存、装卸、搬运、包装、配送、流通加工、信息处理等基本功能实施有机结合。

3. 资金流

资金流是指在现代物流活动过程中发生的金融活动，如国际物流活动中的银行结汇等。

4. 信息流

信息流是在现代物流中起沟通传递、支撑和联系作用的。因此，商流是现代物流和资金流的动力，而信息流则是商流、现代物流和资金流的共同支撑力量和联系力量。“四流”在时空上都具有独立性，是信息流使得“四流”在现代物流系统中融为一体。

## 二、现代物流信息的作用

1. 交易

商品交易包括订货、采购、作业程序选择、定价、开票以及消费者查询等内容。现代物流信息的交易作用体现于记录个别现代物流活动的基本层面的信息，表现在现代物流信息的日常化、规范化、个性化，强调现代物流信息系统的运行准确性、效率化。

2. 控制

在管理控制企业现代物流服务水平及资源的利用方面，需要通过对现代物流信息的收集、分析、控制，以合理的指标体系来评价、鉴别各种方案并进行实施过程中的控制。

3. 决策

管理人员利用现代物流信息评估、比较现代物流活动，进行收益分析、方案决策。

## 三、现代物流信息的特点

和其他领域的信息相比较，现代物流信息的特点主要表现在以下两个方面：

1. 现代物流信息量大，信息源点多

现代物流系统是大范围内的活动，时间、地域跨度大，涉及商品交易活动和现代物流活动的方方面面。现代物流信息源发生在现代物流系统的范围之内，而且包括企业间的现代物流信息和与现代物流活动有关的基础设施的信息，因此现代物流信息量大且信息源点多。如沃尔玛应用 POS 系统读取销售时点的商品价格、品种、数量等即时销售信息，加工整理后，通过 EDI 向相关企业传送，以方便企业进行库存管理、采购决策等。

2. 现代物流信息更新快

随着现代物流信息技术的快速发展和现代物流服务方案的个性化运作，现代物流信息动态性增强，现代物流信息的价值衰减速度快，要求管理人员及时收集、加工、处理。

## 四、现代物流信息的种类

1. 按现代物流信息流的载体及服务对象的不同进行分类

（1）物流信息　物流信息是指现代物流系统中各个子系统活动的有关信息，如载运工具种类、数量，物流数量，物流地区，物流费用等。

（2）商流信息　商流信息主要是商品交易活动的有关信息，如货源信息、物价信息、市场信息、资金信息、合同信息、付款信息等。

（3）资金流信息　资金流信息主要是指现代物流活动中有关各方的金融活动的相关信息。如银行结汇信息、利率信息、付款信息等。

2. 按现代物流信息沟通联络方式的不同进行分类

（1）口头现代物流信息　口头现代物流信息是指通过口对口交谈进行联络、交流的现代物流信息，如现代物流活动中的各种现场调研活动中获得的信息，车辆管理活动中通过电话通信工具传递交流的信息。这种方式可以使现代物流信息迅速、直接传播，但较易使现代物流信息失真。

（2）书面现代物流信息　书面现代物流信息是指以书面方式传递交流的现代物流信息，如现代物流系统中各种数量报表、文字说明、技术资料等。以这种方式传递可以保证现代物流信息内容不变，并可重点说明、方便进行检查。

3. 相对于现代物流系统而言，按现代物流信息来源的不同进行分类

（1）外部现代物流信息　外部现代物流信息是指在现代物流系统以外，可提供给现代物流系统使用的现代物流信息，如供货商信息、客户信息、订货合同信息、市场信息、政策信息、以及企业生产情况信息等。

（2）内部现代物流信息　内部现代物流信息是来自现代物流系统内部的各种现代物流信息的总称，如现代物流流通信息、现代物流作业层的信息、现代物流控制层的信息、现代物流管理层的信息等。

4. 按照现代物流信息变动程度的不同进行分类

（1）固定现代物流信息　相对而言，这类现代物流信息比较稳定，比如以各种指标定额为主体的现代物流生产标准方面的信息，计划期内的以任务指标确定的各种现代物流计划信息，以及现代物流企业采用的各种技术标准信息和各种管理制度信息等。

（2）流动现代物流信息　流动现代物流信息是指现代物流系统工程中经常发生变动的现代物流信息，比如某一时刻运输子系统中的发送、到达物流统计信息、完成指标的对比信息等。

## 五、现代物流信息化的目标

1. 现代物流信息化的含义

现代物流信息化是指广泛使用现代信息技术，管理和集成现代物流信息，通过分析、控制现代物流信息和信息流，来管理和控制物流、商流和资金流，提高现代物流运作的自动化程度和现代物流决策的水平，实现现代物流对象的信息化、现代物流信息收集的代码化和数据化、现代物流信息处理的电子化和计算机化、现代物流信息传递的标准化和实时化以及现代物流信息存储的数字化等。

2. 现代物流信息化的目标

（1）现代物流作业信息化　现代物流作业信息化是指现代物流各作业环节及作业内容管理过程实现信息化、作业操作自动化、智能化，高效运作，减少人为失误，提高现代物流运作的安全性。现代物流作业信息化涉及现代物流系统中各个子系统，主要集中体现于以下几个方面：

1）包装子系统信息自动化主要指采用自动化包装设备进行自动控制与管理等。

2）运输子系统信息化主要集中体现于智能交通信息系统（ITS）的应用。

3）装卸搬运子系统信息化包括货物进出门禁系统、装卸自动化系统及自动化装卸设备的应用等。

4）储存子系统信息化包括自动化仓库设备及库存货位信息管理系统、货物进出库管理系统的应用等。

（2）现代物流管理信息化　现代物流管理信息化包括现代物流企业的管理信息化以及

企业间现代物流信息管理数字化的应用。现代物流企业的管理信息化包含行政管理系统和现代物流业务管理系统两部分，前者主要包括办公自动化系统（OA）、管理信息系统（MIS）、企业资源规划（ERP）等；后者主要是现代物流业务管理的数字化、合理化。企业间现代物流信息管理数字化是指建立了现代物流战略联盟伙伴关系的企业间现代物流信息平台的建立、现代物流信息资源的共享、现代物流信息数据的管理与应用等。

（3）现代物流客户管理信息化　现代物流客户管理信息化主要指现代物流系统对外业务管理的自动化操作，如建立统一的电子商务平台，为客户提供电子订舱、货物跟踪、网上仓库、网上订票、网上采购等电子商务业务，以实现以客户为中心的现代物流管理体系。

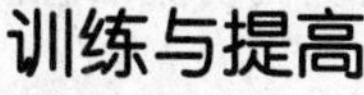

**一、选择题**

1. 物品从供应地向接受地的实体流动过程是“一体四流”中的（　　）。

A. 商流　　B. 现代物流　　C. 资金流　　D. 信息流

2. 现代物流信息的特点主要表现在（　　）和现代物流信息更新快两个方面。

A. 现代物流信息量大，信息源点多

B. 现代物流信息量小，信息源点少

C. 信息分布小

3. 按现代物流信息化的载体及服务对象的不同，现代物流信息可分为物流信息、资金流信息和（　　）。

A. 决策信息　　B. 商流信息　　C、控制信息

**二、判断题**

1. 现代物流信息（GB）是反映现代物流各种活动内容的知识、图像、数据及文件的总称。（　　）

2. 按信息来源的不同，现代物流信息可分为外部现代物流信息和内部物流信息。（　　）

3. 现代物流信息化的目标为：现代物流作业信息化，现代物流管理信息化，现代物流客户管理信息化。（　　）

## 第二节　现代物流信息工作

### 一、现代物流信息源

现代物流信息源的选择是建立现代物流信息渠道的一项重要工作。现代物流信息收集的目的不同，选择的现代物流信息源与内容也就会有所不同。一般来说，现代物流信息源可供选择的较多，应该进行比较。为使信息工作能持久进行，应该选择那些提供现代物流信息数量大、种类多、质量可靠的现代物流信息源。因此，应该建立固定的现代物流信息源和渠道。现代物流信息源所提供的现代物流信息主要分以下三类：

1. 文字形式记录的现代物流信息

（1）账簿及报表型现代物流信息

1）可以直接作为现代物流企业经营管理计划与调度的依据。

2）可以作为现代物流企业管理的依据。

3）可以作为现代物流企业成本收益计算的依据。

4）可以作为现代物流企业向有关部门报告工作的依据。

（2）印刷型现代物流信息　印刷型现代物流信息是现代物流企业为了宣传而大量印刷传播的一种现代物流信息，通常是对原始物流信息进行二次加工后，以年鉴、杂志、公报、书刊、宣传张贴品等形式发布，是现代物流科技信息的主要形式。

（3）微缩型现代物流信息　微缩型现代物流信息是现代物流企业将物流统计资料、科技信息微缩后存于缩微胶卷、卡片中，用放大系统设备读取的文献型现代物流信息。

2. 视听形式记录的现代物流信息

视听形式记录的现代物流信息是现代物流企业依靠影片、录像带、录音带、照片、图画图表、幻灯片、光盘、影视盘等形式提供的现代物流信息，这种现代物流信息源提供的物流信息直观、形象、生动。

3. 电子形式记录的现代物流信息

电子形式记录的现代物流信息是现代物流企业依靠光电及电子技术实现存储记录，并依靠计算机网络技术读取的现代物流信息，如条形码、计算机磁盘、计算机数据库、计算机信息网络等，都是现代物流领域中非常重要的电子形式记录的现代物流信息源。

## 二、现代物流信息收集工作

现代物流信息的收集是开展现代物流信息工作、建立现代物流信息系统的最基础的工作。高效的现代物流信息收集工作可以节约大量时间、人力和物力。为了充分反映现代物流全貌，现代物流信息收集工作应该从各种现代物流信息渠道入手，最广泛地收集各种有用的现代物流信息，然后从中筛选出有价值的东西，因此会产生很大的工作量，需要花费大量的时间、人力和物力。

做好现代物流信息的高效收集，要注意如下几点：

1. 收集现代物流信息的工作目的要明确

现代物流信息数量大，情报种类多，每次收集工作应该明确具体的目的，例如：

1）本次收集工作的目的是什么？是开拓物流市场、开拓物流服务产品，还是为了制定某项物流方案，或者是为了进行物流成本核算？不同的目的，在收集工作中应该考虑的情报范围与内容就会有很大差异。

2）本次信息收集工作应该收集什么样的现代物流信息？是科技类现代物流信息还是物流市场经营型信息？针对不同的现代物流系统，不同的目的有不同的信息内容取舍。

2. 收集现代物流信息的深度和精度要确定

建立不同的现代物流信息系统，对现代物流信息收集工作的深度和精度要求是不同的。例如，建立一个库存动态现代物流信息系统，要确定收集现代物流信息时是按小时收集，还是按周、按分秒收集；是要收集某一具体时刻的现代物流信息，还是要收集某一时间范围内的物流信息。不同的现代物流信息收集要求决定了现代物流信息收集工作要投入的人力和物力，要求过高会造成时间、精力和费用的浪费，要求不足则物流信息的精度不高、质量不够。

### 三、现代物流信息处理工作

现代物流信息处理工作是指对收集到的现代物流信息进行筛选、分类、加工及储存等工作。一般说来，收集到的现代物流信息量大、来源多而复杂，因此对现代物流信息进行正确的处理更方便现代物流信息的使用。

现代物流信息的处理工作主要有以下几个步骤：

1. 现代物流信息的分类

现代物流信息的分类应该按照惯用的分类标准。一般来说，各个现代物流信息系统在特殊物流信息方面按统一的分类规定进行分类；在通用科技及管理类物流信息文献方面则可参照全国图书资料标准分类方法。通常，现代物流信息的分类可按现代物流信息载体不同分为文字类、视听类、电子类现代物流信息，也可以按知识单元不同分为一般现代物流信息、专题现代物流信息等。

2. 现代物流信息的编目（或编码）

现代物流信息的编目是指用一定的代号来代表不同的现代物流信息项目。通常情况下，现代物流信息收集的信息量大、项目多，进行现代物流信息的编目及编码工作可以使现代物流信息系统化、条理化。

现代物流信息的编目（或编码）方式一般有以下两种：

（1）普通编目方式　例如，资料室、档案室及图书馆保存现代物流信息的编目方式。

（2）电子编码方式　例如，使用电子计算机保存现代物流信息的编目方式。

3. 现代物流信息的储存

现代物流信息的储存工作是指将现代物流信息存储于一些介质上。通常有以下三种存储形式：

1）文字记录形式。

2）视听记录形式。

3）电子数据记录形式。

储存方式一般有如下几种：

1）图书馆、资料室、档案室储存方式。

2）建立卡片、档案的储存方式。

3）汇总报表储存方式等。

4. 现代物流信息的更新

现代物流信息具有有效期限，而现代物流信息的连续性、广泛性对现代物流企业管理工作十分重要，因此应该淘汰更新已经失效的现代物流信息，方便容纳更多的新信息。

### 四、现代物流信息研究

现代物流信息研究是指对收集到的原始现代物流信息进行分析、归纳、判断，并进行一定加工，以方便向决策机构提供高级现代物流信息的工作。通常是由专职的现代物流信息部门或有关的业务部门负责此项工作，必要时需要使用智能化的计算机软件等辅助手段。

### 五、现代物流信息服务

现代物流信息服务是指将现代物流信息作为资源提供使用的形式，其服务方式通常有现代物流信息的共享与专用两种。

现代物流信息服务工作主要有以下几方面内容：

1. 现代物流信息的发布与报导

为便于现代物流信息搜集和使用，将一些重要的现代物流信息按一定的要求，通过会议、文件、报告和年鉴等形式发表或公布。

2. 现代物流信息资料的借阅

建立借阅及交换制度，将文献形式的现代物流信息资料进行交流、宣传和使用。

3. 现代物流信息的代查代办

对于某些不习惯使用信息载体或需要信息却又缺乏查办力量的现代物流信息用户，可以按其要求帮助查找所需要的现代物流信息。

4. 现代物流信息的复制

现代物流信息的复制是指按规定向使用者提供现代物流信息的直接复印服务或复制品。

5. 现代物流信息咨询

现代物流信息咨询是指为现代物流信息用户提供相关的现代物流信息服务，如回答用户的现代物流信息问题、接受用户某方面的现代物流信息研究委托、为用户提供现代物流信息研究成果等。

## 训练与提高

**一、选择题**

1. 对收集到的现代物流信息进行筛选、分类、加工及储存等工作的是（　　）。

A. 现代物流信息处理工作　　B. 现代物流信息服务

C. 现代物流信息收集工作

2. 用一定的代号来代表不同的现代物流信息项目的是（　　）。

A. 现代物流信息的分类　　B. 现代物流信息的更新

C. 现代物流信息的编目

3. （　　）的现代物流信息可以使收集工作节约大量时间、人力和物力。

A. 高效　　B. 精确　　C. 收集

**二、判断题**

1. 条形码、计算机磁盘、计算机数据库、计算机信息网络等都是现代物流领域中非常重要的电子形式记录的现代物流信息源。（　　）

2. 文字形式记录的现代物流信息，包括账簿及报表型、印刷型和缩微型三种形式。（　　）

3. 现代物流科技信息的主要形式通常是对原始物流信息经过一次加工后，以年鉴、杂志、书刊、宣传张贴等形式发布。（　　）

4. 现代物流信息的处理工作主要有现代物流信息的分类、编目、储存、更新。（　　）

## 第三节　现代物流信息系统

现代物流信息系统通常是指在现代物流范畴内，建立现代物流信息收集、整理、加工、储存和服务工作的信息系统。

### 一、现代物流信息系统的主要工作

完整的现代物流信息系统的工作内容通常是十分复杂的，一般来说，应该包括以下基本内容：

1. 日常工作

日常工作是指通过计算机网络或其他传递方式，即时或定时掌握现代物流信息系统内各种相关现代物流信息并进行及时储存。例如，各物流中心及销售网点的库存量、库存能力及配送能力，在途物流数量，客户数据资料等。

2. 与系统外现代物流信息环境衔接的工作

通过联机通信及信息传输，在不同的现代物流信息系统之间完成现代物流信息交流及交换。

### 二、现代物流信息系统的基础平台

1. 共用信息平台

共用信息平台是主要由国家构筑和管理的整个国民经济与人民生活所依托的信息平台，主要内容包括以下几点：

（1）一般基础通信　一般基础通信属于非增值服务的通信，如电话、电报、图文传真、邮政信函业务等。

（2）一般增值服务　一般增值服务包括电话领域的200业务、800业务、无线寻呼、卫星通信、传真信息业务等若干项。在邮政领域有邮政快递业务（EMS）及电视领域的图文电视、电视会议业务等。

（3）移动通信　移动通信是无线通信方式，从技术方法的不同可分成蜂窝移动通信和数字移动通信两类。目前作为公共平台的是数字移动通信。

（4）计算机网络和互联网　计算机网络是互联网的基本元素，从分布特点的不同可以分为局域网和广域网。

1）局域网　网络分布在一个相对较小的区域，如计算机分布在一个部门、一个城市，这样形成的计算机网络称为局域网（LAN），其含义是在本地区内的网络。局域网的主要优势在于局限于一个比较小范围的企业经营领域，在这种情况下，局域网能够给企业的经营提供非常好的支持。

2）广域网　不同网络的计算机分布在比较广的范围内，跨越了地区、城市甚至国家，这样的网络称为广域网（WAN）。广域网通过电信连接，跨越了全球范围，就成了国际网络，很多大型跨国公司就有属于自己的国际网络。一般来说，作为公共平台性的国际网络就是互联网。

局域网是广域网的基础，广域网又是互联网的基础，互联网实际上是全球范围内的广域网。

互联网提供的主要服务内容有：远程登录、文件传输、软件调用、电子信箱、网上交易及结算的电子商务活动服务等；以互联网为平台进行的以信息服务为基础的管理、经营、教育、医疗、咨询等活动。

（5）数据通信　数据通信是一种特殊的增值服务方式，借助于远程通信技术方式，通过电子数据的采集、加工和分发而完成。作为信息公共平台的数据通信，目前有邮电部门构建的中国公用分组交换数据网（CHINAPAC）、中国公用数据网（CHINADDN）、中国公用计算机互联网（CHINANET）及远程电子数据交换平台（EDI）。

1）中国公用分组交换数据网（CHINAPAC）。中国公用分组交换数据网（CHINAPAC）是由国家骨干网和各省、市内网组成，由骨干网覆盖全国，再和各地的公用电话网和用户电报网互联，这样就可以覆盖已开通电话的所有地区。主要功能有：向用户提供 X. 25 基本业务\虚拟专用网、广播功能等业务。此外，还开发了电子邮箱、可视图文、电子数据交换、数据库检索等增值业务。

2）中国公用数据网（CHINADDN）。中国公用数据网（CHINADDN）由国家骨干网、省市内网和本地网三级网络组成。主要功能是：为用户提供永久或半永久租用电路业务，如点对点专用电路；点对多点广播、点对多点的数据传输和会议电视业务；压缩传真业务和移动电话漫游电路；证券、商行、外国办事机构的专用电路等。可用于计算机实时中高速数据通信、局域网互联等。

3）中国公共计算机互联网（CHINANET）。中国公共计算机互联网（CHINANET）由骨干网、接入层、全国网管中心、全国信息中心和相关资源服务器组成，通过电话线和各种专线覆盖全国，也可以通过这些线路灵活地进入互联网。它包括如下五个领域：

①金桥工程。这是国家共用经济信息网平台工程，是我国经济和社会信息化的基础设施，以邮电部通信干线及各部门已有的专用通信网互联互通、互为备用建成的覆盖全国的中枢信息网。

②金关工程。这是将海关、外贸、外汇管理和税务等企业和部门业务系统联网作为出口退税、配额许可证管理、进出口收汇结汇、进出口贸易统计等信息应用系统，包括 EDI 平台。

③金卡工程。这是利用信息网络运作的电子货币工程，目的在于支持金融电子化和商业电子化，作为一个基础平台，已在全国普遍应用。

④金税工程。这是为了严格税收征管、堵塞税收漏洞而构筑的一个全国性信息化收税管理平台。

⑤金企工程。这一工程的主要构成是现代物流相关企业的信息源和数据库，形成全国经济信息资源网络平台。

2. 共用现代物流信息平台

它是指国家、地区或行业性的公共现代物流信息平台。全社会的现代物流活动领域非常广阔，涉及的层面多，涉及的信息用户数量多。各种现代物流企业的现代物流活动都有许多不同处，它们的相互沟通必须依靠共用现代物流信息平台。因此，没有这个共用现代物流信息平台，各不同现代物流领域的现代物流运作就很难交流与沟通。

共用现代物流信息平台首先是对共用数据进行采集，不同的现代物流企业和部门除了自己经营所需要的特殊数据外，还依赖于许多重要的公用数据，如现代物流基础设施的能力、运作情况、收费、社会物流总量等。这些数据都能为现代物流企业的运作提供基础性的信息支持，才能使微观运作不至于和社会运作出现矛盾、冲突。

共用现代物流信息平台是一个开放式的平台，其中的所有信息资源应当共享。共用现代物流信息平台的结构见图1-1。

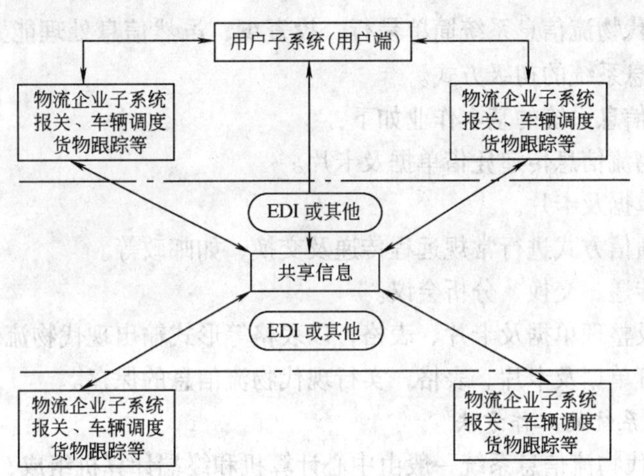


图 1-1　共用现代物流信息平台的结构

3. 我国共用现代物流信息平台建设的成功案例

我国近几年已开始重视发展 EDI。目前，我国已经制定了 EDI 电子单证和 EDI 通信两大类的国家标准。与此同时，海关总署、经贸局、交通局、中国远洋运输总公司、中国银行、中国电子工业总公司、广东省、上海市、山东省、深圳市等部门和地方开展了不同程序的应用和试点工作。

早在 1995 年，深圳市为了配合高速发展的集装箱运输业，开始推动筹建 EDI 项目。此前，深圳市集装箱运输报文传送的主要方式为纸面传真、计算机磁盘和电子邮件，计算机系统具有 EDI 报文能力的企业还不到 10%，通过 EDI 中心完成文件传送和交换的企业更少。2001 年，深圳 EDI 中心实现了与深圳主要码头（盐田码头、蛇口码头、凯丰码头）的联网运作，实现了船图和集装箱动态信息 EDI 报文的传递交换，实现了与海关、海事局的平台互联，开通了深港两地的 EDI 中心互联业务。深圳市将集装箱运输 EDI 中心推广到现代物流信息系统，建立了一个共享的现代物流 EDI 信息网络中心平台。通过这个平台，现代物流链上的各企业、单位、部门，包括货物运输企业、加工贸易企业、流通领域企业、海关、检疫、税务、银行都可连接起来。现代物流信息平台的建立，给现代物流链上的各个环节带来了巨大的效益，大大地促进了行业的发展。

上海的现代物流信息平台建设更是走在全国前列，其目标是要建成全国甚至亚太地区重要的现代物流公共信息平台，其中包括基于 EDI 系统的面向长江流域的多式联运现代物流平台，面向全国的综合运输现代物流信息平台，工业产品交易信息平台以及面向国际口岸的现代物流公共信息平台等。平台由上海信投、上海港集装箱股份公司、上海电信等 10 家企业发起成立，并整合了原来上海 EDI 中心、上海港航 EDI 中心、上海经贸网的资源，将原来三家在通关服务、港航交通和国际贸易等不同领域独立运作的业务和优势集于一身，形成了建设上海现代物流信息平台的合力。

**三、现代物流信息系统的工作方法**

现代物流信息系统按工作方法不同分为手工系统及电子计算机系统两种。

1. 手工系统的工作方法

手工作业的现代物流信息系统简单易行、投资少，虽然信息处理能力低、处理速度慢，但其是现代物流信息系统的初级方式。

手工现代物流信息系统的基本作业如下：

1）基础现代物流信息传递凭借单据及卡片。

2）手工填报单据及卡片。

3）借助一般通信方式进行常规远程传递及交换，如邮政等。

4）定期举行传递、交换、分析会议。

5）手工分类及整理单据及卡片、表格，以表格等形式输出现代物流信息。

6）汇总、装订单据及卡片、表格，实行现代物流信息的保存。

2. 电子计算机系统的工作方法

电子计算机现代物流信息系统一般由中心计算机和终端计算机组成，通过软件系统建立现代物流信息的传输系统进行现代物流信息的传输。这种现代物流信息系统具有处理能力强、运算速度快、存储容量大等特点，是现代物流信息远程或局域网络常采用的系统工作方式。对于大型网络，计算机现代物流信息系统几乎是唯一的系统工作方式。

电子计算机现代物流信息系统的基本作业如下：

（1）联机系统的作业方法　用远程通信线路将中心计算机和终端计算机连接在一起，终端计算机输入输出现代物流信息，当有现代物流信息传递时，系统便可做出即时处理。

（2）脱机系统的作业方法　断开电子计算机与通信线路，终端计算机输入输出现代物流信息并用磁带、卡片等记录现代物流信息，再利用通信线路传输到中心计算机上处理。

（3）载体传输系统的作业方法　在一台计算机上收集、处理现代物流信息，用软盘、磁带等载体储存，将载体运交另一台计算机应用或处理现代物流信息。

**四、成功案例：耐克公司在中国的信息网络**

耐克公司为实现办公自动化及生产的现代化控制，委托深圳路明电脑有限公司设计施工，网络工程项目包括整个厂区的结构化布线和组网。

项目总投资128万元，整个工程范围是1栋办公楼和7个车间、2个仓库，共有数据信息点203个，语音信息点167个，网络主干用AMP的6芯光线将办公楼与其他建筑呈星形连接。首期联网工作站数目为50台，全部采用COMPAQ DESKPRO 2 000工作站，服务器则选用高性能的COMPAQ PROLANT 2 500，网络操作系统采用Babtab Vines，网络设备采用3COM的交换机作为网络主干，路由器采用CISCO公司的2 500系列产品，工作组则采用D-Link的交换式集线器。网络主干及大部分工作站以100Mbit/s速率传输，只有几个使用较少的工作站以10Mbit/s速率传输。整个网络还通过一条64KB的DDN专线连到福州公司，并通过福州公司与香港公司、台湾公司相连形成一个大的广域网。首期工程已于1997年竣工并交付使用，网络运行状况良好，深受耐克公司用户好评。

## 训练与提高

**一、选择题**

1. 属于增值服务的通信是（　　）。

A. 电话　　B. 无线寻呼　　C. 图文传真

2. 中国公用数据网的简称是（　　）。

A. CHINAPAC　　B. CHINANET　　C. CHINADDN

3. （　　）不是互联网提供的主要服务内容。

A. 文件传输　　B. 电子信箱　　C. 市集

4. 电子数据交换的英文缩写是（　　）。

A. EDI　　B. GPS　　C. GIS

**二、判断题**

1. 计算机网络是互联网的基本元素，从分布特点的不同可以分为局域网和广域网。（　　）

2. 物流信息系统是通过对物流相关信息的处理来达到对物流和资金流的有效控制和管理，并为企业提供信息分析和决策支持的人机系统。（　　）

3. 现代物流信息系统的基础平台包括共用信息平台和共用现代物流信息系统。（　　）

**三、案例分析**

联邦快递每天向全世界200多个国家和地区递送250多万个包裹，其中99%属于限时递送。10多年来，现代物流信息系统一直在联邦快递的业务中发挥着核心作用。

1995年，联邦快递开发了一套免费的联邦快递船软件，任何人只要拥有一部电脑和一个调制解调器就可以使用该软件订购商品。由于该软件可以用于任何计算机上，所以货运处理的业务进一步扩展了。为了处理加急订单，负责制订生产计划的人员需要了解供货详情，通过该软件，可以随时掌握供货时间以及产品预计到达的时间。

1996年7月，联邦快递在Internet上启用了联邦快递联网船，在18个月内，7.5万名用户使用了他们提供的服务。客户不用离开该站点，就可以下单订购、发现最近的购买地点、打印包裹单、填写发票并了解供货情况。当货物寄出时，订购人还可以要求联邦快递向他们发出电子邮件加以确认。

联邦快递公司内部的专用网络每天可以处理5 400万宗交易。通过网络提供的信息，公司可以对商品交易的全过程了如指掌。当客户输入“提货”指令时，管理员会从系统中得到客户指定的提货时间和地点。管理员将商品上的条形码扫入手持系统中，记录下该商品已经被提走。联邦快递的其他工作人员将以系统记录为依据，追踪货品装运，直到运到客户的全过程。

联邦快递还提供其他服务。例如，联邦快递经营商业服务器，以便零售商将自己的站点放到该服务器上运行；经营仓储，使产品的挑选、包装、检测、装配和运输一体化。联邦快递客户运送产品的主要特点是技术含量高、价格昂贵或易腐的物品。

联邦快递的专用网络为公司的电子商务奠定了基础，具体体现在以下几个方面：

1）减少手工业务成本：如果没有联邦快递船软件，就得多雇用2万名员工来分拣包裹、回答电话咨询和输入货单。

2）降低日常运营成本：客户使用Internet追踪100万个包裹的行踪，现在大约一半追踪电话是联邦快递的免费电话。

3）更好的客户服务方式：客户可以选择与公司互动的方式（电话、传真或其他手段），已有将近95万名客户通过联邦快递的Web网站联系，更加方便和简单。

讨论：联邦快递的哪些现代物流信息工作实现了电子化？

## 本章小结

- 现代物流信息是反映现代物流各种活动内容的知识、资料、图像、数据及文件的总称，涵盖了商流、现代物流、资金流和信息流。现代物流信息按不同方法分为不同的种类
- 现代物流信息化是指广泛使用现代信息技术，管理和集成现代物流信息。现代物流信息化要实现以下目标：现代物流作业信息化（包装子系统信息自动化、运输子系统信息化、装卸搬运子系统信息化、储存子系统信息化）、现代物流管理信息化、现代物流客户管理信息化
- 现代物流信息收集的目的不同，选择的现代物流信息源与内容也就会有所不同。现代物流信息源能提供文字形式、视听形式、电子形式记录的现代物流信息
- 现代物流信息系统通常是指在现代物流范畴内，建立现代物流信息收集、整理、加工、储存和服务工作的信息系统，按工作方法不同分为手工系统及电子计算机系统两种。现代物流信息系统的基础平台包括共用信息平台和共用现代物流信息平台

# 第二章　数据库技术

**本章知识要点**

- 数据库技术的发展历程
- 数据库的有关概念
- 数据库的结构
- 数据库在现代物流中的应用

## 第一节　数据库技术概述

计算机的最大特点就是能够高速地处理大量数据。计算机诞生以来的应用实践表明，数据处理是计算机的基本功能之一，如果计算机不具备处理数据的能力，企业就无法利用计算机完成大量的数据的分类、组织、编码、存储、检索和维护。数据库就是在这种数据处理的要求下产生的，物流管理和电子商务由于要处理大量的顾客、商品、仓库管理的数据及其他各种类型的数据，自然就少不了要用到数据库。可以说，没有先进的数据库，现代物流和电子商务就无法进行。物流管理的数据库应用包括各种物流、商务数据的存储与管理，如查询、分类等。企业决策支持，从大量的物流、商务数据中提取对企业物流、商务有用的信息，涉及数据仓库、数据挖掘等新技术。

### 一、数据管理技术的发展

数据管理技术是指对数据进行分类、组织、编码、存储、检索和维护的应用技术。数据管理技术的发展是和计算机技术及其应用的发展联系在一起的，经历了由低级到高级的发展过程。这一过程大致可分为四个阶段：人工管理阶段、文件管理阶段、数据库系统阶段和高级数据库技术阶段。

1. 人工管理阶段

人工管理阶段是指20世纪50年代中期以前的阶段。当时计算机处于发展初期，计算机主要应用于科学计算，计算机系统功能较弱且不够普及，没有大容量的外存和操作系统，数据的结构一般比较简单，程序运行操作一般由系统管理人员来控制。

2. 文件管理阶段

文件管理阶段是指从20世纪50年代后期到60年代中期这一时期。这一分阶段，由于计算机技术的发展，出现了磁带、磁鼓和磁盘等较大容量的存储设备，软件方面有操作系统，计算机的应用范围也由科学计算领域扩展到数据处理领域。数据处理是通过文件形式进行的，如一个应用程序可以使用多个文件，一个文件可以供多个应用程序使用，即数据可以共享。数据操作过程通过操作系统进行，管理人员不能直接干预。但应用程序与数据、文件之间彼此孤立，不能反映数据之间的联系，因而存在大量冗余数据。

3. 数据库系统阶段

数据库系统阶段是指从20世纪60年代后期开始，随着计算机硬件、软件技术的发展，尤其是数据组织、处理方法理论研究的深入，开发了对数据进行统一管理和控制的数据库管理系统（DBMS），在计算机科学领域中形成了一个独立分支——数据库技术。由DBMS来进行数据管理中的数据定义、数据操作和数据控制。

这一阶段的特点如图2-1所示，数据由DBMS进行管理，用户仅通过数据应用系统来对数据进行操作，如插入、修改、删除等操作。因此，数据独立于应用程序，实现了数据的独立性。数据定义是通过具体的DBMS进行，DBMS提供方便的用户接口，从而使应用程序间可以共享数据，减少了数据的冗余和不一致性，实现了数据的共享性。提供了数据的完整性、安全性、并发性控制及数据的恢复。

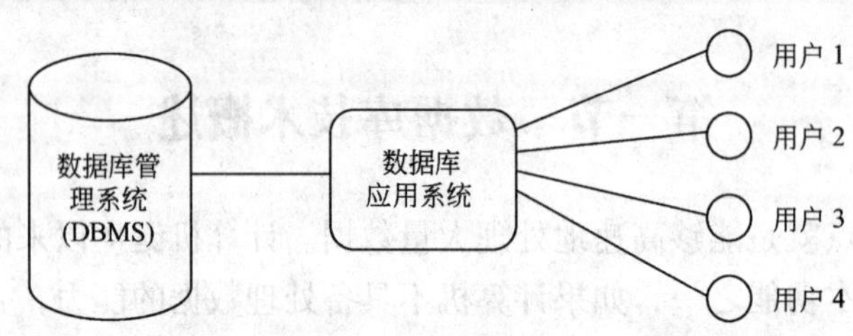


图2-1　数据库管理阶段

4. 高级数据库技术阶段

大约从20世纪80年代后期开始，计算机数据库技术快速发展，与其他科学互相渗透、互相结合，诞生了许多新技术，并产生了许多新型数据库。例如，分布式数据库为操作分布在不同地域的数据如同访问本地数据，从而实现了远程数据在逻辑上的整体化，为物流和商务的区域化、全球化提供了信息技术平台

## 二、数据库（DB）的概念

数据库技术是一个统称，它是数据库（DB）、数据库管理系统（DBMS）及数据库系统（DBS）的总称。

1. 数据库的特点

数据库是长期存储在计算机内、有组织、可共享的数据集合。数据库中的数据按一定的数据模型组织、描述、存储，具有较小的冗余度、较高的数据独立性和易扩展性，并可为各种用户共享。

2. 数据库的结构

数据库中不仅存储用户的数据，而且还存储有关数据的结构描述信息（称为元数据或数据字典），包括元数据记录表的名称、列的名称、列的类型、列的宽度、小数位数，以及数据的所属权限等其他相关的定义。

3. 数据库的分类

数据库的分类方法有许多种，按数据库的数据结构模型来分类：采用层次模型的数据库称为层次型数据库，采用网状模型的数据库称为网状型数据库，采用关系模型的数据库称为关系型数据库，采用面向对象模型的数据库称为面向对象型数据库。

## 三、数据仓库的概念

### 1. 数据仓库的概念

数据仓库的产生是以关系数据库的成熟、分布式技术、并行处理和网络等技术飞速发展为基础的，是用于数据管理的仓库。它从仓库管理的角度来看待海量数据的存储和处理，侧重于对海量数据的组织和管理，并提供有效的工具，在数据的仓库中有效率地找到所需要的数据结果。它用于解决一般企业面对大量数据却从这些大量数据中无法得到有用信息的问题。以数据仓库为基础，同时运用一些分析研究工具、OLAP、数据挖掘工具等BI前端，可以有效地对仓库中的数据进行进一步的分析挖掘，以获得用于企业决策的信息，供企业的中高层管理人员使用。

在数据仓库的发展过程中，有无数的学者做出了杰出的贡献。1988年Devlin和Murphy发表了关于数据仓库的第一篇文章。而W. H. Inmon博士在1993年所发表的著名著作*Building the Data Warehouse*中，则首先系统地阐述了关于数据仓库的思想和理论，为数据仓库的发展奠定了历史基石。在这本著作中，W. H. Inmon将数据仓库定义为“一个面向主题的、集成的、随时间变化的、非易失性的数据的集合，用于支持管理层的决策过程”。

当然，在探索数据仓库发展的道路上，还有一些其他不同的数据仓库定义。例如，“数据仓库是一种体系结构，一种独立存在的不影响其他已经运行的业务系统的含义一致的数据存储，可以满足不同的数据存取、文档报告的需要”；“数据仓库是一个不断发展的过程，将多个异质的原始数据融合在一起，用于支持结构化的在线查询、分析报告和决策支持”；“数据仓库是一个或者多个数据库数据的复制”；“数据仓库是信息数据库的具体实现，用来存储源自业务数据库的共享数据。典型的数据仓库应该是一个主题数据库，支持用户从巨大的运营数据存储中发现信息，支持对业务趋势进行跟踪和响应，实现业务的预测和计划”。

### 2. 数据仓库的分类

按数据仓库的使用不同可分为以下三类：

1）提高数据分析的速度和灵活性的数据仓库。

2）促进或再创造商业过程的数据仓库。

3）为访问和综合大量数据提供集成基础的数据仓库。

### 3. 数据仓库的基本特征

1）存储用于管理和综合分析的数据信息，从历史的角度来描述系统和企业的发展变化。从这些发展中预测未来的趋势，要求数据仓库采用能够反映时间特性的数据结构。

2）以传统业务系统的数据和其他不同结构、用途的数据源为基础，从这些数据源中抽取数据，并经过提炼、加工和统一整理，生成符合数据仓库存储规范的数据集合。

3）支持企业不同领域的数据应用，是综合性支持决策活动的数据基础。

### 4. 中国民航快递信息系统总体结构及数据仓库系统总体架构

中国民航快递信息系统经过多年的建设，现已形成包括总公司和18家分公司的网状网络结构。总公司服务器为Alpha小型机，其他18家分公司服务器采用惠普的LH3000/r，操作系统为SCO Unix OpenServer5.0.5，数据库采用Oracle734，前台应用程序采用Powerbuilder5开发。中国民航快递信息系统由补录、财务结算、单据管理、单据审核、计划统计、快递业务、普货业务、市场管理、系统维护、行政管理、异常查询、营销管理和状态跟踪13个功能模块组成。

中国民航快递信息系统经过几年的运行，基本达到预期目的，满足了中国民航快递公司的业务要求。随着公司业务的扩大，总公司和分公司服务器上积累了大量的原始数据，这些数据是国内航空快递最丰富、最全面的数据，具有很重要的商业价值。现在中国民航快递信息系统引入数据仓库技术，一方面可以整合数据库的数据，建立全新的数据仓库模式；另一方面也可以根据现有数据库数据，找到合适的数据挖掘算法，编制出可供民航快递领导层使用的软件，用于对民航快递数据进行数据挖掘，找到数据库中可供使用的深层数据资料。

如图 2-2 所示是中国民航快递数据仓库系统总体构架，区域业务处理人员通过不同的计算机系统进行在线事务处理（OLTP），用于完成日常的操作。这些工作的成果以数据的形式存储在 OLTP 数据库中，这些数据在 OLTP 数据库中以不同部门的应用为类别存储，如财务数据、市场数据、业务数据等。另外，系统中还存在其他数据源，这些数据源包括竞争对手的信息、宏观经济信息、外部的财务报表等。这些事务性数据经过数据的抽取、清洗和转换（ETL）载入区域数据仓库中，形成新主题目为类别的通用数据源。这些信息成为分析型数据，这些数据根据不同部门的需求，经过数据仓库管理系统形成不同的面向不同用户的数据集市。区域数据分析用户可以通过系统提供的前端分析工具，对数据集市的信息进行分析处理，得到所需要的信息。

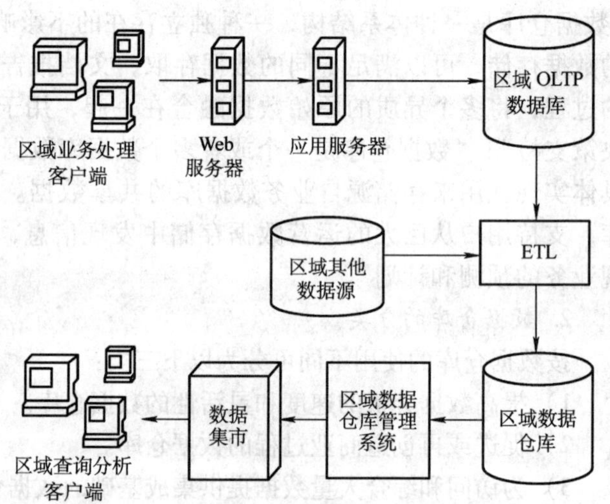


图 2-2　中国民航快递数据仓库系统总体构架

在数据仓库构架中，最复杂的操作就是数据转换，需要从简单的数据转换到复杂的清洗技术。中国民航快递数据仓库是建立在 Oracle9i 基础上的，所以在数据转换中引入了在规模、高效率的 Oracle 内部数据转换技术。

（1）装载机制

1）SQL * Loader：SQL * Loader 可以从操作文件中将数据移入 Oracle 数据库表中。

2）外部表：Oracle9i 的外部表特性使得用户可以使用外部表作为能够被查询和直接连接的虚拟表，而不需要请求外部数据装入数据仓库。通常使用 SQL、PL/SQL 和 Java 来访问这些外部表。

3）OCI 和直接路径 API：当转换和计算是在数据仓库外部完成的时候，将频繁地使用 OCI 和直接路径 API，而不需要平行文件。

4）导入/导出：当数据插入到目标责任制系统的时候，也可以使用 exp/imp 来完成。

（2）转换机制

1）使用 SQL 进行转换：常用的 SQL 语句包括 CREATE TABLE...AS SELERT /＊+ APPEND＊/AS SELECT 语句；UPDATE 语句；MERGE 语句；多表 INSDRT 语句。

2）使用 PL/SQL 进行转换：PL/SQL 用于实现复杂的数据转换。

3）使用表函数进行转换：Oracle9i 表函数提供了对使用 PL/SQL、C 和 Java 实现的转换管道和并行执行。

**四、数据库管理系统**（DBMS）

数据库管理系统是人们用于操作和管理数据库的软件产品。用户通过它就可以方便地操作数据库中的数据，如数据存储、查询、检索、运算、统计、编辑与打印等；用户也可使用数据库管理系统所提供的命令与函数，直接进行数据库操作，还可以利用这些命令和函数编制各种应用程序。

数据库管理系统是商品化的数据库软件，用户不能对其进行修改。所谓数据库技术不是对数据库管理系统进行设计，而是对数据库的结构进行设计。常见的关系型数据库管理系统的产品有 Oracle、Sybase、DB2、SQL Server、Access、FoxPro 等。这类软件都具备下列典型功能：

1）安全地管理多个并发用户对单个数据库的共享访问。例如，DBMS 在用户增加、删除数据时锁住数据，从而使得多个用户不会破坏性地干扰对方的工作，同时保证数据库系统的安全。

2）智能化地利用计算机内部资源，使得大量应用程序用户可以快速、高效地完成其任务。能够重构由于某种原因（例如电源故障、计算机病毒破坏等）而造成的工作损失，对数据库信息进行保护。这些软件通用性比较强、掌握容易，不仅功能强而且程序编制简单，比起用高级语言来编程要简单得多，编制的速度也要快得多。

**五、数据库系统**

数据库系统是一个计算机应用系统除了要包括以数据为主体的数据库、管理数据库的系统软件 DBMS，此外还要包括支持数据库系统的计算机硬件环境和操作系统环境，以及管理和使用数据库系统的人，特别是负责设计、维护数据库的技术人员——数据库管理员（DBA），如图 2-3 所示。

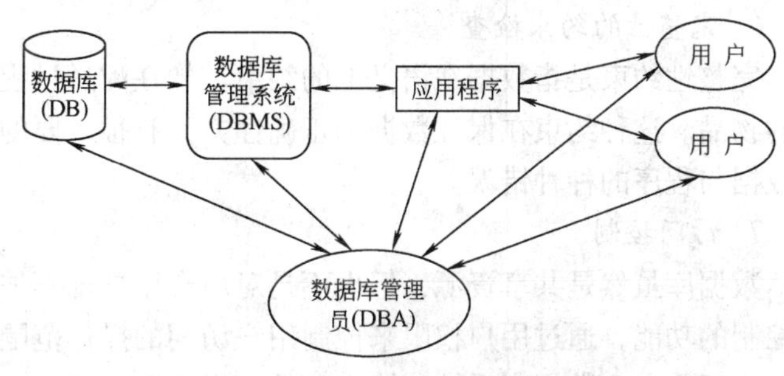

图 2-3　数据库系统

从图 2-3 中可以看出在数据库系统中，数据库管理系统是核心，应用程序对数据库的各种操作必须通过数据库管理系统才能实施。数据库管理员是数据库系统规划、设计和调试人员，同时也是管理系统安全、用户权限等工作的管理人员。用户通过应用程序操作数据库中的数据。

数据库管理系统既然是数据库系统的核心，那么无论是数据库管理员还是数据库的用户对 DBMS 的功能、结构和工作原理都应有所了解。DBMS 的功能因产品而异，下面是现代 DBMS 一般所应具备的功能：

1. 提供用户接口

用户可以通过数据库用户接口访问数据库中的数据，而用户不必了解太多 DBMS 是如何操纵数据的，即 DBMS 通过用户接口为用户提供一种简单、方便、易于理解的操作。用户只需提出要什么数据，对如何获取这些数据则丝毫不用费心，全由 DBMS 负责。用户与数据库之间的接口（Interface）就是由 DBMS 提供的最基本的界面。为了适应不同用户的需要，DBMS 提供各种接口。近来不少 DBMS 又普遍增加了图形接口，接口部分的规模往往超过 DBMS 的核心部分，可见 DBMS 接口亦趋于丰富。

2. 查询处理和优化

查询（Query）泛指用户对数据库的访问请求，不仅是指对数据的检索，而且也包括修改数据和定义新数据的要求。由于用户是用 DBMS 所提供的非过程类自然数据库语言进行查询的，用户只提出查询要求，而查询处理过程的制定及过程的优化则均由 DBMS 来完成。这是 DBMS 的基本功能。

3. 数据目录管理

在数据库中，数据长久地保存着供众多用户共享，数据的定义独立于应用程序。数据长久地保留在数据库中，就可以形成数据目录。数据目录不仅包括数据的逻辑属性，而且还包含数据的存储结构定义及其他访问。

4. 并发控制

现代 DMBS 是一个多用户的数据库管理系统，为了解决如多个用户同时访问数据库，同一数据同时读与写的访问请求并发执行可能会产生访问冲突等这类问题，DBMS 软件中增加了并发控制的机制，由 DBMS 对同时并发的事务进行调度。

5. 恢复功能

任何系统都可能出故障。出现故障之后，无论是软件的故障还是硬件的故障常常会导致数据库的失效，甚至使数据库本身遭到破坏。在现代计算机系统中故障是可以检测的，一旦检测出数据库系统故障，可以采取相应的措施恢复数据库。

6. 完整性的约束检查

完整性约束是指数据在语义上的约束。如在配送过程中，所配送的物品一定是库里所拥有的物品。这种约束在保证数据的正确性方面有很重要的意义，通过这些约束的检查可以发现数据与程序的种种错误。

7. 访问控制

数据库虽然是共享资源，但也不是对所有用户都不加限制地开放任何数据。DBMS 有访问控制的功能，通过用户权限来控制用户访问的操作范围。

要建立一个数据库系统，第一步是选择合适的 DBMS，如 Oracle、SQL Server、Informix、Sybase 等。第二步是基于所选择的 DBMS 建立企业的数据库应用系统，这主要是应用系统开发人员的工作范围。第三步是用户通过应用系统进行企业管理。

训练与提高

一、选择题

1. 数据库管理系统的英文缩写是（　　）。

A. DBMS　　B. DRP　　C. JIT

2. 数据库的特点有（　　）。

A. 数据库冗余度小，易于扩充　　B. 共享性

C. 面对整个组织的复杂结构　　D. 数据与程序独立

E. 统一管理和控制

二、判断题

1. 数据管理技术的发展经历了人工管理、数据库系统和高级数据库技术三个阶段。（　）

2. 数据库的分类方法有许多种，可分为层次型、网状型、关系型和面向对象型。（　　）

3. 在数据库管理系统中，数据库管理系统是核心。（　　）

## 第二节　数据库系统的设计

数据库设计是数据应用领域中的主要方向之一。数据库设计的任务是针对一个给定的应用领域和环境，在给定的（或选择的）硬件环境、操作系统及数据库管理系统等软件环境下，创建一个性能良好的数据库模式，建立数据库及其应用系统，使之能有效地收集、存储、操作和管理数据，满足用户的各企业需要。目前，关系型数据库管理系统占有优势地位，本节的内容将围绕关系数据库的设计工作流程展开，主要从数据库应用系统的需求分析、概念结构、逻辑结构和物理结构设计进行讲述。

### 一、需求分析

需求分析是数据库设计的起点和基础，也是其他设计阶段的依据。其主要任务是对数据库应用系统所要处理的对象（组织、企业、部门等）进行全面的了解，收集用户业务需求，确定用户对数据库系统的使用要求和各种约束条件等，并建立需求工程文档。进行软件需求分析的目的是：

1）用户解决某一问题或达到某一目标所需的软件功能。

2）系统或系统构件为了满足合同、规约、标准或其他正式实行的文档而必须满足或具备的软件功能。

要使软件项目开发尽可能满足用户需求，在需求分析过程中，需有科学的需求分析和需求管理手段和方法。

1. 问题分析

问题分析可以通过了解问题及软件的最初需要，并提出高层解决方案来实现。它是为找

出“隐藏在问题之后的问题”而进行的推理和分析。问题分析期间，将对“什么是面临的实际问题”和“谁是涉众”等问题达成一致。而且，还要从业务角度界定解决方案以及确定制约该解决方案的因素。对项目进行商业理由分析，这将便于更好地预计能从构建的项目中得到多少投资回报。

2. 理解涉众需求

需求来自各个方面，如客户、合作伙伴、最终用户或是某领域的专家。需要掌握如何准确判断需求应来源于哪方面、如何接近这些来源并从中获取信息。提供这些信息主要出处的个人在本项目中称为涉众。获取需要的活动可使用这样一些技巧：访谈、集体讨论、概念原型设计、问卷调查和竞争性分析等。获取结果可能是一份图文并茂的请求或需要列表，并按相互之间的优先级列出。

3. 定义系统

定义系统指的是解释涉众需求，并整理为对要构建系统的意义明确的说明。在系统定义的初期要确定以下内容：需求构成、文档格式、语言形式、需求的具体程度（需求量及详细程度）、需求的优先级和预计工作量（不同人在不同的实践中通常对这两项内容的看法大不相同）、技术和管理风险以及最初规模。系统定义活动还可包括与最关键的涉众请求直接联系的初期原型和设计模型。系统定义的结果是用自然语言和图解方式表达的系统说明。

4. 管理项目规模

为使项目高效运作，应仔细根据所有涉众的需求确定优先级，并对项目规模进行管理。有的开发人员仅仅重视感兴趣或觉得有挑战性的特性，而不是及早将精力投入降低项目风险或提高应用程序构架的稳定性方面，这已使太多的项目蒙受损失。为确保尽早解决或降低项目中的风险，应以递增的方式开发系统。要慎重选择需求，以确保每次增加都能缓解项目中的已知风险。要达到目的，需要和项目的涉众协商每次迭代的范围。通常，这要求具备管理项目各个阶段的期望结果的良好技能。除了控制开发过程本身，还需控制需求的来源，并控制项目可交付工件的外观。

5. 改进系统定义

系统的详细定义应能让涉众理解、同意并认可。它不仅需要具备所有功能，而且应符合法律或法规上的要求，符合可用性、可靠性、性能、可支持性和可维护性。感觉构建过程复杂的系统就应该有复杂的定义，这是一种常见的错误看法。这会给解释项目和系统的目的造成困难。人们可能印象深刻，但他们会因不甚理解而无法给出建议。应该致力于了解系统说明文档的读者，可能常会发现需要为不同的读者准备不同的说明文档。

6. 管理需求变更

定义需求时无论怎样谨慎小心，也总会有可变因素。变更的需求之所以变得难以管理，不仅是因为一个变更了的需求意味着要花费或多或少的时间来实现某一个新特性，而且也因为对某个需求的变更很可能影响到其他需求。应确保赋予需求一个有弹性的结构，使它能适应变更，并且确保使用可追踪性链接表达需求与开发生命周期的其他工件之间的依赖关系。管理变更包括建立基线、确定需要追踪的重要依赖关系、建立相关项之间的可追踪性，以及变更控制等活动。

## 二、系统结构设计

数据库概念结构设计的任务是产生和反映企业组织信息需求的数据库概念结构，即概念模型。在软件需求分析的基础上，建立数据库的概念模型，概念模型不依赖于计算机系统和具体 DBMS 的设计过程称为概念结构设计。

在数据库概念结构设计过程中，要做到以下几方面：

1）能充分反映现实世界，包括实体和实体之间的联系，满足用户对数据处理的要求，是现实世界的一个真实模型。

2）易于理解，可以与不熟悉计算机的用户交换意见。而用户的积极参与则成为数据库设计成功与否的关键。

3）易于更改，当现实世界改变时容易修改和扩充。

4）易于向关系、网状或层次等各种数据模型转换。

### 1. 概念结构设计

概念结构设计通常采用的也是最好用的工具（或方法）就是 E—R 图（或 E—R 方法）。E—R 方法就是实体—联系方法，是描述与定义现实世界信息和内在联系的工具，用这种工具和方法建立的数据库概念模型是独立于特定的数据库管理系统的。

E—R 图有如下规定：

1）用长方形表示实体型，在框内写上实体名。

2）用菱形表示实体间的联系，在菱形框内写上联系名，并用无方向线将菱形分别与有关的实体相连接。联系的类型可以是 1—1（表示 1 对 1 关系），1—n（表示 1 对多关系），m—1（表示多对 1 关系），m—n（表示多对多关系）等，将联系类型写在连线旁。

3）用椭圆形表示实体的有关属性，并标出实体与属性的联系。

这种方法的一个关键问题是如何划分实体属性和实体间的关系。因为有些信息可用属性表示，有些信息可用实体关系表示。因此，首先要标定实体和实体之间的联系，按照实体的自然联系划分 E—R 图，然后进行必要的调整。其基本准则是：在给定的应用环境中，作为属性的“事物”与它所描述的实体之间的联系只能是 1—m；不能再具有需要描述的性质或与其他事物有联系。凡具有上述两条基本准则的“事物”一般作为属性来对待。能够作为属性的尽量作为属性来对待，目的在于简化 E—R 图。通过将各“事物”的 E—R 图进行集成，得到总的 E—R 图，即视图的集成。至此，可以得到一个 E—R 图，它是现实世界的纯粹表示，如图 2-4 所示。

在图 2-5 中，定义的这些实体之间有一个名叫“构成”的 m—n 的联系，表达的是某一种产品是由哪些零件构成的，当然一种零件也可以出现在多种产品中，“构成”这个联系本身具有一个属性“零件数”。零件与材料之间有一个名叫“消耗”的 1—n 的联系，表达的是某种零件耗用了哪一种材料，一种材料可以被用于多种零件。这个联系本身也具有一个属性“耗用量”。零件与仓库之间有一个名叫“存储”的 m—n 的联系，表达的是某一种零件实际存储在哪几个仓库中，每个仓库又存储了哪些零件。这个联系本身也具有一个属性“存储量”。

确定了上述的实体集、联系集及相应的属性后，可以画出该系统的 E—R 图。仔细检查、反复修改并确认了所画的 E—R 图是正确无误地反映了用户的客观环境和要求后，所需的概念数据模型就通过这个 E—R 图建立起来了。可以看出，它是信息系统工作的客观反

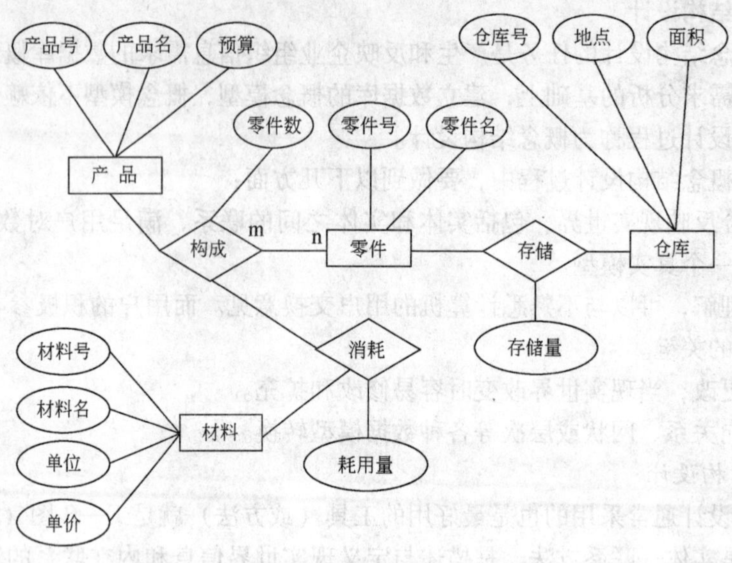


图 2-4 系统的 E—R 图

映，与 DBMS 的特性完全无关，它使用户与开发人员之间有了共同语言，是建立逻辑数据模型和物理数据模型的基础。

该例只是为了说明问题而举的一个简单例子，其中有些假定不一定和真正的具体材料核算系统相吻合。当进行有真实背景的设计任务时，就要在充分调查研究、考查分析数据流程图、数据字典和必要的数据规范化工作的基础上，按照实际工作的本来面目准确地建立概念数据模型。

对于一个大型的复杂系统，要一下就建立起整体 E—R 图可能会有困难。这时，可以把整个系统划分为几块，先进行几个局部设计，画出几个局部 E—R 图，然后将这些局部 E—R 图进行汇总，综合成一个整体 E—R 图（此时需注意消除数据冲突和数据冗余现象），再在整体 E—R 图的基础上进行逻辑结构设计，导出一个对应于整体 E—R 图的可由某个 DBMS 所接受的逻辑数据模型。

2. 逻辑结构设计

前面得到的 E—R 图表达的是概念数据模型，它是系统的客观反映，与具体数据库的实现技术无关，但它却是下一步设计的基础。下一步就要把这个概念数据模型按一定的方法转化成某个具体的 DBMS 所能接受的形式，这就是所谓的逻辑结构设计。

由于不同的 DBMS 所支持的数据模型的类型不同，由 E—R 图转化为不同 DBMS 所支持的数据模型的方法也就各不相同，常用的数据模型有层次型、网状型和关系型三种。目前数据库大多采用支持关系型数据模型的 DBMS，如 Oracle、Sybase、Informix、SQL Server 2000 等。

关系数据模型是通过“关系”来反映客观现象的，我们的任务是把 E—R 图转化为一个一个具体的关系。转化工作可以参考以下这些基本规则进行：

1）对 E—R 图中的每一个实体，分别用它们建立一个“关系”，关系所包含的属性要包括 E—R 图中对应实体所具有的全部属性。

2）对E—R图中每一个1—n的联系，分别让“1”的一方的关键字进入“n”的一方作为外部关键字。“联系”本身若具有属性，也让它们进入“n”的一方作为外部关键字。

3）对E—R图中每一个m—n的二元、三元或更多元的“联系”，则为这些联系分别建立一个“关系”，关系的属性要包括对应联系自身的全部属性，还要包括形成该联系的多方实体的关键字。

4）对E—R图中每一个同种实体（即发生联系的是同一种实体中的两个不同的个体）自身1—n的“联系”，分别在为对应实体所形成的“关系”中多设一个属性。由于同种实体自身的1—n的“联系”会在这种实体的不同个体间形成多个级别，这个多设的属性就用来存放上级个体的关键字。如果“联系”本身还具有属性，也应把它们收进为这个实体而形成的“关系”中。

5）对E—R图中每一个同种实体自身的m—n的“联系”，则为这些“联系”分别建立一个“关系”。关系的属性除了包括对应“联系”的全部属性外（若有的话），还要增加两个属性，用来存放对应“联系”的双方个体（同一种实体内部）的关键字，关系的关键字就是新增的表示双方个体关键字的属性组合。

6）检查按照以上方法所形成的多个“关系”，如果发现有的“关系”最终只含有一个属性，则把这样的“关系”取消。

以上所列的六条是一些基本规则，可以参照这些规则进行转换。但是这些规则并不是万能的，在具体的DBMS有某些特殊要求和限制时，还需要根据具体情况进行调整。根据上述规则，对图2-4所示的E—R图进行转换，可以得到以下六个“关系”（注：有*的为关键字）：

- 产品（产品号*，产品名，预算）
- 零件（零件号*，零件名）
- 仓库（仓库号*，地点，面积）
- 材料（材料号*，材料名，单位，单价）
- 构成（产品号*，零件号，零件数）
- 存储（零件号*，仓库号，存储量）

至于这六个“关系”中所有属性的类型（数字型、字符型、日期型或逻辑型）及长度，完全可以从数据字典查得并作必要的调整，这六个“关系”就构成了该材料核算系统数据库的逻辑数据模型。至此，已经把概念数据模型转换成了DBMS所能接受的形式。

3. 物理结构设计

物理结构设计的目的是为逻辑结构设计所确定的数据模型，选取一个最适合应用环境的物理结构。所谓数据库的物理结构主要指数据库在物理设备上的存储结构和存取方法。它完全依赖于给定的计算机系统。

物理设计可分两步走：第一步先确定数据库的物理结构；第二步对物理结构进行评价。评价的重点是数据的时间和空间效率。如果评价结果满足原设计要求，则转向物理实施；否则，重新设计或修改物理结构，有时甚至要返回逻辑设计阶段修改数据模型。

（1）物理设计的要求　为了进行物理设计，设计人员必须深入了解以下几方面的问题：

1）全面了解给定的DBMS的功能和DBMS提供的物理环境及工具，特别是存储结构和存取方法。

2）了解应用环境；了解各个用户应用所对应的数据视图，即数据库的外模式对不同的应用要求按照对组织的重要程度和使用方式进行分类；了解各种应用的处理频率，区分轻重缓急。这些是对时间和空间效率进行平衡和优化的重要依据。

3）了解外存设备的特性。如分块的原则、块因子大小的规定、设备的I/O的特性等。对于不同的系统，DBMS所提供的物理环境、存储和存取方法是不相同的，提供设计人员的设计变量、参数范围也就不同。因此没有通用的物理设计方法可遵循，只能给出一般的设计内容和原则。

（2）物理设计的主要内容

1）确定数据的存储结构。由于数据不同，被加工处理的要求也就不同。一般来说，应设计出适合应用环境的存储结构和存储方法。但这样一来势必使设计工作量大大增加，因此可以从DBMS所提供的存储结构中选取合适的方法。

确定存储结构的主要因素是存取时间、存储空间利用率和维护代价三个方面。设计者常常要对这些因素进行权衡。

2）存储路径的选择和调整。数据库必须支持多个用户的多种应用，因而必须提供对数据库的多个存取接口，也就是对同一数据存储要提供多条存取路径。物理设计的任务就是确定建立哪些存取路径。例如，把哪些数据作为代码，建立多少个为合适，对于涉及不同数据文件的查询是否建立链结构。

3）确定数据存储介质。首先按数据的应用情况划分为不同的组，然后确定存储介质。一般应把数据的易变部分和稳定部分分开，把经常存取和不常存取的数据分开。经常存取或存取时间要求高的记录应放在高速存储器上，存取频率小或存取时间要求低的放在低速存储器上。

4）确定存储分配。许多DBMS提供了一些存储分配的参数供设计者物理优化处理使用；例如，溢出空间的大小和分布参数、块的长度、块因子的大小、装填因子、缓冲区的大小和个数等，都要在物理设计中确定。这些参数的大小影响存取时间和存储空间的分配。

## 三、案例：中国民航快递数据库系统的设计

### 1. 中国民航快递数据系统用户需求

中国民航快递的产品是提供及时送达的快递服务，建立良好的客户关系管理系统是企业关心的焦点。在信息系统的客户主题中，系统应该试图回答如下问题：

1）多少客户在两年内发了多少货？

2）哪些客户值得提供更优惠的政策？

3）哪些客户还有挖掘潜力？

4）对快递赢利贡献比较大的客户的特点是什么？

5）公司用什么手段吸引了客户，是否还有更好的办法来得到更多的客户？

6）客户一般选择公司的什么产品，他们愿意要什么更特殊的服务？

7）计算一下发展大客户、小客户和散户的赢利率，哪个更划算？

### 2. 中国民航快递数据系统模型设计

以客户分析这个主题为例，说明数据库系统的数据模型设计。

（1）概念模型设计　可以采用企业数据模型——E—R图，如图2-5所示。这是一种描述组织业务轮廓的蓝图，包括整个组织系统中各个部门的业务处理及其业务处理数据。设计

者通过这个蓝图可以了解哪些部门需要哪些共同的数据，而这些数据在目前的各个部门的系统中存在哪些差异，如数据的定义、属性、业务处理规则等方面的不同点。

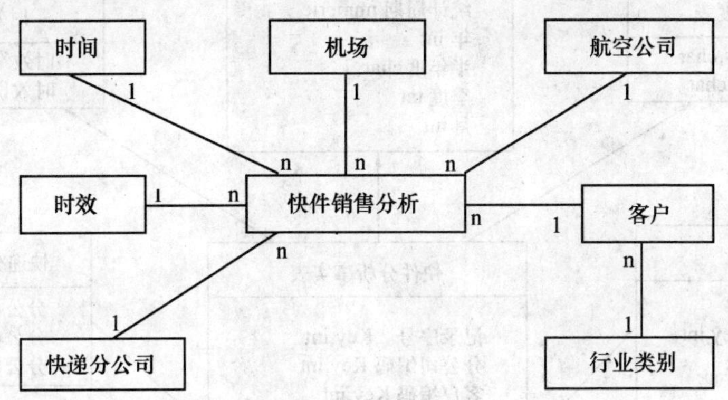


图 2-5　中国民航快递数据系统 E—R 图

(2) 逻辑模型设计　逻辑模型也称为中间层数据模型，是对高层概念模型的细分，在高层模型中所标识的每个主题域或指标实体都需要与一个逻辑模型相对应。通过逻辑模型的设计，可向用户提供一个比概念模型更详细的设计结果，使用户了解到数据库系统能够给他们提供一些什么信息。中国民航快递数据系统中，采用星形图来构造客户分析的路径模型，如图 2-6 所示。星形的中心是指标实体，即用户关心和查询的中心（客户购买服务产品的情况）；星形的角表示维度实体，如机场、航空公司、时间、行业、时效和分公司。

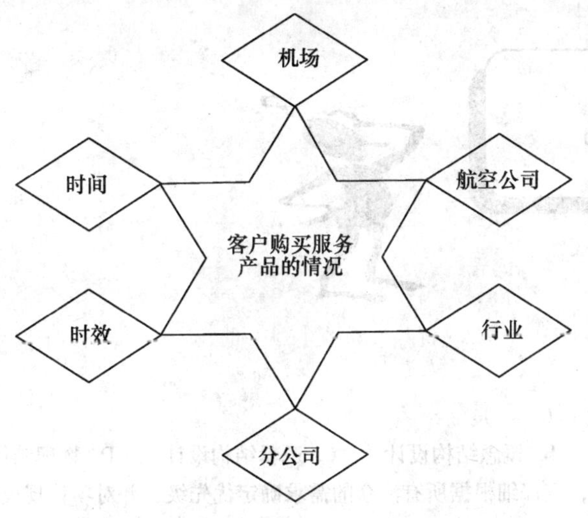


图 2-6　中国民航快递数据系统星形模型

(3) 物理模型设计　物理模型由一系列表所组成，其中最主要的是事实表模型和维度表模型。事实表包括用户希望在数据库系统中所了解的数值指标，这种指标需要数值化和具有可加性。维度表应该含有商业项目的文字描述，设计维度表的目的是把参考事实表的数据放置到一个单独的表中，最常用的维度表应该直接参考事实表，可以看作描述项目的各种信息。根据逻辑模型形成的数据库系统客户分析主题的物理模型设计如图 2-7 所示。

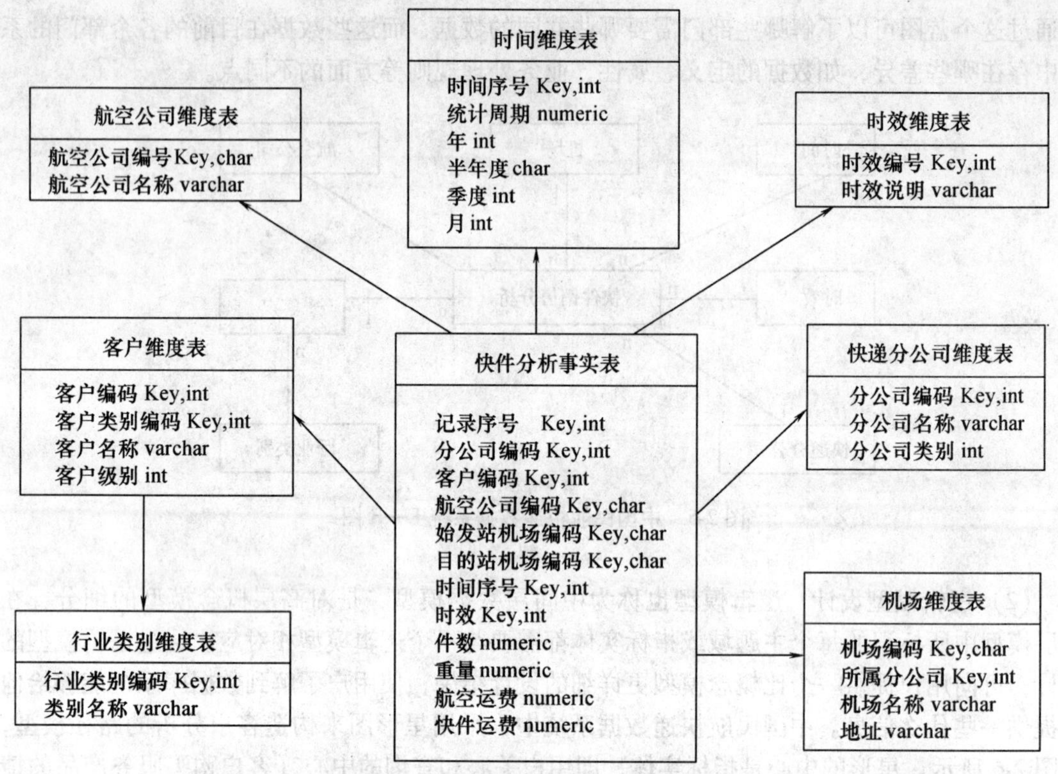


图 2-7　中国民航快递数据系统物理模型

## 一、选择题

1. 数据库应用系统分为（　　）。

   A. 需求分析　　B. 概念结构设计　　C. 逻辑结构设计　　D. 物理结构设计

2. 为使项目高效运作，应仔细根据所有涉众的需求确定优先级，并对项目规模进行管理的是（　　）。

   A. 理解涉众需要　　B. 管理项目规模　　C. 改进系统定义　　D. 问题分析

3. 物理设计的主要内容有（　　）。

   A. 确定数据的存储结构　　B. 存储路径的选择和调整

   C. 确定数据存储介质　　D. 确定存储分配

4. 在概念结构设计中用（　　）表示 E—R 图的实体型。

   A. 圆形　　B. 棱形　　C. 长方形　　D. 正方形

5. 物理设计要求（　　）。

   A. 全面了解给定的 DBMS 的功能和 DBMS 提供的物理及工具，特别是存储结构和存取方法

B. 了解应用环境，了解各个用户所对应使用的数据视图，即数据库的外模式对不同的应用要求，按照对组的重要程度和使用方式进行分类，了解各种应用的处理频率，区分轻重缓急

C. 了解外存设备的特性

D. 了解存储结构

**二、判断题**

1. 用户解决某一问题或达到某一目标所需的软件功能是进行需求分析的目的之一。(　　)

2. 需求分析是数据库设计的起点和基础，也是其他设计阶段的依据。(　　)

3. 物理结构设计的目的不是为逻辑结构设计所确定的数据模型选取一个最适合应用环境的物理结构。(　　)

**三、填空题**

1. 关系数据模型是通过________来反映客观现象，我们的任务是把 E—R 图转化为一个具体的关系。

2. 概念模式设计采用最好的工具是________。

3. 物理设计可分两步走，第一步先确定数据库的________第二步对物理结构进行________。

## 第三节　网络环境的数据库系统体系结构

### 一、常见的网络环境的数据库系统结构

随着社会网络化进程的加快，企业组建自己的网络，实现企业资源共享、业务网上运作，已成为企业在竞争中占得先机的重要条件。物流信息系统工程的目的之一就是实现国内外各业务点的信息共享，为数据处理提供网络环境。企业的 Intranet 通过 Internet 可以自由方便地、不受地域限制地与各大小客户交换信息，建立基于 Internet 的企业商务网络能为企业带来方便和发展机会。

典型情况下，Intranet 是在整个单位内部范围内运行的一种信息系统，它的信息与数据库具有保密性质。在企业进入 Internet 时，Intranet 要么隐藏于网络防火墙后面，要么完全独立于 Internet；在 Intranet 里，我们可以主动地做一些事，例如能用特殊的格式在 Intranet 里发布与交换信息。本节主要介绍网络环境中最常见的 C/S 体系结构。

1. C/S 体系结构的基本原理

把计算机应用任务分解成多个子任务，由多台计算机分工完成，以解决各种瓶颈问题。在 C/S 系统中，客户端完成数据处理、数据表示、用户接口等功能；服务器端完成事务处理、数据访问、完整性和安全性检查、索引和 DB 的维护、并发控制、查询优化等功能。

2. C/S 系统的工作模式

在 C/S 系统中，客户机的主要任务是管理用户界面，接受用户请求，处理应用请求，产生对 DB 的请求，向服务器发出请求，接受服务器返回的结果，以用户需要的格式输出结果。服务器的主要任务是接受客户机发出的数据请求，处理对 DB 的请求，将处理结果传到发出请求的客户机，进行完整性检查，维护 DB、索引和其他附加数据，处理数据恢复，查询更新的优化处理。

3. C/S 体系结构的主要技术特征

1）一个服务器可以同时为多个客户机提供服务。

2）应该向客户提供服务器位置透明性服务。

3）客户机和服务器之间通过报文交换来实现“服务请求/服务响应”的传播。

4）具有良好的可扩充性。

4. C/S 体系结构的组成

C/S 体系结构由三部分组成：服务器平台、客户平台、连接支持。服务器平台必须是多用户计算机系统；客户平台的硬件配置可以是大、中、小、微型计算机；连接支持负责透明地连接客户与服务器，完成网络通信功能。

5. 网络服务器的类型

网络服务器的类型包括以下几种：

（1）两层 C/S 模型　两层 C/S 模型即客户机—服务器，如图 2-8 所示。

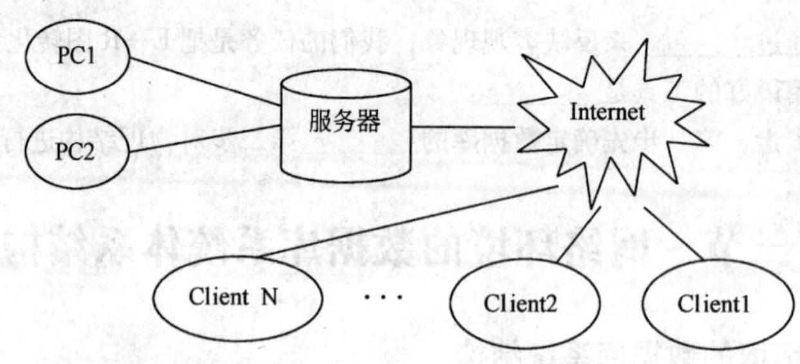


图 2-8　客户机—服务器模式（两层结构）

（2）三层 C/S 模型　三层 C/S 模型即客户机—应用服务器—数据库服务器，如图 2-9 所示。

（3）服务器种类

1）数据库服务器：处理客户的 SQL 查询请求，访问 DB，将处理结果传送给客户机。

2）文件服务器：仿真大中型及对文件共享的管理机制，实现对用户口令、合法身份、存取权限的检查。

3）Web 服务器：广泛应用于 Internet/ Intranet 网络中，浏览器/服务器网络中，采用浏览器/服务器网络计算模式。其体系结构如下：用户—浏览器—Web 服务器—中间件—DB 服务器—DB。

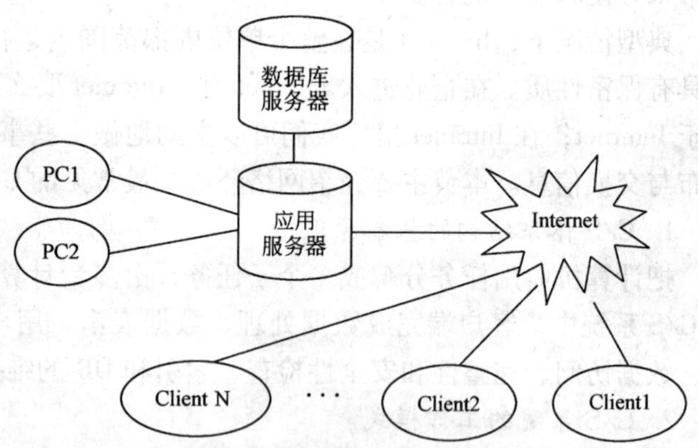


图 2-9　客户机—应用服务器—数据库服务器模式（三层结构）

4）电子邮件服务器：发送电子邮件的服务器，使客户能有效地交流信息和通信。

5）应用服务器：根据用户的需求所设置的各种不同应用的服务器。

## 二、案例：中国民航快递信息系统

1. 中国民航快递信息系统的系统结构

中国民航快递信息系统系统采用先进的 J2EE 架构建立高效的信息化业务运转和管理系

统，规范公司的业务运行和管理流程，提高企业的信息化应用程度，成为民航快递追赶对手的重要手段。

(1) J2EE 简介　Java2 企业版（J2EE）是开发安全、可升级、高可用性的企业应用程序所使用的一种现行标准，是一个规范而不是一个产品。这一标准规定了支持 J2EE 的服务器应提供哪些服务，服务器提供 J2EE 组件运行所用的 J2EE 容器，J2EE 容器为 J2EE 组件定义了一套服务。开发商可以根据此定义生产能够部署 J2EE 兼容应用程序的 J2EE 应用服务器。

J2EE 是针对 Web 服务、业务对象、数据访问和消息传送的一组规范。这组应用编程接口（API）确定了 Web 应用与驻留它们的服务器之间的通信方式。J2EE 注重两件事：一是建立标准，使 Web 应用的部署与服务器无关；二是使服务器能控制组件的生命周期和其他资源，以便能够处理扩展、并发、事务处理管理和安全性等问题。

J2EE 平台为设计、开发、安装和部署企业应用提供基于组件的方法。这种方法不但能降低成本，还能快速跟踪设计和实施。J2EE 平台能提供多层分布式应用模型、重复利用组件、提供统一安全模式，并灵活地控制事务处理。借助 J2EE，不但能更快地将客户解决方案推向市场，还能使基于 J2EE 组件、不依赖于平台的解决方案不被锁定到任何厂商的产品和 API 上。

J2EE 规范定义了以下几种组件：

1）应用客户端组件。

2）Enterprise Java Beans（EJB）组件。

3）Servlets 和 Java Server Pages（JSP）组件（也称为 Web 组件）。

4）小应用程序（Applet）。

(2) 系统结构

中国民航快递信息系统的系统结构如图 2-10 所示。

1）客户端层（Client Tier）。可以是在客户端层内运行的浏览器、基于 Java 的程序或者其他 Web 型编程环境——在公司防火墙内部和外部。

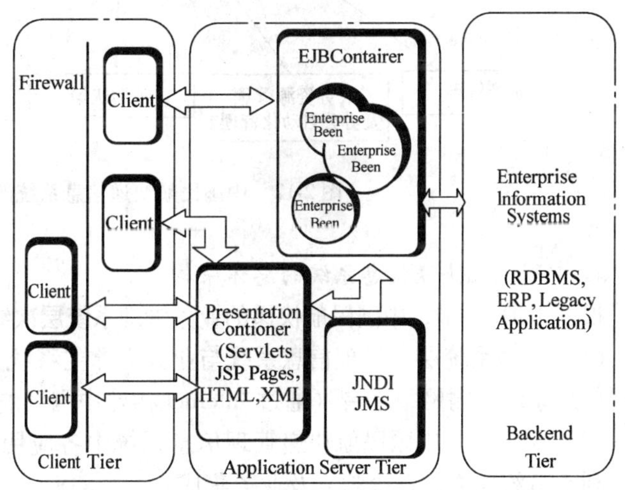

图 2-10　中国民航快递信息系统的系统结构

2）应用服务器层（Application Server Tier）。一般情况下，此层包含支持客户端请求的表示逻辑和业务逻辑。表示逻辑由显示 HTML 页面的 JSP 页面和 Servlets 实现，业务逻辑通过 RMI 对象和 EJB 实现。EJB 依靠容器实现事务处理、生命周期和状态管理、资源池、安全等问题，简言之，容器就是 EJB 依赖执行的运行环境。

3）后端层（Backend Tier）。此层是现有应用和数据仓库的组合，也称为企业信息系统（EIS）层，因为它可以包含企业资源规划（ERP）、大型主机事务处理、数据库系统及其他遗留下来的信息系统等许多系统。

2. 中国民航快递信息系统的系统功能

根据中国民航快递的实际业务，大体可分成生产运营和企业管理两部分，它们之间的关系可由图 2-11 表示。

而根据业务需求及各个部门的职责，系统功能范围为：系统维护、市场销售管理、运营管理、货物业务管理、仓储管理、财务管理、物料管理、查询统计分析、客票业务管理、网上服务、资产管理、人力资源管理及办公自动化管理、辅助决策，如图 2-12 所示。

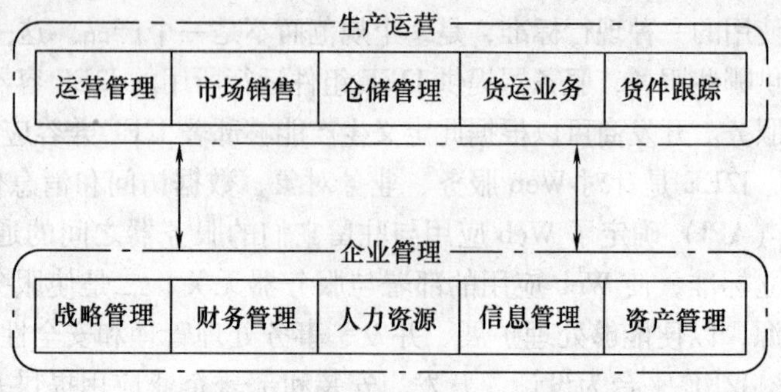


图 2-11　中国民航快递信息系统的系统功能

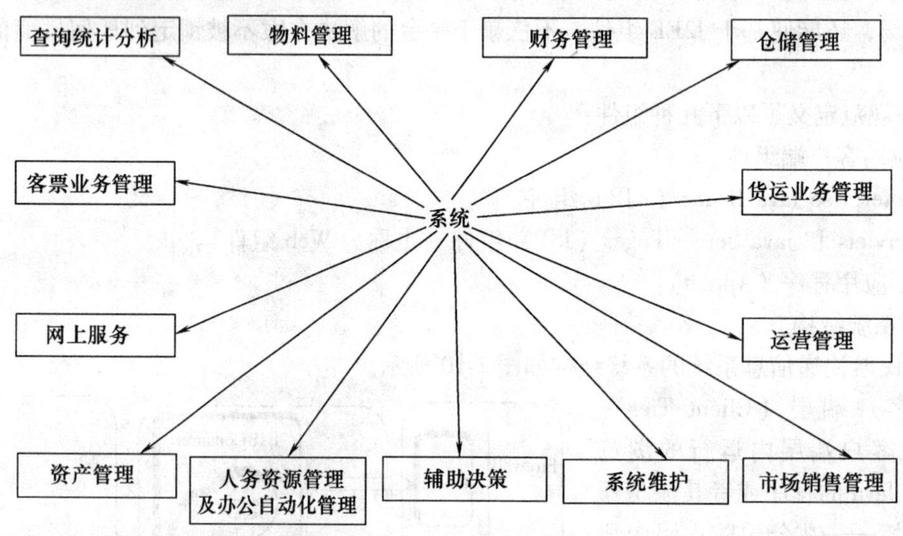


图 2-12　中国民航快递信息系统的功能细分

3. 中国民航快递信息系统的总体架构

根据 J2EE 要求，中国民航快递的业务管理系统层次结构之间的关系描述如图 2-13 所示。

（1）网络系统层　管理信息系统与业务支撑主系统共享网络平台，采用统一网络环境，利用信息系统传输网络平台（通过 Internet 构建中国民航快递 VPN 网）作为广域传输平台。

（2）系统层　中国民航快递管理信息系统中各应用子系统运行在共享统一的操作环境中，利于节约投资、系统独立及业务集成。

（3）应用支撑层　提供各种应用层服务的中间件，实现对共享资源的统一管理和调度，保证信息和业务处理的完整性和连续性，实现应用间的协作互联互通。

（4）应用层　生产运营系统主要实现中国民航快递核心物流和快递业务的操作运转和业务管理，实现业务操作的计算机辅助完成，从基层开始采集数据，为企业的管理系统提供信息资源，是企业的 OLTP 系统；企业管理系统主要实现中国民航快递运营、财务、人力等

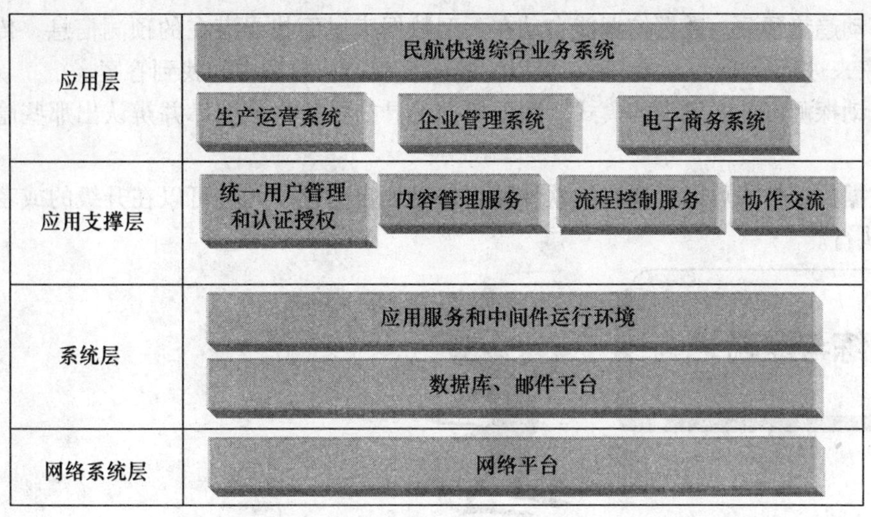


图 2-13　中国民航快递信息系统的总体架构

管理，可以提供企业的 BI 服务，进行数据仓库和数据挖掘等 OLAP 服务，为各级领导的科学决策提供依据，最终建设有效的决策支持服务体系；电子商务系统实现中国民航快递对外服务的窗口业务，完成公共信息发布和客户服务职能，提供客户的自主服务等功能。

**三、数据挖掘**

随着数据库技术的不断发展及数据库管理系统的广泛应用，数据库中存储的数据量急剧增大。在大量的数据背后隐藏着许多重要的信息，如果能把这些信息从数据库中抽取出来，将可能开发很多潜在的商机，数据挖掘概念就是从这样的商业角度开发出来的。

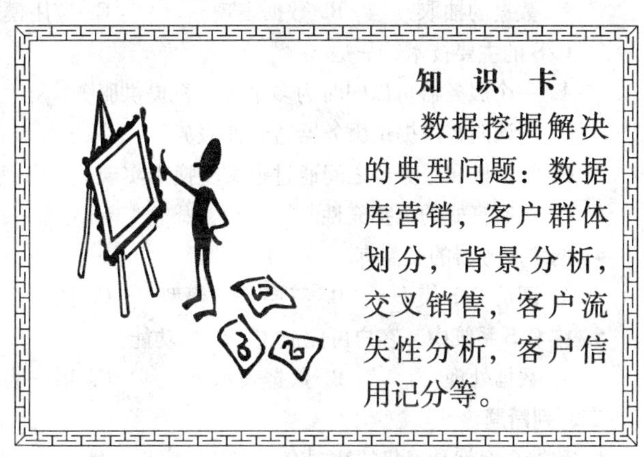

**知　识　卡**

数据挖掘解决的典型问题：数据库营销，客户群体划分，背景分析，交叉销售，客户流失性分析，客户信用记分等。

数据挖掘（Data Mining）又称数据库中的知识发现（Knowledge Discovery in Database，KDD），是指从大型数据库或数据仓库中提取隐含的、未知的、非平凡的及有潜在应用价值的信息或模式，它是数据库研究中一个很有应用价值的新领域，融合了数据库、人工智能、机器学习、统计学等多个领域的理论和技术。数据挖掘工具能够对将来的发展趋势和行为进行预测，从而很好地支持人们的决策。有些数据挖掘工具还能够解决一些很消耗人工时间的传统问题，因为它们能够快速地浏览整个数据库，找出一些专家们不易察觉的极有用的信息。

起初，各种数据是存储在计算机的数据库中的，后来发展到可对数据库进行查询和访问，进而发展到对数据库的即时遍历。数据挖掘使数据库技术进入了一个更高级的阶段，它不仅能对过去的数据进行查询和遍历，并且能够找出过去与现在数据之间的潜在联系，从而促进信息的传递。对于给定了大小的数据库，数据挖掘技术可以用它如下的超能力产生巨大的商业价值：

1）自动趋势预测。数据挖掘能自动在大型数据库里面找寻潜在的预测信息，传统上需要很多专家来进行分析的问题，现在可以快速而直接地从数据中间找到答案。

2）自动探测以前未发现的模式。数据挖掘工具扫描整个数据库并辨认出那些隐藏着的模式。

3）数据挖掘技术可以让现有的软件和硬件更加自动化，并且可以在升级的或者新开发的平台上执行。

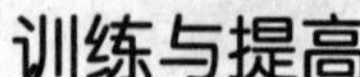

## 训练与提高

### 一、选择题

1. 数据仓库的特点有（　　）。

A. 面向主题　　B. 集成性　　C. 相对稳定性　　D. 延续性

2. 数据仓库的工作过程中以数据仓库所涉及的数据量大，而且随时间增长必须具备管理大数据量的扩展力是（　　）。

A. 数据的抽取　　B. 数据表现　　C. 应用模式设计　　D. 数据的存储和管理

3. C/S 的主要技术特征是（　　）。

A. 一个服务器可以同时为多个客户机提供服务

B. 应该向客户提供服务器透明性服务

C. 客户机和服务器之间通过报文交换来实现“服务请求/服务响应”的传播

D. 具有良好的可扩充性

4. 网络服务器的类型有（　　）。

A. 两层 C/S 模型　　B. 三层 C/S 模型　　C. 四层 C/S 模型

5. 在 C/S 系统中，客户可完成（　　）功能。

A. 数据处理　　B. 数据表示　　C. 用户接口　　D. 查询优化

### 二、判断题

1. 数据仓库就是聚集的数据有一定的稳定性，能反映不同时期情况的数据集合。（　　）

2. 数据挖掘是指从大型数据库或数据仓库中提取隐含的、未知的、非平凡的及有潜在应用价值的信息或模式。（　　）

3. 企业的 Intranet 可以自由方便地、不受地域限制地与各大小客户交换信息，建立基于 Intranet 的企业商务网络能为企业带来方便和发展机会。（　　）

4. 在 Intranet 里，我们不可以主动地做一些事。（　　）

5. 物流信息系统工程的目的之一就是实现国内外各业务点的信息共享，为数据处理提供网络环境。（　　）

### 三、填空题

1. C/S 系统由三部分组成：________，________，________。

2. 客户平台的硬件配置可以是：________，________，________，________。

3. 服务器种类：________，________，________，________。

## 四、案例分析

“中国物流示范基地”——广州宝供物流企业集团有限公司。这个中国第一家被授予此称号的第三方物流企业，2001年人均产值近56万元，年运作货物总量超过200万t，仓库年进出货物超过1亿件；在全国40多个中心城市建立了6个分公司和43个办事机构，建成了覆盖全国并向美国、澳大利亚、中国香港等地扩展的物流营运网络，为全球500强中近50家大型跨国集团和国内一大批大型制造企业提供物流一体化服务。

1994年，美国宝洁公司在广东建立了大型生产基地，宝洁的产品开始进入中国市场。美方是讲究效率的。对一个刚刚在中国打市场的跨国公司，物流的效能维系着他在中国的成功与否。宝洁先后与广州的两家国有大型储运公司合作，委托把产品发往全国各主要城市与销售网点，但“蜜月”仅两个月就宣布分手。由于长期计划经济形成的官僚主义、管理混乱、服务质量差，这两家储运公司根本无法满足宝洁的要求，货物常常误时误点，破损率居高不下，有了质量问题还找不到责任人，于是宝洁公司开始在民营企业中寻找合作伙伴。

与宝洁的合作中，宝供公司相当满意。准时准点和破损率比合同规定低得多，虽然这趟生意没赚到钱，但却为他的转运站带来了更高的声誉，带来了更多的订单。

宝洁成为宝供的主要客户，宝洁从此开始给宝供加大业务量，甚至一度把宝洁生产基地所有的铁路货运业务交给宝供储运；同时，不断给宝供提出新的要求，灌输新的物流作业理念，在合作中帮助宝供提高业务能力和管理水平。宝供也在这一过程中改变了传统的运作方法，千方百计满足客户的要求，加大公司的管理力度，研究学习宝洁的管理思路，使自己的公司必须从经营管理、发展业务上都走在同行的前面。宝供的管理人刘武自己也说：“宝洁公司是推动我向前跨出大步的关键的大客户，也是教会我如何去做物流的大客户”。

此时的宝供，业务量发展很快，在全国已经有将近30万$m^2$的仓库，每天的发运量也非常大。初始的那种业务管理方法已经不管用了，尽管公司也使用了电脑，但仍是传统的记账式管理，信息的瓶颈已经凸现出来。比如客户规定的发运时间、到达目的地的时间、破损率控制情况、送达仓库与否、签收手续是否办等，无法一一及时反馈到宝供的最高管理层。靠一厚叠报表要了解一天之内十几趟发运的数百个信息实在是非常困难，即使反馈信息做出来了，要及时进行处理已经力不从心。业务越做越大，信息反馈却越来越差，长此以往，会降低信誉影响质量，“做熟的鸭子也会飞掉”。

宝洁公司不仅要求提供安全、准确、及时、可靠的储运服务，还非常关注自己的货物在整个物流中各个环节产生的信息，比如货物什么时候发运、哪次列车、预计到货时间、货物运载情况如何、有无污损、签单入库情况，甚至气候变化情况宝洁都非常关心。1996年，宝洁几次向刘武投诉，批评宝供不能提供及时准确的货运信息，具体指出如到货时间不准、破损率上升问题。刘武一时还丈二和尚摸不着头脑，因为他从业务部了解的情况中并不存在这些问题。可一看宝洁发来的详尽的数字收货记录才明白，统计上来的信息有水分。这促使他下决心突破信息瓶颈，立即着手建立先进的信息系统，对各个储运环节进行全方位实时实地监控协调管理。

1997年起宝供开始着手做这一方面的工作，包括引进IT人才，购置相关硬件设施。尽管当时资金非常紧张，但信息化建设已是刻不容缓，就是借贷也要使这个基础建设尽快上马。经过两年多的设计、运行、调试、试行、修正，从原先DOS平台上电话连接的内部网络到公司全方位的数据信息库，从报表自动生成到订单成本核算、财务模块自动信息，并根据公司发展的需要，根据客户对信息的要求，不断加以完善、提升，把信息系统的应用从原来信息采集层次推进到企业经营层次。1999年投入运行的Internet的业务成本核算系统，对控制成本、减少支出、改善经营、增加效益非常有效，直观的数据统计为领导层决策提供了充分的依据。

目前，公司总部人手一台电脑，每位经理也都配备了笔记本电脑。经理们开会都用电脑查询数据、记录内容，同行们都自叹不如。有了IT的帮助，宝供的储运效率得到很快的提升，时间缩短1/3，准点率达到95%，公路货运达到99%以上。主要的物流操作全部由分公司完成，总公司业务部12人只负责监控协调。营运部的经理说："我们没用这个信息系统的时候更像是作坊，现在大家感觉我们是在做现代化工厂了。"

至今，宝供已累计投入数千万元人民币建立了物流信息管理系统，已经实现了全国范围内物流运作信息实时动态的跟踪管理，确保信息处理、传递、反馈的及时性、有效性和正确性。

在2001年，借助VPN平台和XML技术，宝供物流企业集团实现了与飞利浦、宝洁、红牛等客户的电子数据的无线链接，彻底摆脱了落后的手工对账工作模式，利用数据库、网络传递等计算机辅助手段来实现数据的核对、归类、整理、分析，极大地提高了工作效率，同步提升了客户的物流管理水平。之后，宝供物流企业集团追加1 000万元的投资以提升现有的物流信息管理系统，并与国际大型应用软件巨头建立合作伙伴关系，开发出适合中国国情、具有国际先进水平的物流信息系统。

分析：宝供物流企业集团有限公司为了满足大客户的物流服务需求，采用了哪些物流信息系统与技术？

## 本章小结

- 物流管理的数据库应用包括各种物流、商务数据的存储与管理，如查询、分类等，分为四个阶段：人工管理阶段、文件管理阶段、数据库系统阶段和高级数据库技术阶段
- 数据库技术是数据库（DB）、数据库管理系统（DBMS）及数据库系统（DBS）的总称。数据库的数据结构模型可分为层次型数据库、网状型数据库、关系型数据库及面向对象型数据库
- 数据库管理系统是人们用于操作和管理数据库的软件产品
- 数据库系统包括数据库、系统软件DBMS、计算机硬件环境和操作系统环境，以及数据库管理员（DBA）
- 网络环境的数据库系统体系结构最常见的C/S体系结构
- 数据仓库的工作过程分为：数据的抽取、存储和管理、数据的表现以及数据仓库的应用模式设计四个方面

# 第三章　现代物流信息网络技术

**本章知识要点**

- 现代物流信息网络化的含义
- 现代物流信息网络化的特点
- 我国现代物流信息网络化的现状及对策
- Internet/Intranet 的基本概念
- 现代物流企业内部网络（Intranet）是 Internet 在现代物流企业的应用

**【案例】**

**万博商业的物流信息系统结构**

万博商业的物流管理信息系统是针对超市的经营特点开发的，可实现各类具有多家连锁店及分公司的连锁经营企业的进、销、存、调的计算机化、标准化、规范物流，最大限度地减少人为因素对物流的影响，为管理层提供及时、准确的商品信息，为决策层的决策提供各类参考信息。

这一系统主要包括：供应商信息、商品基本信息、库存信息、客户信息（零售）、会员信息、相关店信息（加盟店、特约店、托管店等）、销售信息、零售会员信息、调拨信息、报损信息、赠品信息、自用品信息、内部人员管理信息、内部沟通信息等，在一个大型全面的基础数据库群的基础上架构一个大容量的商业进销存系统，前端支持面向普通消费者的零售交易平台及客户链系统，支持自营店、加盟店、店中店等实体商场；后端的进销存部分作为结算处理中心连接，提供完整的应收/应付账务处理系统，并能提供财务处理系统的数据接口。物流管理系统能及时准确地反映商品销售情况，并为商品的采购及调度迅速反馈信息。配送管理系统及时反映网络用户的需求，做好用户服务工作。

整个系统达到远程利用国际互联网（Internet）或企业内部网（Intranet）进行数据实时交换的要求，同时支持前端离线操作并定时传送数据的方式，客户端安装简单并能实现远程维护工作，整体体现出时效性强、安全度高的特点。

**一、万博商业的物流管理信息系统功能结构**

图 3-1 所示是万博商业的物流管理信息系统功能结构。

1. 前台收银系统功能

前台收银系统的功能主要有联网销售初始化、收款员注册、口令启动、商品编码（单品）销售、商品条形码、销售时同一单品数量的给定、售价的修改功能、退货功能、暂存/调出功能、数量及总计金额的动态显示功能、销售小票打印功能、折扣/优惠功能、多种付款形式等。

2. 后台管理系统功能

后台管理系统的功能主要有登录权限管理、数据备份、恢复和日志查询等；基本资料等基础信息与商品编码资料的录入维护；商品报价管理、预订管理，商品订货、自动补货计算，验收入库、退货及冲销等；前台收银的实时监控，生成电子秤数据，自制店内码，前台使用数据分发，销售统计分析等；商品出入库处理，商品盘点管理，保质期报警处理，库存结余报警，补货预警，库架变动综合查询，赠品入库管理；供应商应付款、结账、成本结转、毛利计算及税额等；会员积分、累积消费额及超市储值卡的余额管理等。

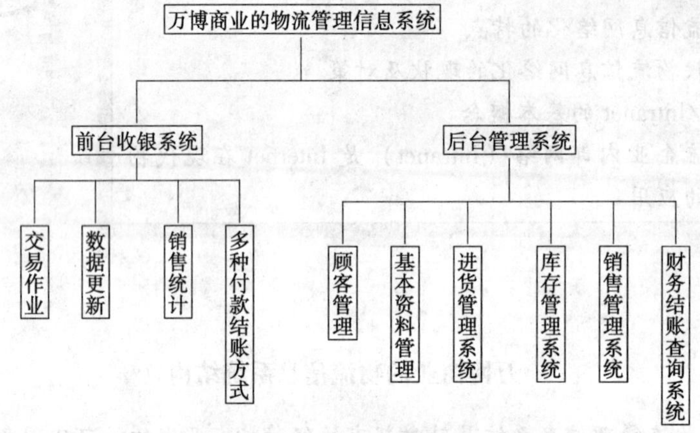


图 3-1 万博商业的物流管理信息系统功能结构

## 二、万博商业的物流管理信息系统网络结构

1. 系统的硬件总体架构

系统的硬件总体架构如图 3-2 所示。

1）操作系统：Windows NT 4.0。

2）后端数据库：MS SQL Server 7.0。

3）开发工具：采用三层结构的设计方案，前端采用 PB 及 C++开发的前台操作程序，方便易用。中间件采用组件的方式，将系统不同的数据查询请求通过中间层完成，能够提高可靠性和执行效率，同时便于升级及实现用户的特殊需求。后端采用大型数据库 SQL，对于大型的计算采用存储过程来实现，提高数据的处理效率。

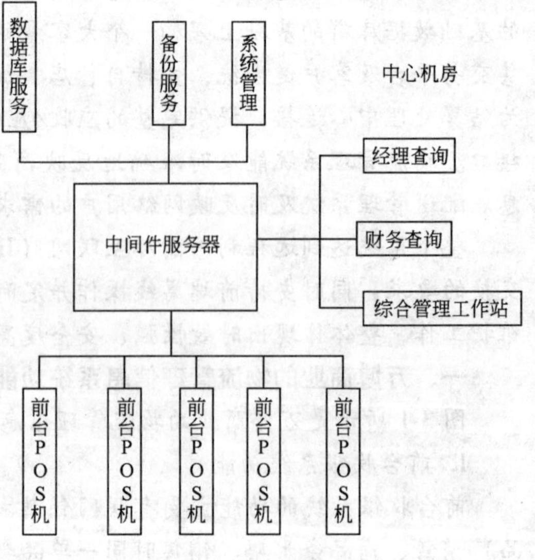


图 3-2 系统的硬件总体架构

2. 架构特点

1）各分公司（指区域性中心或以上机构）拥有独立的网络设备（包括服务器及网间设备）和独立的应用系统。

2）各商场能够完成独立的进货和内部独立核算。

3）总部仅仅需要统计各商场进销存的总体情况，不需要了解每个商品的明细情况。

4）总部、区域中心商场及配送中心之间通过 DDN 或其他稳定连接方式连接，系统分别运行在各自打开的服务器上，即系统基于真正的分布式体系结构。

5）区域内的送货点、专卖店、供应商查询站点等采用拨号、ISDN 等方式连入区域系统中，连接方式采用 Internet 和 Intranet 相结合的方式，即同城用户采用 Intranet 方式，外地用户通过 Internet 连接，但加一条备用的拨号链路。

6）为了防止外部非法攻击，在内外网之间采用防火墙、第 4 层交换技术等措施，内部的 Web Server 和数据库服务器采用双机集群工作，增加可靠性。内部通过拨号服务器和路由器等设备与下属的远程站点进行 Intranet 连接。

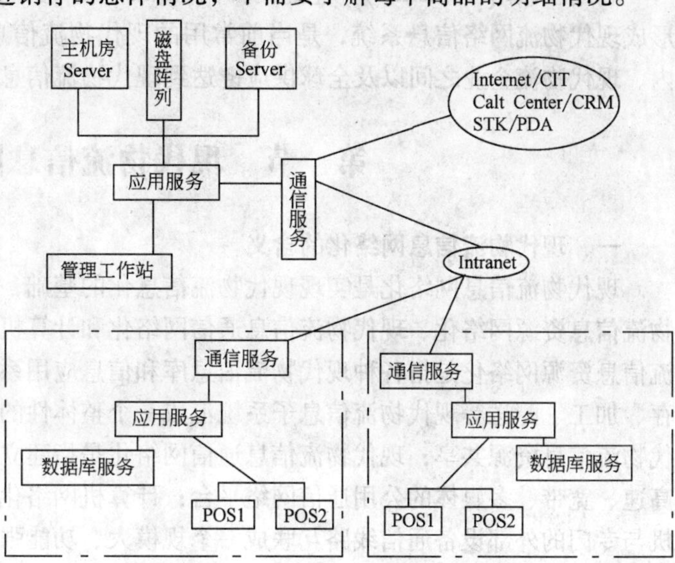


图 3-3　系统的延伸方案

3. 系统的延伸

系统的延伸主要有 Intranet 接入、电话语音接入、呼叫中心、客户关系管理、电子商务。系统的延伸方案如图 3-3 所示。

## 案例分析

现代物流信息网络化是实现现代物流信息化的基础。由万博商业的物流管理信息系统结构可以看出在商业流通领域里，应用现代化信息技术和网络技术构架现代物流信息系统网络结构，是实现现代物流信息网络化的物质基础，在现代物流信息的采集和传输中起着越来越重要的作用。在构建现代物流信息网络结构时，根据企业当前的物流过程和可预见的发展，针对现代物流信息采集、处理、存储和传输的要求，选择和构筑由信息设备、通信网络、数据库和支持软件等组成的软硬件环境，充分利用企业物流系统内部、外部的物流数据资源，促进物流信息的数字化、网络化、市场化，以便选取、分析和发现新的商机，做出更好的物流决策。

资料库

佐川急便信息网络企业服务措施

快递服务与电子商店接轨；提供货物查询；提供代收货款服务；提供信用卡结算；全国性翌日送达网络；运费查询、提示，运费预算服务。

利用互联网（Internet）、企业内部网（Intranet）及现代通信技术和计算机数据处理技术形成现代物流网络信息系统，是当前常用的现代物流信息网络化手段，也是现代物流企业内、现代物流企业之间以及全球供应链达到现代物流信息共享的一种方式。

## 第一节　现代物流信息网络化

### 一、现代物流信息网络化的含义

现代物流信息网络化是实现现代物流信息化的基础，从构成要素来分析，主要包括现代物流信息资源网络化、现代物流信息通信网络化和计算机网络化三方面内容。其中，现代物流信息资源网络化是指各种现代物流信息库和信息应用系统实现联网运行，从而使运输、储存、加工、配送等现代物流信息子系统汇成一个整体性的现代物流信息网络系统，以实现现代物流信息资源共享；现代物流信息通信网络化是指建立能承担传输和交换现代物流信息的高速、宽带、多媒体的公用通信网络平台；计算机网络化是指把分布在不同地理区域的计算机与专门的外部设备通信线路互联成一个规模大、功能强的网络系统。

### 二、现代物流信息网络化的特点

现代物流信息网络化具有以下特点：

1. 网络化专业性强

与国家信息网络相比，现代物流信息网络主要应用于流通领域，属专业性很强的商用信息网，担负着对运输、储存、包装、装卸、流通加工等现代物流活动过程中产生的现代物流信息的处理、传输、发布的职能。

2. 信息来源的广泛性

与一般专业信息网络相比，现代物流信息网传递的信息来源广，有来自商品采购、生产、流通、供应、销售、消费等环节上的现代物流信息。

3. 地域的广袤性

与地区信息网相比，现代物流信息网跨部门、跨地区、跨国界，覆盖面较大，适宜建设成区域网或广域网。

4. 网上信息实时性、动态性强

现代物流信息直接影响着生产企业、商业企业的生产经营活动，对网上现代物流信息传递、交换的时效性、准确性要求高。

现代物流信息网络化可以缩短现代物流信息的管道长度，增加流通管道的透明度，可以随时知道什么时间、什么地点、货物的数量以及在供应链的什么位置。借助于电子计算机，存货可以更快地随着需求信息而减少，从而减少周转时间。

### 三、我国现代物流信息网络化的现状及对策

1. 我国现代物流信息网络化的现状

现代物流信息网络化是伴随着经济信息网络化进程而发展的。我国经济领域已初步形成覆盖面广、横向纵向相结合的信息网络，为现代物流信息逐步网络化奠定了物质基础，如CEINET（中国经济信息网）、CCMNET（中国商品市场信息网）等。它们将生产企业的商品供应信息、流通企业的商品购销信息及消费者的购买需求信息融为一体，极大地提高了全国范围的合理调配，为企业分析市场、组织指导现代物流合理流向提供依据。CGOS（中国商

品订货系统）是一个集电子订货、仓储管理、货物运输、商品配送和货款结算于一体的综合性、社会化商品流通服务体系，成为中国流通领域信息网络化建设的一个成功范例。

尽管我国现代物流信息网络化有了一定基础，但还跟不上社会经济发展的要求，与国外信息网络系统相比还存在较大差距，主要表现在：信息网络化建设缺乏统一规划协调；通信网络系统较为脆弱；网上信息资源建设相对薄弱；现代物流信息标准不统一；信息网络法不完善；缺乏既懂现代物流又懂信息网络技术的复合型人才，经费投入不足等。

2. 我国现代物流信息网络化建设的对策建议

我国现代物流事业面临的一个核心问题是降低流通费用、提高流通效率，而实现现代物流信息网络化无疑是医治这一长期制约经济良性循环发展瓶颈的良方。国家有关部门应当及早完成现代物流信息服务网络体系的建设规划，制定实现现代物流信息网络化的政策和措施，支持社会化的现代物流信息服务网络的建立，为现代物流奠定一个坚实的现代物流技术基础。

（1）指导方针和原则

1）整体规划，同步发展：由于现代物流信息网络化是我国信息化建设的重要组成部分，因此应把现代物流信息网络化建设纳入整个国家信息化建设的总体规划。

2）两个结合，两个为主：一是软件与硬件相结合，以软件建设为主，即信息资源建设与基础设施建设相结合，以资源网建设为主。二是国内与国外相结合，以国内建设为主，即国内与国外现代物流信息网络化建设相结合，以国内现代物流信息网络化建设为主。

3）网网互联，资源共享：既包括国内中心网、地区网和专业网的互联，又包括国内与国际现代物流信息网的互联，以实现信息资源共享。

（2）措施

1）建立以高速数据网络为核心的信息基础设施。应根据现代物流信息特点，建立具有先进性、使用性和稳定性的信息采集、处理、发布网络平台，网络系统结构要统一规划、统一标准，并保证网络系统良好的扩展性、开放性及持续发展能力，为现代物流信息循环流动创造物质条件。

2）建立大型动态数据库。建立库存等一些大型的动态数据库，为企业生产经营决策提供实时动态信息，是建设现代物流信息服务网络的核心内容。因此，应面向社会，及时采集来源于企业各流通环节上的信息，并对数据进行归纳、整理和更新，让大量、有序的多媒体信息在网上流通。

3）重视推广运用先进通用的现代物流信息网络应用系统和技术。针对不同的现代物流、经营形式，应采用不同的技术路线和解决方案，建立起与现代物流业相适应的技术体系。例如，可以建立现代物流可视化跟踪系统，实现对储存、分配、运输货物的综合管理，特别是对网络内货物的状况进行“透明式”监控，并能以可视化的方式实时查询显示，使自动化系统、筹措系统、分配系统、存储系统和运输系统可同步实现数字化管理。又如，用 Internet 来改造经典的 LMIS，以克服原有的局限性和不足，解决传统系统中的系统结构、通信协议、数据格式不一造成的难以沟通的问题。而 Intranet 网络体系给物流信息网络化提供了广阔的前景。推广 EDI（电子数据交换系统），按照商定的协议将订单、提单、送货单等商业文件标准化和格式化，并通过计算机网络，在贸易伙伴的计算机网络系统间进行数据交换和自动处理，可实现远距离的“无纸交易”，且易于与国际接轨；应用 POS（销售时点信息管理系统）和 EOS（电子订货系统）等先进的网络体系结构、多样化的网络化体系结构，可以在多方面保证现代物流信息的畅通，为现代物流企业赢得更多和更大的商机与胜机。

**一、判断题**

1. 实现现代物流信息化的基础是现代物流信息网络化。（　　）

2. 现代物流信息网络化从构成要素来分析，主要包括现代物流信息资源网络化、通信网络化、计算机网络化三个方面。（　　）

3. 把分布在不同地理区域的计算机与专门的外部设备通过通信线路互联成一个规模大、功能强的网络系统是通信网络化。（　　）

4. 现代物流信息网络化包括现代物流信息资源网络化、现代物流信息通信网络化和计算机网络化三方面内容。（　　）

5. 网网互联，资源共享。（　　）

6. 不应重视推广运用先进、通用的现代物流信息网络应用系统和技术。（　　）

**二、填空题**

1. 计算机网络化是指把分布在不同地理区域的计算机与专门的外部设备通信线路互联成一个__________、__________的网络系统。

2. 现代物流信息网络跨__________、__________、__________，覆盖面积大，适宜建设成区域网或广域网。

3. 网上信息的特点是__________、__________强。

**三、选择题**

1. 现代物流信息网络化的特点是（　　）。

A. 网络化、专业性强　　B. 信息来源的广泛性

C. 地域的广袤性　　D. 网上信息实时性、动态性强

2. EDI 是（　　）。

A. 电子数据交换系统　　B. 电子订货系统　　C. 全球定位系统　　D. 信息系统

3. EOS 是（　　）。

A. 电子数据交换系统　　B. 电子订货系统　　C. 全球定位系统　　D. 信息系统

## 第二节　现代物流信息网络技术

### 一、Internet/Intranet 概述

计算机的迅速普及、网络技术及社会经济发展的相互作用，支持着现代物流企业网络体系结构的普及与发展。Internet/Intranet 网络体系已成为当今现代物流企业网络的基本构架和趋势。Internet/Intranet 的基本构架如图 3-4 所示。

Intranet ⟺ 防火墙 ⟺ Internet

图 3-4　Internet/Intranet 的基本构架

1. Internet

Internet 创建于 1969 年，当时美国国防部将各种不同的网络连接起来，建立了一个覆盖全国的网络，用来进行各种科学研究活动。到 20 世纪 80 年代，该网的规模迅速扩大，很快发展成全世界最大的互联网——Internet。随着 Internet 的迅速发展，其性质也从原来的科研网变为商业网，Internet 商业也应运而生。Internet 商业狭义是指在 Internet 上进行的购买商品、产品推销、信息咨询、商务洽谈、金融服务等一系列商业交易活动。在广义上说，它突破了传统商业生产、批发、零售及进、销、调、存的流转程序和营销模式，真正实现了少投入、低成本、高效率和零库存，做到了社会资源的高效率配置和最大节约，既有利于企业提高运作效率和竞争能力，也有利于消费者以较低的价格获得优质的产品和服务。

2. Intranet

Intranet 是运用 Internet 技术构筑而成的企业内部网，是将 Internet 技术应用到企业内部的信息管理和交换平台的系统。它基于 TCP/IP 通信协议和 www 技术规范，通过简单的浏览界面，方便地提供电子邮件、文件传输、电子公告和新闻、数据库查询等服务。通过防火墙等安全措施，Intranet 还可以与 Internet 连接，以实现企业内部网上用户对 Internet 进行浏览、查询，同时对外提供信息服务，发布本企业信息。在 Intranet 中，企业的机密信息受到防火墙等安全技术的保护，只有企业内部被授权的人员才能访问机密信息，供应商和客户等人员只有在许可条件下才能进入企业内部网。企业内部网的划分依据并不是地域，而是企业范围，即企业设在世界各地的分支机构都可以通过企业内部网实现资源共享。因此，Intranet 具有 Internet 的安全性和灵活性。在提供企业内部应用的同时，又提供对外信息发布，而且成本低，安装维护方便。

3. Intranet 的要素、组成与应用

（1）Intranet 的要素

1）Intranet 是根据企业的需要而设置的，统一的规模和功能是根据企业经营和发展的需求确定的。

2）Intranet 不是一个孤岛，它能方便地和外界连接，尤其是和 Internet 连接。

3）Intranet 采用 TCP/IP 协议及相应的技术和工具，是一个开放的系统。

4）Intranet 根据企业的安全要求，设置相应的防火墙、安全代理等，以保护企业内部的信息、防止外界侵入。

5）Intranet 广泛使用环球网 www 的工具，使企业员工和用户能方便地浏览和采集企业内部的信息及 Internet 的丰富信息资源。这些工具包括超文本标记语言 HTML（hypertext markup language）、公共网关接口 CGI（common gateway interface）以及新的编程语言 Java 等。

（2）Intranet 的组成　不同的企业有不同的 Intranet 组成结构，Intranet 的通用组成包括网络、电子邮件、内部环球网（Internal Web）、邮件地址清单（Mail Lists）、新闻组（Newsgroups）、闲谈（Chat）、FTP。

（3）Intranet 的应用　一般包括以下几个方面：企业内部主页、通信处理、支持处理、产品开发处理、市场及销售以及客户处理。

**二、现代物流企业内部网络（Intranet）**

1. Intranet 在现代物流企业的应用

它是现代物流企业利用Internet技术建立的现代物流信息网络，是现代物流企业信息管理和交换的基础设施和平台。根据现代物流企业的特性，在现代物流企业的Intranet建设中，分不同部门和结构构建现代物流企业特有的Intranet。在现代物流企业的Intranet和Internet之间采用防火墙或路由器连接，这与一般企业的Internet/Intranet基本相同。而在现代物流企业的Intranet内，则依不同的部门划分为运输配送部门、订货采购部门、库存控制部门等，而分别配备Web数据服务器和网络浏览器，构建相应的现代物流信息子系统。

2. 现代物流企业内部网络（Intranet）的技术优点

现代物流企业的Intranet可以通过简单的浏览界面，方便地集成各类已有系统，如运输管理系统、包装管理系统、装卸搬运管理系统、仓库管理系统、配送管理系统、加工管理系统、物资与设备管理系统、决策支持系统、人力资源管理系统、成本管理系统、办公自动化系统等在局域网和广域网上高速交换，可以在网络环境下进行企业的计划、库存、商务、采购、资产管理等方面的数据查询、统计、分析、检索以及现代物流商品化的信息集成处理。因此，现代物流信息系统可以简便地实现信息共享、协调作业以及网络处理和计算。

3. 现代物流企业内部网络（Intranet）的技术优势

Intranet是一种较为先进的现代企业网络连接的解决方案，同现有的MIS网络系统相比，有着无法比拟的优势：Intranet以通信协议（TCP/IP）、域名服务（DNS）和邮件传输协议（POP3）为基础，以www和FTP服务为支撑，使多平台和多服务器的网络连接成为现实。以简单的超文本标记语言HTTP和公共关系应用接口CGI或API为主要工具，使现代物流企业内各类应用和数据库以统一的界面在网络上应用，是用户网络各个站点取向的事实标准。由于采用了统一的界面浏览器，使应用系统的界面统一和界面友好，可以利用CGI或API等程式对数据进行读取操作、维护修改以及应用功用添加。

4. 现代物流企业的Intranet方案

现代物流企业一般包括客户服务器体系结构和基本平台组成两部分。前者一般采用三层C/S结构组成，后者一般有网络平台、开发平台、用户平台和服务平台等。按照规模及功能，一般可将Intranet分为四级：一级Intranet，提供对静态数据的静态访问，对公共信息实现基本共享；二级Intranet，引入检索工具，提高现代物流企业信息库的实用性；三级Intranet，提供对动态数据的动态访问，数据从现有的、联合管理的数据源动态生成；四级Intranet，随着访问所有联合信息成为可能，各现代物流企业将根据商家、客户或雇员个人的需要检索不同类型的信息。

## 训练与提高

### 一、判断题

1. 现代物流企业内部网络系统包括客户服务器体系结构和基本平台两部分。（ ）

2. 现代物流企业内部网络系统中客户服务器体系一般采用两层体系结构。(　　)

3. Intranet 和 Internet 连接能方便地和外界连接。(　　)

4. Intranet 是运用 Internet 技术构筑而成的企业内部网，是将 Internet 技术应用到企业内部的信息管理和交换平台的系统。(　　)

5. Intranet 采用 TCP/IP 协议及相应的技术和工具，是一种开放的系统。(　　)

6. Intranet 的应用一般包括以下几方面：企业内部主页、通信处理、支持处理、产品开发处理、市场及销售以及客户处理。(　　)

**二、填空题**

1. Intranet 以__________，__________，__________为基础。

2. 一般现代物流企业内部网络系统包括__________和__________两部分。

3. 基本平台一般有__________，__________，__________和__________。

**三、选择题**

1. 现代物流企业内部网络包括（　　）。

A. Internet 在现代物流企业的应用

B. 现代物流企业内部网络的技术优点

C. 现代物流企业内部网络的技术优势

D. 现代物流企业的 Intranet 方案

2. 一般可将 Intranet 分为（　　）。

A. 公共信息实现基本共享

B. 提高现代物流企业信息库的实用性

C. 数据从现有的、联合管理的数据源动态生成

D. 各现代物流企业将根据商家、客户或个人的需要检索不同类型的信息

3. 现代物流信息系统可以简便实现（　　）。

A. 信息共享　　B. 协调作业　　C. 网络处理和计算　　D. 计划

# 第三节　常见现代物流信息网络结构

## 一、基于 Internet 的神龙汽车有限公司现代物流信息系统

### 1. 建立 EDI 和 Internet 相融合的现代物流信息系统

神龙汽车有限公司由东风汽车集团、法国雪铁龙汽车集团、法国国民银行和中国兴业银行共同出资于 1992 年初成立于湖北省武汉市（中方投资占 70%）。为方便进行现代物流信息管理，神龙汽车有限公司建立了 EDI 和 Internet 相融合的现代物流信息系统，如图 3-5 所示。

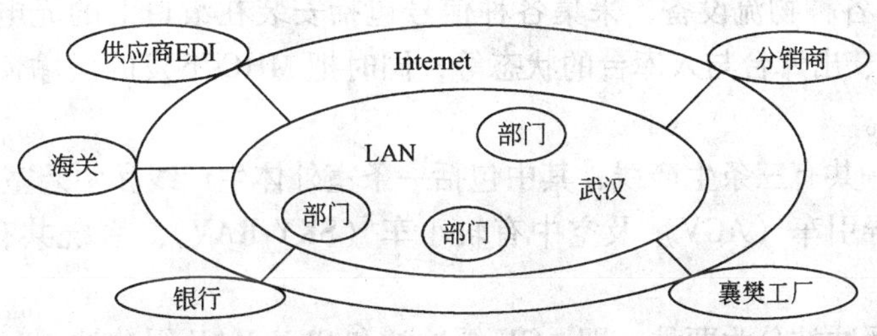


图 3-5　神龙汽车有限公司现代物流信息系统示意图

法国雪铁龙汽车集团与美国通用电气公司建立了长期合作的伙伴关系，雪铁龙通过 EDI 与供应商实现了订单、发票、发货信息的电子文件传输方式。欧洲汽车行业都遵守统一的商业操作模式，采用 GALIA 标准的报文形式和传输方式。在 EDI 传输系统中，通过翻译软件正向与反向的翻译功能实现 GALIA 报文与企业 GALIA 标准过渡到 EDIFACT 标准（EDIFACT 是美、日等国家现在使用的标准）。

神龙公司于 1997 年底建立了 GEIS 专线，1998 年 4 月份开始在进口件采购业务中使用 EDI 技术，采用 GALIA 标准与雪铁龙公司进行要货令、发票、发货通知等数据传输，2000 年与雪铁龙公司一起升级采用 EDIFACT 标准。

神龙公司采用基于局域网和 Internet/EDI 的企业信息组织系统。其基本原理是先将企业各部门的信息系统组成局域网 LAN，然后在 LAN 的基础上进行连接。根据合作企业的努力，采用不同的连接方式，如神龙公司与雪铁龙公司通过 EDI 连接，与国内供应商主要通过 Internet 连接。

2. 效果

如果不采用基于 EDI 和 Internet 相融合的现代物流信息系统，雪铁龙与神龙公司将要把十多种零件的要货、发货及发票信息通过手工录入到自己的系统中，不仅周期长且无法保证准确性；采用基于 EDI 和 Internet 相融合的现代物流信息系统可以使工作变得得心应手。神龙公司发出的要货电子文件，雪铁龙公司在 2 小时内便可在它的终端机上接收，经翻译后转化为其系统的数据文件而直接使用。通过系统的分析，可以迅速地检查各种差异，并通过 Internet 及时反馈给神龙公司，有效地保障了工作质量。同时，大大减少了纸质单据的传递。据估算，每月发货使用的发票、发货通知、装箱单等纸质文件（一式六份）就重达几百千克，而所有信息通过现代物流信息系统进行交换后，大大减少了纸质单据的传递工作量和非增值活动，并使双方快速获得信息，更方便地进行交流和联系，提高了相互的服务水平。

## 二、广东华宝空调器厂立体仓库的物流系统结构

1. 华宝立体仓库物流系统组成及功能

华宝立体仓库物流系统将自制件、外协件及外购件放入立体仓库。根据生产节拍及缓冲站的需求，将货送往各个在线缓冲站，使生产系统在很高的生产节拍下保持准时生产。

1）计算机系统。计算机系统包括物流管理与监控系统（MHC）、货物调度系统（MTC）及底层设备的控制系统。MHC 对在线立体仓库缓冲站的数据库进行管理，如入库/出库申请分配货位，调度控制各种运输任务，接收主控终端的输入信息及对各种异常情况进行处理。MTC 负责控制底层各种物流设备，采集各种信号包括安装在滚道上的光电开关信息，及运输车辆的各种状态、出库台与入库台的状态等，同时把 MHC 下发的运输命令变成控制信号下发到各物流设备。

2）生产线。一共有三条生产线，其中包括一条室外体生产线和两条室内体生产线。

3）地面自动导引车（AGV）及空中有轨小车（SKY-RAV）。系统共有 6 辆 AGV 及 14 辆 SKY-RAV。

4）缓冲站。缓冲站分为两种，即 AGV 缓冲站和 SKY-RAV 缓冲站。AGV 缓冲站停放由地面自动导引车送来的大件货箱，SKY-RAV 缓冲站停放由空中小车送来的小件货箱。

5）立体仓库（AS/RS）。六号库：共 6 排，每排 8 层 13 列，共 624 个货位，有 3 台堆

垛机；七号库：共6排，每排22层11列，共1452个货位；九号库：共6排，每排19层48列，共5472个货位，有3台堆垛机。

6）积放链。共有两条两器（冷凝器、蒸发器）积放链。一条将冷凝器从两器车间送至一楼室外体预装线；一条将蒸发器从两器车间送至二楼室内体线。

7）空箱回收站。

2. 华宝立体仓库物流的计算机网络系统

华宝立体仓库物流的计算机网络系统（HB-MHC）由以下设备组成：

（1）主机　两台HP F10小型机，分别命名为HP F01和HP F02。

1）HP F01：运行MHC1系统，管理和监控6、7号立体库、地面车及其缓冲站、室内体生产线。

2）HP F02：运行MHC2系统，管理和监控9号立体库、空中小车及其缓冲站、室外体生产线。

（2）控制终端　共四台star终端，两台为MHC1的控制终端，另两台为MHC2的控制终端。负责日常的系统工作，通过屏幕菜单进行操作，包括启动系统、切换系统工作方式、故障处理、重置入立体库申请、追加缓冲站申请及系统停止运行等。

（3）现代（立体库入库口）终端　共六台star终端，其中两台为6、7号库入库口终端，四台为9号库入库口终端。

当条形码读错和故障时，进行入库操作。

（4）DTC（集线器）及PC　终端通过DTC引出，PC用于管理DTC。

（5）与MTC通信　MHC使用标准RS-232串行口与MTC通信。MHC1使用两个RS-232串行口与MHC1通信，对MHC1来说，一个口对应接收，另一个对应发送。MHC2有完全类似的两个RS-232串行口。

3. 华宝立体仓库物流的计算机网络结构

MHC网络系统是HB-CIMS网络的一部分，这个系统通过双绞线、路由器（HUB）、光纤与MRPⅡ系统相连。MHC网络系统使用了粗缆、细缆及双绞线进行布线，使用了网桥和集线器等网络设备。华宝立体仓库物流的计算机网络结构如图3-6所示。

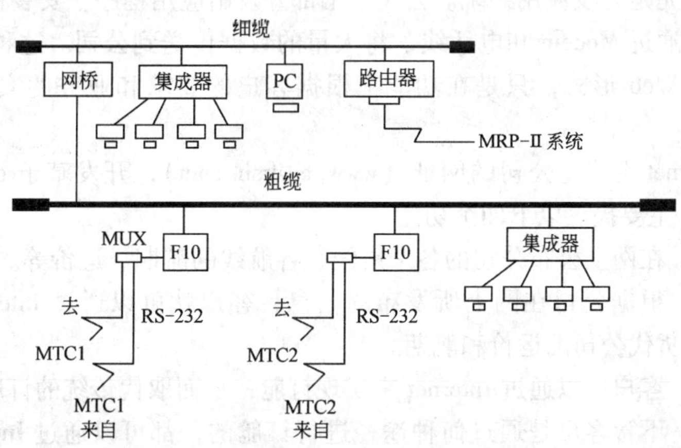


图3-6　华宝立体仓库物流的计算机网络结构

路由器把物流系统的局域网与华宝 CIMS 的广域网连在一起。华宝 CIMS 采用了分布式数据库，通过网桥将物流系统数据库与全厂 CIMS 的 MRPⅡ系统数据分开。这样，当物流系统计算机 F10 进行数据查询时，网络系统将查询范围限定在本地网桥范围内，当查不到结果时，再将查询命令送到网桥以外的范围，即上一层网桥范围查找。这样可以提高物流系统计算机的实时性，因为绝大多数内容都在物流系统数据库中。

集线器作为多终端连接器可以对终端口进行扩展，有 8 槽口、16 槽口等可以选择。

MHC 与 MTC 的通信采用 RS-232 串行通信口，可以保持最好的实时性；同时，MHC 编制了通信接收进程和通信发送进程，负责 MHC 与 MTC 的通信，保证了物流系统的实时性要求。

4. 华宝立体仓库物流的计算机软件系统

HP/F10 小型机物流系统及 HP/F10 小型机 MRPⅡ系统的软件系统如图 3-7 所示。

华宝立体仓库物流系统操作分为系统数据准备、系统启动运行、运行过程中的故障处理、系统停止运行等四类操作，每一种类的操作都应遵守相应的操作规程。

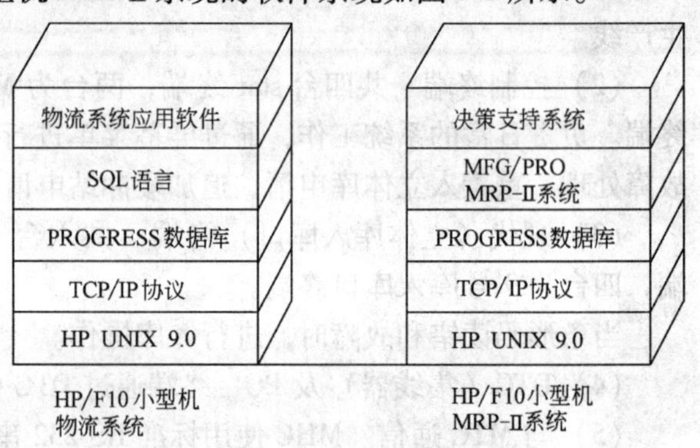


图 3-7 华宝立体仓库物流的计算机软件系统

## 三、中远公司的物流系统

1. 中远公司简介

上海中远国际货运有限公司是中远集团（COSCO）下属的从事货物运输代理的公司，主要负责中远集团长江内支线集装箱的货运代理，通过中转枢纽——上海港，使长江内支线与中远遍布全球的干线运输网络相连接，实现真正的联合运输。公司员工 400 多人，其中电脑部共 10 人，负责本公司信息系统的开发和维护工作，以及客户的信息系统维护工作。

2. 中远公司物流系统的功能介绍

1997 年始，中远公司采用电子订舱的方式取代传统的传真和信件方式。公司采用两种电子订舱方式：首先是开发应用系统。公司电脑部开发出应用程序，安装在客户端，客户只要使用这个程序，通过 Modem 和电话线，将大量的数据传送到公司。这种应用程序的界面类似于 Internet 和 Web 形式，只是在功能上根据客户的要求和业务的实际需要进行了加强。

其次是在 Internet 上建立公司的网址（www. cosfrsh. com)，开发基于 cosfrsh 的 Web 页。在 cosfrsh 上，Web 主要提供以下四个功能：

1）信息发布：在网上公布公司的各个航线、各航线的航期、运价等。

2）网上查询：根据公司在网上所发布的信息，客户就可以通过 Internet 来进行查询，从而可以比较不同货代公司的运价和航期。

3）网上订舱：客户可以通过 Internet 来实现订舱，从而取代传统的订舱方式。

4）订舱反馈：不管客户是通过何种途径进行订舱的，都可以通过 Internet 查询到货物的现状，跟踪其货物；通过电子订舱的客户还可以通过 Internet 得到公司的反馈，既快捷又方便。

3. 中远公司物流系统的内容

1）货运公报：船期更改等与货运有关的信息发布。

2）船期表：查询和下载自上海港出发的船期，其他地点船驳连接至中远集运网站船期表页。

3）运价：查询上海中远公布的从上海至世界各地的海运费、中转费、附加费和上海中远内陆运输人民币包干费用。

4）订舱：可直接输入/更改货运订舱委托内容，并查询委托的受理信息（船名、航次、提单号等）及运费、流转情况等信息。

5）货物跟踪：目前提供按提单号或箱号查询中远集装箱上海港进、出港信息（包括中转）委托货物。

4. 中远公司物流系统的结构特点

1）采用三层C/S结构，多平台，多种数据库集成。应用服务器一端使用同一接口连接数据库，简化了应用的复杂度，便于系统维护。

2）与业务数据库直接相连。既保证用户查询到的结果信息与上海中远业务数据同步，又避免了由于维护不及时而产生的信息发布后的网站老大难问题，还节省了人力和资源的投入。

3）用户操作尽可能简化。“货物跟踪”中系统自动判断委托所属航线，如来自/到达北美的货物，可继续连接至中远北美公司网站的“CARGO TRACING”查询结果页，“运价查询”结果列出全部箱、货类的运价、中转价、附加费，减少了用户输入和等待时间。运价查询所选的港口、目的地名称均为运价表中存在的地名，提高了查询命中率。

4）应用服务面广。除订舱部分采用登录方式外，其他功能对全社会开放，保证直接货主、货代公司、上下港代理等不同用户的需要。订舱查询不限制委托的方式，不论是点对点数据传输、网上订舱还是纸面订舱，均可查询。船期下载按交通部格式，并附平台文件格式说明，用户可以得到格式化数据，方便有业务应用的用户使用。

5）安全机制完善。Web服务器置于防火墙外，由应用系统访问内部数据库，保证内部网络安全；订舱应用的修改和查询同时校验用户和委托运输编号，防止用户委托资料泄密。

5. 中远公司物流系统的应用所带来的影响

（1）企业形象的提升和企业竞争力的加强　采用物流信息系统，中远公司完善了对客户的物流信息服务质量，成为取得企业间竞争优势的必然选择。一方面使企业紧跟信息技术发展的时代潮流，从而不断地完善信息服务，取得竞争手段上的不断领先；另一方面提高了企业在客户中的形象，从而取得竞争优势。

（2）工作量的减少和工作效率的提高　电子物流信息服务系统的数据来源于客户的输入，大大减少了本企业的数据输入量，又减少了数据的差错率，提高了物流信息处理的准确率。客户对于业务上的物流信息查询、货物跟踪等都可通过Internet来进行，客户在和电脑打交道，而不是同市场人员打交道，减少了企业市场部人员的工作量。

（3）费用的减少　物流信息系统采用电子单证和电子函件代替了大量的纸质单证，降低了传统的单证费用；同时，物流信息系统的应用深入到企业订舱、查询、广告等环节，从而减少了这些方面的费用。

（4）客户满意度的提高　客户认为物流信息系统的使用提高了他们的工作效率，减少了工作量，使他们能更快捷、更方便地了解货物的动态。

## 训练与提高

**一、判断题**

1. 集线器作为多终端连接器可以对终端口进行扩展，有 8 槽口、16 槽口等可以选择。(　　)

2. MHC 网络系统是 HB-CIMS 网络的一部分，这个系统通过双绞线、路由器（HUB）、光纤与 MRP 系统相连。(　　)

3. 神龙公司采用基于局域网和 Internet/EDI 的企业信息组织系统。(　　)

**二、填空题**

1. MHC 网络系统使用了粗缆、细缆及双绞线进行布线，使用了__________和__________等网络设备。

2. 监控系统的缩写是__________。

3. 货物调度系统的缩写是__________。

**三、选择题**

1. 华宝立体仓库物流系统的组成包括（　　）。

A. 计算机系统　　B. 生产线　　C. 缓冲站

D. 地面自动导引车（AGV）及空中有轨小车（SKY-RAV）

2. 缓冲站分为（　　）。

A. AGV 缓冲站　　B. SKY-RAV 缓冲站　　C. HP F01　　D. HP F02

3. Web 主要提供（　　）功能。

A. 信息发布　　B. 网上查询　　C. 网上订舱　　D. 订舱反馈

## 本章小结

- 现代物流信息网络化包括现代物流信息资源网络化、现代物流信息通信网络化和计算机网络化三方面内容，具有以下特点：网络化专业性强、信息来源的广泛性、地域的广袤性、网上信息实时性、动态性强
- Internet/Intranet 网络体系已成为当今现代物流企业网络的基本构架
- Intranet 是 Internet 在现代物流企业的应用
- Intranet 的应用包括：企业内部主页、通信处理、支持处理、产品开发处理、市场及销售以及客户处理

# 第四章　现代物流信息技术

**本章知识要点**

- 条形码技术
- 射频及标签技术
- 电子数据交换系统
- 电子订货系统
- 销售时点信息系统
- 全球卫星定位系统
- 地理信息系统
- 现代物流资源计划系统：MRP、MRP Ⅱ、DRP、LRP、ERP、JIT、CRP
- 智能交通系统

**【案例】**

**现代物流信息技术在沃尔玛（Wal-Mart）物流配送中心的应用**

沃尔玛（Wal-Mart）是美国零售业的巨头之一。由于在美国沃尔玛有数以千计的商场，所以产品的需求量非常大；同时由于沃尔玛公司的商店众多，每个商店的需求各不相同，所以目前在美国沃尔玛发展了25个大规模的配送中心，这些配送中心一方面为自己公司经营提供配送服务，另一方面则为其他企业组织提供物流服务。平均一个配送中心要为100多家零售店服务，日处理量约为20多万个纸箱。

沃尔玛的配送中心进行全天候的运作，每周7天、每天24小时。配送中心借助现代物流信息技术（系统）确保了产品不断地流向沃尔玛的商店，而没有任何停滞。

**一、自动补货系统**

沃尔玛每一个商店都有一个类似于电子订货系统（EOS）的自动补货系统。它使得沃尔玛在任何一个时间都可以知道现在这个商店中有多少货品，有多少货品正在运输过程中，有多少是在配送中心等。同时它也使沃尔玛可以了解某种货品上周卖了多少，去年卖了多少，而且可以预测沃尔玛将来可以销售多少这种产品。沃尔玛之所以能够了解这么细，就是因为沃尔玛有UPC统一的货品代码。商场当中所有的产品都要有一个统一的产品代码，即UPC代码，这是非常重要的。在中国，这种代码叫做EAN条码。沃尔玛之所以认为所有这种代码都是非常必要的，是因为可以对它进行扫描和阅读。在沃尔玛的所有商场中，都不需要用纸张来处理订单。沃尔玛自动补货系统可以自动向商场经理来订货，这样，就可以非常及时地对商场进行帮助。扫描一种商品，就知道现在商场中尚有多少及有多少订货，而且知道有多少这种产品正在运往商店，会在什么时间到，所有关于这种商品的信息都可以通过扫描这种产品代码得到。在美国，这个系统每天提供的这种信息都下载到沃尔玛在世界各地的办公室当中，世界各地的这些信息又都可以传送到沃尔玛总部。只要有一个人进行订货，沃尔玛就通过这种电子方式来和供货商进行联系。

沃尔玛还有一个可以使供货商直接进入到沃尔玛的系统，叫做零售链接。和销售时点信息系统（POS）功能一样，任何一个供货商可以进入这个系统来了解他们的产品卖得怎么样以及卖了多少，而且他们可以在24小时之内进行更新。供货商们可以在沃尔玛公司每一个店中及时了解到有关情况。通过零售链接，供货商们就可以了解销售的情况，对未来的销售进行预测，以决定生产的状况，这样，他们产品的成本也可以降低，从而使整个过程是一个无缝的过程。

**二、库存和分货拣选系统**

沃尔玛的每个配送中心分三个区域：收货区、拣货区和发货区。在收货区，一般用叉车卸货。先把货堆放到暂存区，工人用手持式扫描器分别识别运单上和货物上的条形码，确认匹配无误才能进一步处理——入库或直接送到发货区，这被称为直通作业以节省时间和空间。在拣货区，计算机在夜班打印出第二天需要向零售店发运的纸箱的条形码标签。白天，拣货员拿一叠标签打开一只只空箱，在空箱上贴上条形码标签，然后用手持式扫描器识读。根据标签上的信息，计算机随即发出拣货指令。在货架的每个货位上都有指示灯，表示那里需要拣货以及拣货的数量。当拣货员完成该货位的拣货作业后，按一下“完成”按钮，计算机就可以更新其数据库。装满货品的纸箱经封箱后运到自动分拣机，在全方位扫描器识别纸箱上的条形码后，计算机指令拨叉机构把纸箱拨入相应的装车线，以便集中装车运往指定的零售店。

**三、现代化、全方位的运输梯队**

沃尔玛有时采用空运，有时采用轮船运输，还有一些采用货车进行公路运输。

沃尔玛的车辆都是自有的，而且这些驾驶员也是沃尔玛的员工。沃尔玛用一种尽可能大的货车，大约可能有16m加长的货柜，比集装箱运输货车更长或者更高。而且车中的每立方米都填得满满的，所有的产品从货车的底部一直装到最高处，这样，非常有利于节省成本，这些货车是沃尔玛整个供应链当中的一部分。

沃尔玛采用全球定位系统对车辆进行定位。因此，在任何时候，调度中心都可以知道这些车辆在什么地方、离商店还有多远，同时他们也可以了解到某个产品运输到了什么地方，还有多长时间才能运到商店，沃尔玛可以精确到小时。

## 案例分析

现代物流信息技术是构成现代物流信息体系的重要组成部分，也是提高现代物流服务效率的重要技术保障。沃尔玛公司通过电子订货系统（EOS）的自动补货功能，能够及时地给各店铺补充商品；使用条形码技术和分拣系统，可以快速调拨商品；GPS等技术的应用，实现了运输配送管理的智能化，在库存管理及配送运输方面加快了货物的调度管理。沃尔玛公司的实践证明，先进的现代物流信息技术的应用，是现代物流企业取得成功发展和取得竞争优势的重要因素。

## 第一节　条形码技术

条形码技术是在计算机的应用实践中产生和发展起来的一种自动识别技术，它是为实现对信息的自动扫描而设计的，具有读取速度快、准确度高、操作方便、成本低廉等特征，广泛应用于流通领域的销售和物流、医疗的各种检查和血液的管理、工厂的生产管理、图书管理、邮政、交通等社会的各个领域。在现代物流系统中，条形码技术是非常重要的大量、快速信息采集技术，借助条形码技术人们才得以在物流活动发生时迅速、准确地获取并处理大量商品信息，从而解决了数据录入和数据采集的瓶颈问题，大幅度提高物流效率，并为供应链管理提供有利支持。ECR（有效用户反应）、QR（快速响应）、ACEP（自动连续补货）等供应链管理系统和 POS（销售时点信息系统）等，都离不开条形码技术的应用。可以说，条形码技术是物流信息系统的关键节点和物流信息由手工处理到数字化、自动化的桥梁，没有条形码技术就无法建立真正的物流信息系统。

### 一、条形码的概念

条形码又简称条码（Barcode），是由一组规则排列的条、空及其对应字符组成的标记，用以表示一定的信息。作为全世界通用的商品代码的表示方法，条形码主要用来表示物品的名称、产地、单价、规格等，是有关生产厂家、批发商、零售商、运输业者等经济主体进行订货和接受订货、销售、运输、保管、出入库检验等活动的信息源。在技术上，条形码是由若干个黑色的“条”和白色的“空”所组成（见图 4-1）。其中，黑色的条对光的反射率低，而白色的空对光的反射率高，再加上条与空的宽度不同，就能使扫描光线产生不同的反射接收效果，在光电转换设备上转换成不同的电脉冲，形成可以传输的电子信息。由于光的传播速度极快，所以能准确无误地对运动中的条形码予以识别。条形码为我们提供了一种对物品进行标识和描述的方法。

a)

b)

图 4-1　条形码

a）EAN-13 条形码　b）PDF417 条形码

## 二、条形码的分类

在实际应用中，条形码可以根据不同的标准进行多种划分。

### 1. 根据条码技术的发展历程分类

根据条码技术的发展历程分为一维条码、二维条码和特种条码。

（1）一维条码　一维条码即通常意义的条形码，又叫线形条码，是只在一维方向上表示信息的条码符号。这种条形码是由一个接一个的“条”和“空”排列组成的，条码信息靠条和空的不同宽度和位置来传递，信息量的大小是由条码的宽度和印刷的精度来决定，条码越宽，包容的条和空越多，信息量越大；条码印刷的精度越高，单位长度内可以容纳的条和空越多，传递的信息量也就越大。由于这种条码技术只能在一个方向上通过“条”与“空”的排列组合来存储信息，所以叫它“一维条码”。

（2）二维条码　二维条码则是指在二维方向上都表示信息的条码符号。如果说一维条码的符号是沿垂直方向印刷标示，只能在水平方向上通过“条”与“空”的排列组合来存储信息的话，那么二维条码的符号则是在水平和垂直两个方向印刷标示的，以“面”来储存信息，而且阅读也是以识别“面”为特征，所以叫它“二维条码”。

二维条码是20世纪80年代被开发并得到不断发展的，其背景是对移动体信息获得的效率性和便利性的需要。随着经济全球化和跨国物流公司的快速发展，一维条码技术在实际应用中日益显露出信息容量小、不足以应付顾客对信息的需求和物流企业自身管理的需要且需庞大数据库支持的缺陷，严重制约了物流企业的运行效率和效益，于是二维条码应运而生。二维条码不仅保留了一维条码的特征，而且还具有如下优点：

1）储存的信息量远远超过一维条码。一个一维条码一般只能容纳20个文字信息，而一个二维条码可以表示数百行或数千行的信息，可以容纳2000个文字信息，相当于一个数据库。因其大大提高了单个条码的信息容量，从而实现了对物品性状与流动状态的所有信息均可在一个条码符号中表达的目标，以至于不需要数据库的支持，在缺乏EDI环境的情况下也可以使用。

2）信息的表达方式多样化。一维条码只能用英文字母、数字和记号表示信息，而二维条码除此之外还可以用汉字以及图片表示信息。因其可把照片、指纹编制于其中，故有效地解决了证件的可机读和防伪问题。

3）全方位读取。一维条码只可以在横向读取，而二维条码可以在360°的范围内全方位读取。

4）订正功能。一个二维码标签即使有50%的符号被污损，也可在极短时间内自动复原，正常读取数据。此外，二维条码还可以应用在利用无线电波远距离自动识别扫描等方面。这些优点，使得二维条码作为一种新的信息存储和传递技术，从诞生之时就受到了国际社会的广泛关注。经过几年的努力，现已广泛应用在国防、公共安全、交通运输、医疗保健、工业、商业、金融、海关及政府管理等多个领域。

（3）特种条码　特种条码目前主要有隐形条码、金属条码和激光条码三种。经特殊处理将条码隐形的特种条码是隐形条码；以金属材料为条码符号的载体，或以金属材料构成条码符号的特种条码是金属条码；将激光全息图像标识和条码标识相结合的特种条码则是激光条码。

### 2. 根据码制不同分类

根据码制的不同，条形码分为很多种，其中常用的有EAN码、三九码、128码、九三码、二五码、Codabar(库德巴码）和 PDF417 条码等。

不同的码制有它们各自的应用领域。

1）EAN 码是国际通用的符号体系，是一种长度固定的条码，所表达的信息全部为数字，主要应用于商品标识。日常购买的商品包装上所印的条码一般就是 EAN 码。

2）三九码和 128 码是目前国内企业内部的自定义码制，可以根据需要确定条码的长度和信息。它编码的信息可以是数字，也可以包含字母，主要应用于工业生产线领域、图书管理及票证的自动化管理等，目前使用极为广泛。

3）九三码是一种类似于三九码的条码，它的密度较高，能够替代三九码。

4）二五码在物流管理中应用较多，主要应用于包装、运输以及国际航空系统的机票顺序编号等。

5）Codabar 主要应用于血库、图书馆、包裹等的跟踪管理。

6）PDF417 条码由美国 Symbol(讯宝）公司研制，是一种高密度、高信息含量的便携式数据文件，是实现证件及卡片等大容量、高可靠性信息自动存储、携带并可用机器自动识读的理想手段，是中国现行唯一通过国家标准认证的二维条码。

3. 根据使用目的不同分类

根据使用目的的不同分为商品条码和物流条码。

（1）商品条码　商品条码是由国际物品编码协会（EAN）和美国统一代码委员会（UCC）规定的，用于表示商品标识代码的条码，可在世界范围内唯一标识一种商品。它以个体商品为对象，直接为销售和商品管理服务。商品条码包括 EAN 商品条码（EAN-13 商品条码和 EAN-8 商品条码）和 UPC 商品条码（UPC-A 商品条码和 UPC-E 商品条码)。通常情况下，不选用 UPC 商品条码，当产品出口到北美地区并且客户指定时，才申请使用 UPC 商品条码。EAN 商品条码才是国际通用的商品条码，我国通用商品条码与其等效并也采用 EAN 条码结构。

EAN-13 商品条码是标准版 EAN 商品条码，指用于表示 EAN/UCC-13 代码的商品条码。EAN/UCC-13 代码由 13 位数字组成，分三种结构，见表 4-1。

**表 4-1　标准版 EAN 商品条码结构**

| 结构种类 | 厂商识别代码 | 商品项目代码 | 校验码 |
| --- | --- | --- | --- |
| 结构一 | $X_{13}X_{12}X_{11}X_{10}X_9X_8X_7$ | $X_6X_5X_4X_3X_2$ | $X_1$ |
| 结构二 | $X_{13}X_{12}X_{11}X_{10}X_9X_8X_7X_6$ | $X_5X_4X_3X_2$ | $X_1$ |
| 结构三 | $X_{13}X_{12}X_{11}X_{10}X_9X_8X_7X_6X_5$ | $X_4X_3X_2$ | $X_1$ |

根据 EAN 规范，这 13 位数字顺序组合并代表不同的含义。最前面的 2 ~ 3 位数字组合（$X_{13}X_{12}$或 $X_{13}X_{12}X_{11}$）叫前缀码，是标识 EAN 所属成员的代码。为确保其在国际范围内的唯一性，前缀码由 EAN 统一分配给国家（或地区）编码组织并统一管理。EAN 分配给中国内地物品编码中心的前缀码是 690 ~ 695。通常，包含前缀码在内的 7 ~ 9 位数字组合又称厂商识别代码，用于对厂商的唯一标识，是各国的 EAN 编码组织在 EAN 分配的成员前缀码的基础上分配给厂商的代码。厂商识别代码后 3 ~ 5 位数字组合叫商品项目代码，是用以标识商品的代码，由厂商在使用同一厂商识别代码的前提下自已负责编制。在编制商品项目代码时，厂商必须遵守商品编码的基本原则：对同一商品项目的商品必须编制相同的商品项目代

码；对不同的商品项目必须编制不同的商品项目代码；保证商品项目与其标识代码一一对应，即一个商品项目只有一个代码，一个代码只标识一个商品项目。最后一位是校验码，用以校验 $X_{13} \sim X_2$ 的编码正确性。它可由制作条码原版胶片或直接打印条码符号的设备根据前12位的数值按一定的数学算法自动生成，故厂商在对商品项目编码时不必计算。

EAN-8 商品条码是缩短版 EAN 商品条码，指用于表示 EAN/UCC-8 代码的商品条码，用于包装面积较小的商品上。EAN/UCC-8 代码由 8 位数字组成，其商品项目识别代码为 $X_8X_7X_6X_5X_4X_3X_2$，校验码为 $X_1$。

与 EAN-13 码相比，EAN-8 码仅有商品项目识别代码和校验码。在中国，凡需使用 EAN-8 码的商品生产厂家，需将本企业欲使用 EAN-8 码的商品目录及其外包装（或设计稿）报至中国物品编码中心或其分支机构，由中国物品编码中心统一赋码。

（2）物流条码　物流条码是由国际物品编码协会（EAN）和美国统一代码委员会（UCC）制定的用于贸易单元标识的条码，通常标识多个或多种类商品的集合。它以集合包装商品为单位使用，直接为入出库、运输、保管和分拣等物流作业管理服务。

物流条码标识的内容主要有项目标识（货运包装箱代码 SCC-14）、动态项目标识（系列货运包装箱代码 SSCC-18）、日期、数量、参考项目（客户购货订单代码）、位置码、特殊应用（医疗保健业等）及内部使用。相关国家标准对物流条码标识内容做了具体规定。

尽管目前现存的条码码制有许多，但国际上通用的和公认的物流条码码制主要有三种，即通用商品条码（EAN-13 条码）、储运单元条码（ITF-14 条码）及贸易单元 128 条码（UCC/EAN-128 条码），它们的具体应用在实际中又因货物和商品包装的不同而不同：单个大件商品，如电视机、电冰箱、洗衣机等商品的包装箱往往采用 EAN-13 条码；储运包装箱常常采用 ITF-14 条码或 UCC/EAN-128 应用标识条码；包装箱内可以是单一商品，也可以是不同的商品或多件头商品小包装。贸易单元 128 条形码的使用是物流条形码实施的关键，它能够标识贸易单元的信息，如产品批号、数量、规格、生产日期、有效期和交货地等，广泛应用于批发物流业或运输业的仓储管理、车辆调配、货物跟踪、医院血液样本的管理、政府对管制药品的控制追踪等物流领域。

## 三、条形码的扫描识读设备

### 1. 光笔扫描器

光笔扫描器是似笔形的手持小型接触式扫描器。使用时，操作者往往能一只手处理标附有条形码信息的物体，同时另一只手操纵扫描器进行条码信息阅读。

### 2. 手持式扫描器

手持式扫描器是能手持和移动使用的较大的扫描器。常用于静态物品扫描。

### 3. 台式扫描器

与手持式扫描器进行条码信息阅读的方式不同，台式扫描器通常被固定位置，靠手持带有条码的物品在扫描器上移动来识读条码信息；或者被安装在物品运动的通道边（如生产流水线传送带旁），等待标附有条码标签的待测物品以平稳、适宜的速度进入扫描范围后对物品进行逐个扫描。

### 4. 激光扫描器

激光扫描器是以激光为光源的扫描器。相比其他光源的条码扫描器而言，激光扫描器最大的优点是扫描光照强，可以远距离扫描并且扫描景深长。而且激光扫描器扫描速度高，有的产品扫描速度可以达到1200次/s，这种扫描器可以在百分之一秒时间内对某一条形码标签扫描阅读多次，并做到每一次扫描不重复上次扫描的轨迹。激光扫描器还可以做到被测条形码从不同角度进入扫描范围时都可以被识读。

各种扫描设备都和后续的光电转换、信息信号放大及与计算机联机形成完整的扫描阅读系统，完成电子信息的采集。

**四、条形码在物流中的应用**

由条码和扫描设备构成的自动识别技术在物流中的应用主要有如下几点：

1. 零售业的销售时点信息系统，即POS系统（Point of Sale）

在商品上贴上条码就能快速、准确地利用计算机进行销售和配送管理。其过程为：对销售商品进行结算时，通过扫描设备读取并将信息输入计算机，然后输进收款机，收款后开出收据；同时，通过计算机处理，掌握进、销、存的数据，在商店层次上提供精确的存货控制。销售点可以精确地跟踪每一个库存单位出售数，有助于补充订货，因为实际的单位销售数能够迅速地传输到供应商处。实际销售跟踪可以减少不确定性，并可去除缓冲存货。

2. 仓储配送业的库存系统和分货拣选系统

仓储配送是产品流通的重要环节，主要有入出库作业和分拣作业。库存物资上尤其是规格包装、集装、托盘货物上应用条码技术，入库时可通过扫描设备自动扫描条形码并输入计算机，由计算机处理后形成库存的信息，完成入库预定数据和实际入库数量对照检验，使库存信息实时确定和更新，并输出入库区位、货架、货位的指令指导仓库上架作业，使作业达到迅速化和准确化。在配送和仓库出货时，需要快速处理大量的货物，利用条码技术便可自行进行分货、拣选，并实现有关的管理。其过程如下：一个配送中心接到若干个配送订货要求，将若干订货汇总，每一品种汇总成批后，按批发出所有条码的拣货标签，拣货人员到库中将标签贴于每件商品上并取出用自动分货机分货，分货机始端的扫描器对处于运动状态的分货机上的货物扫描，一方面确认所拣出货物是否正确，一方面识读条码上的用户标记，指令商品在确定的分支分流，到达各用户的配送货位，完成分货拣选作业。

以美国最大的百货公司沃尔玛为例。沃尔玛在全美有25个规模很大的配送中心，一个配送中心要为100多家零售店服务，日处理量约为20多万个纸箱。每个配送中心分三个区域，即收货区、拣货区和发货区。在收货区，一般用叉车卸货。先把货堆放到暂存区，工人用手持式扫描器分别识别运单上和货物上的条形码，确认匹配无误才能进一步将其入库或直接送到发货区。在拣货区，计算机在夜班打印出第二天需要向零售店发运的纸箱的条形码标签。白天，拣货员拿一叠标签打开一只只空箱，在空箱上贴上条形码标签，然后用手持式扫描器识读。根据标签上的信息，计算机随即发出拣货指令。在货架的每个货位上都有指示灯，表示那里需要拣货以及拣货的数量。当拣货员完成该货位的拣货作业后，按一下“完成”按钮，计算机就可以更新其数据库。装满货品的纸箱经封箱后运到自动分拣机，在全方位扫描器识别纸箱上的条形码后，计算机指令拨叉机构把纸箱拨入相应的装车线，以便集中装车运往指定的零售店。

3. 在运输业中的应用

对托运人来说，条形码技术能改进订货准备和处理，排除航运差错，减少劳动时间，改进记录保存，减少实际存货时间。对承运人来说，条形码技术则能保持运费账单信息完整，用户能存取实时信息，改进用户装运活动的记录保存，可跟踪装运活动，简化集装箱处理，监督车辆内的不相容产品，减少信息传输时间。

## 训练与提高

**一、填空题**

1. 条形码技术是一种________技术，具有________、________、________、________等特征。

2. 条形码简称________，是________，用以表示一定的________。

3. 特种条码目前主要有________、________和________三种。

4. 目前国际上通用和公认的物流条码码制主要有________、________及________三种。

**二、选择题**

1. 以下条码中（　　）是中国现行唯一通过国家标准认证的二维条码。

A. EAN 码　　B. 128 码　　C. Codabar 码　　D. PDF417

2. （　　）在物流管理中应用较多，主要应用于包装、运输以及国际航空系统的机票顺序编号等。

A. EAN 码　　B. 128 码　　C. 二五码　　D. Codabar 码

3. 条形码可以根据使用目的的不同分为（　　）。

A. 商品条码　　B. 物流条码　　C. 一维条码　　D. 二维条码

4. 我国通用商品条码也采用 EAN 条码结构，它主要由 13 位数字及相应的条形码符号组成，其中前缀码有三位数，国际物品编码协会统一分配给中国内地的前缀码有（　　）。

A. 690　　B. 691　　C. 692　　D. 693　　E. 694　　F. 695

**三、判断题**

1. EAN 商品条码是国际通用的商品条码。（　　）

2. 一维条码不仅能用英文字母、数字和记号表示信息，而且还可以用汉字以及图片表示信息。（　　）

3. 一种商品只有一个条形码。反之，一个条形码也只标识一种商品。（　　）

# 第二节　无线射频识别技术（RFID）

## 一、无线射频识别技术概述

采购、存储、生产制造、包装、装卸搬运、运输、流通加工、配送、销售服务，都是供应链上环环相扣的业务环节和流程，它们之间是相辅相成又相互制约的。在供应链运作时，企业必须实时、精确地了解和掌握整个供应链上的商流、物流、信息流和资金流这四者的流向和变化，使这四种流以及各个环节、各个流程都协调一致、相互配合，才能发挥其最大经济效益和社会效益。然而，由于实际物体的移动过程中各个环节都处于运动和松散状态，信息的流向常常随实际活动在空间和时间上移动和变化，结果影响了信息的可获性和共享性。而无线射频识别技术正是有效解决供应链上各项业务运作数据的输入与输出、业务过程的控制与跟踪，以及减少出错率等难题的又一种先进的自动识别技术。

目前，自动识别技术在国际上应用最广泛的有光学技术和无线技术。其中，光学技术中普遍应用的又有条形码和摄像两大类，目前它们已广泛应用于人们的日常生活中，并为人所熟知，比如条形码用于商品管理、摄像用于抓拍交通违章车辆等。而无线射频识别技术简称射频识别技术或 RFID（Radio Frequency Ident-ification），采用的是无线技术，其基本原理是电磁理论。由于 RF 发出的无线电波或微波被人们称为“永不消失的电波”，可以穿透某些障碍物，不局限于视线的范围，所以无线射频识别技术具有不局限于视线、识别距离比光学系统远的优点，适用于物料跟踪、运载工具和货架识别等要求非接触数据采集和交换的场合。无论在识别速度与准确率，还是在密度与信息量方面，无线射频识别技术都优于其他几种自动识别技术，并且可以在具有灰尘和油污的环境下工作，其缺点则是标签与识读设备价格都很高。

射频识别系统主要由射频电子标签、阅读器、天线和相应的软硬件组成。它借助于放置在物品上的射频识别标签，用阅读器对标签进行扫描和读取，当天线与阅读器进行通信时，把数字式通信信号转换为与阅读器通信的电波频率信号，将标签内的信息输出，然后将信息送入计算机系统。显然，其信息的传送距离由传送频率、电子标签、天线设计等因素决定，所以对应用射频识别的特定情况应考虑反射距离、工作频率、标签的数据容量、尺寸、重量、定位、响应速度及选择能力等。射频识别标签可隐形、智能化、难以伪造，每个标签都具有独特的 ID 码并发射出独特信息，其数据容量比最大的二维码都要大得多。这些信息提供了物品所具有的各种描述，如商品的生产商、接收者、出发地、到达地、有效期限、采购日期、数量等。它无需光源就能读取数据，且读取方便快捷，甚至可以透过外包装来进行有效识别。射频识别标签还可做成可读写的，对于需要频繁改变数据内容的场合尤为适用。从这一点不难预见，射频识别技术在对货物的识别上，将会取代目前广泛应用的条码技术。

目前，射频识别技术已发展到微波技术，它根据电子标签内微波天线的负载阻抗随储存的电子数据变化的特点来读取数据。射频自动识别装置发出微波查询信号时，安装在被识别物体上的电子标签将接收到微波信号，并反射回电子标签读出装置，这些信号经读出装置进行数据处理后，就得到电子标签内储存的识别代码信息，其工作原理如图 4-2 所示。

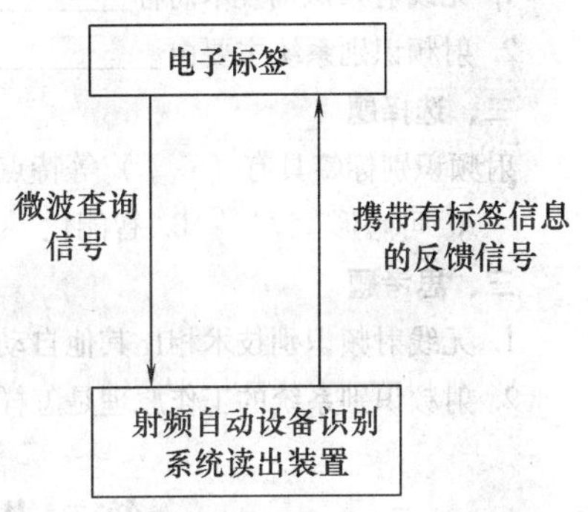


图 4-2　无线射频识别技术的工作原理

## 二、无线射频识别技术在物流中的应用

无线射频识别技术在物流中的应用主要包括物流过程中货物的库存管理、运输管理和分拣管理。

无论货物是在订购还是在运输途中，各级物流管理人员和物流的作业人员都可通过射频识别技术以及由其所组成的系统实时掌握所有的信息。该系统的功能就是靠贴在集装箱和装备上的射频识别标签实现的。RF 接收转发装置通常安装在运输线的一些检查点上（如门柱上、桥墩旁等）以及仓库、车站、码头和机场等关键地点。接收装置收到 RF 标签信息后，连同接收地的位置信息上传至通信卫星，再由卫星传送给运输调度中心，送入中心信息数据库中。在库存管理和分拣管理中，也可以通过射频及标签（识别）技术以及由其所组成的系统，及时掌握和了解各种货物的库存数量与位置，通过网络系统传输给管理中心，以便及时进行决策。

近年来，便携式数据终端（PDT）的应用多了起来，它可把采集到的有用数据存储起来或传送至一个管理信息系统，射频识别技术则可通过与它的结合发挥作用。便携式数据终端一般包括一个阅读器、一个体积小但功能很强并带有存储器的计算机、一个显示器和供人工输入的键盘。PDT存储器中的数据可随时通过射频通信技术传送到主计算机。操作时先对货物的位置标签进行扫描，然后货物的某些特征（如数量、产地、品种等）就输入到PDT中，再通过RF技术把这些数据传送到计算机管理系统，可以得到货物以及所需货物客户的详细数据，如产品清单、发票、发运标签、该地所存产品代码和数量等。

在我国，射频技术的应用也已经开始。一些高速公路的收费站口，使用射频技术可以实现不停车收费；我国铁路系统使用RF记录货车车厢编号的试点已运行了一段时间。同时在制造业，如汽车的焊接、装配等生产线上，也开始采用射频技术对车体、部件的识别与跟踪来管理和控制生产流水线。射频技术在物流过程中的应用不但可以大大提高物流的效率，而且也可以大大降低物流的作业成本。

**训练与提高**

**一、填空题**

1. 无线射频识别技术简称__________。
2. 射频识别系统主要由__________、__________、__________和相应的__________组成。

**二、选择题**

射频识别标签具有（　　）等特点。

A. 可隐形　　B. 智能化　　C. 难以伪造　　D. 可读写

**三、思考题**

1. 无线射频识别技术相比其他自动识别技术有何优势？适用于哪些物流场合？
2. 射频识别系统的工作原理是怎样的？

## 第三节　电子订货系统（EOS）

### 一、电子订货系统概述

1. 概念和分类

电子订货系统简称EOS（Electronic order system），是不同企业间利用通信网络（VAN或Internet）和终端设备以在线联结（ON-LINE）方式进行订货作业和订货信息交换的体系。它是将批发、零售商场所发生的订货数据输入计算机，并即刻通过计算机通信网络连接的方式将资料传送至总公司、批发商、商品供货商或制造商处，因此，它能处理从新商品资料的说明直到会计结算等所有商品交易过程中的作业。可以说电子订货系统涵盖了整个商流，其实质是零售商、批发商、制造商运用电脑对订购商品进行全面管理的一项技术。电子订货系统因内含了许多先进的管理手段和方法，因此在国际上使用非常广泛，并且越来越受到商业界的青睐。

EOS 按应用范围可分为三类：企业内的 EOS（如连锁店经营中各个连锁分店与总部之间建立的 EOS），零售商与批发商之间的 EOS 以及零售商、批发商和生产商之间的 EOS。EOS 的基本框架如图 4-3 所示。

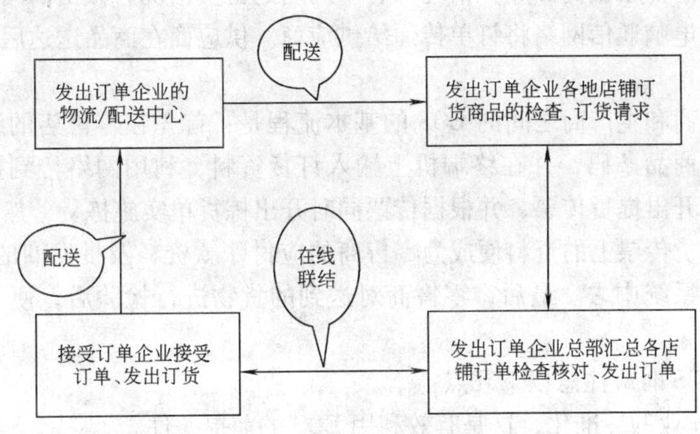


图 4-3　EOS 的基本框架

2. 作用

电子订货系统可以迅速准确地传递订货信息，掌握商品信息，构筑出一个不缺货、不出错、不延迟的进货、检货、补货系统。在现代社会竞争激烈、寸土寸金的情况下，零售业已没有许多空间用于存放货物，若要有效地管理企业的供货、库存等经营管理活动，并且能使供货商及时补足售出商品的数量且不能缺货，就必须采用 EOS。EOS 在企业物流管理中的作用具体体现如下：

1）对于传统的订货方式，如上门订货、邮寄订货、电话订货、传真订货等，EOS 可以缩短从接到订单到发出订货的时间，缩短订货商品的交货期，减少商品订单的出错率，节省人工费。

2）有利于减少企业的库存水平，提高企业的库存管理效率，同时也能防止商品特别是畅销商品缺货现象的出现。

3）对于生产厂家和批发商来说，通过分析零售商的商品订货信息，能准确判断畅销商品和滞销商品，有利于企业调整商品生产和销售计划。

4）有利于提高企业物流信息系统的效率，使各个业务信息子系统之间的数据交换更加便利和迅速，丰富企业的经营信息。

**二、电子订货系统在物流中的应用**

电子订货系统在现代物流领域中使用非常广泛，常见的应用是作为超市物流信息系统的一个重要部分。超市物流信息系统中的电子订货系统包括订货输入系统、订单生成系统、通信传输系统、结算系统。它的应用一般有两个层次，一是连锁企业内部各个连锁分店与总部之间的订货处理，即各个连锁分店与总部之间的 EOS；二是公司总部或商场向供应商、批发商、生产厂家的订货处理，即零售商、批发商和生产商之间的 EOS。

在连锁企业内部各个连锁分店与总部之间的 EOS 的基本流程是：首先在连锁超市的掌

上型终端机上以扫描方式将欲订货商品用条码扫描仪扫描输入订货商品的代码，再输入订货数量；订货结束后，将掌上型终端与电脑网络终端相连，将订货资料传输到总部（信息中心主服务器）订货商品资料库。各个门店的订货资料传递到公司总部后，EOS 的订单生成系统汇总各个门店的定购数量、配送中心能供应的商品，则生成商品送货单，通知配送中心配货、发货。同时总部根据商品库存情况和各个门店的订货情况，做出商品采购决策，生成商品订单，再通过电脑通信网络将订单传递给供应商。供应商在商品送达后，通过结算系统进行货款结算。

零售商、批发商和生产商之间的 EOS 的基本流程是：首先在零售店的终端用条码阅读器获取准备采购的商品条码，并在终端机上输入订货资料，利用网络传到批发商的计算机中。而后，批发商开出提货传票，并根据传票同时开出拣货单实施拣货，然后依据送货传票进行商品发货。送货传票上的资料便成为零售商的应付账款资料及批发商的应收账款资料，并接到应收账款的系统中去。最后，零售商对送到的货物进行检验后，便可以陈列与销售了。

企业在应用 EOS 时应注意以下几点：

1）订货业务作业的标准化，这是有效利用 EOS 的前提条件。

2）商品代码的设计。在零售行业的单品管理方式中，每一个商品品种对应一个独立的商品代码，商品代码一般采用国家统一规定的标准。对于统一标准中没有规定的商品，则采用本企业自己规定的商品代码。商品代码的设计是应用 EOS 的基础条件。

3）订货商品目录账册（Order Book）的形成和更新。订货商品目录账册的设计和运用是 EOS 成功的重要保证。

4）计算机以及订货信息输入、输出终端设备的添置和 EOS 系统设计是应用 EOS 的基础条件。

5）需要制定 EOS 应用手册并协调部门间、企业间的经营活动。

## 训练与提高

**一、填空题**

1. EOS 按应用范围分为________、________和________三类。

2. 超市物流信息系统中的 EOS 包括______系统、______系统、______系统和______系统。它的应用一般有两个层次，一是__________；二是__________。

**二、思考题**

1. EOS 在企业物流管理中的作用如何？

2. 各连锁分店与总部之间的 EOS 是怎样运作的？

3. 零售商、批发商和生产商之间的 EOS 的基本流程是怎样的？

## 第四节 销售时点信息系统（POS）

### 一、销售时点信息系统概述

1. 概念与构成

销售时点信息系统简称 POS 系统（Point Of Sale System），它是采用条码技术和自动读取设备（如收银机）在销售商品时直接读取商品销售信息（如商品名、单价、销售数量、销售时间、销售店铺、购买顾客等），并通过通信网络和计算机系统传送至有关部门进行销售动态的详细、准确、迅速的分析，为商品的补货和经营管理提供信息依据的管理系统。它包括前台 POS 系统和后台 MIS 系统两大基本部分。

前台 POS 系统是指通过自动读取设备（如收银机），在销售商品时直接读取商品销售信息（如商品名、单价、销售数量、销售时间、销售店铺、购买顾客等），实现前台销售业务的自动化，对商品交易进行实时服务管理，并通过通信网络和计算机系统传送至后台，通过后台计算机系统（MIS）的计算、分析与汇总等掌握商品销售的各项信息，为企业管理者分析经营成果、制定经营方针提供依据，以提高经营效率的系统。

后台 MIS 系统又称管理信息系统（Management Information System），它负责整个商场进、销、调、存系统的管理以及财务管理、库存管理、考勤管理等。它可根据商品进货信息对厂商进行管理，又可根据前台 POS 系统提供的销售数据控制进货数量，合理周转资金，还可以分析统计各种销售报表，快速准确地计算成本与毛利，也可对售货员、收款员业绩进行考核，是职工分配工资、奖金的客观依据。因此，商场现代化管理系统中前台 POS 和后台 MIS 是密切相关的，两者缺一不可。

2. 特征

（1）单品管理、职工管理和顾客管理

1）零售业的单品管理是指对店铺陈列展示销售的商品以单个商品为单位进行销售跟踪和管理的方法。由于 POS 信息即时、准确地反映了单个商品的销售信息，因此 POS 系统的应用使高效率的单品管理成为可能。

2）职工管理是指通过 POS 终端机上的计时器的记录，依据每个职工的规定时段的出勤状况、销售状况进行考核管理。

3）顾客管理是指在顾客购买商品结账时，通过收银机自动读取零售商发行的顾客 ID 卡或顾客信用卡来把握每个顾客的购买品种和购买额，从而对顾客进行分类管理。

（2）自动读取销售时点的信息　在顾客购买商品结账时，POS 系统通过扫描器自动读取商品条码标签或 OCR（Optical Character Recognition）标签上的信息。在销售商品的同时获得实时的销售信息是 POS 系统的最大特征。

（3）信息的集中管理　在各个 POS 终端机获得的销售时点信息以在线联结方式汇总到企业总部，与其他部门的有关信息一起由总部的信息系统加以集中并进行分析加工，如把握畅销商品和滞销商品以及新商品的销售倾向，对商品的销售量和销售价格、销售量和销售时间之间的关系进行分析，对商品店铺陈列方式、促销方法、促销时间、竞争商品的影响进行相关分析。

（4）连接供应链的有力工具　供应链参与各方合作的主要领域之一是信息共享，而销售时点信息是企业经营中最重要的信息之一，通过它能及时把握顾客的需要信息。供应链的参与各方可以利用销售时点信息并结合其他的信息来制订企业的经营计划和市场营销计划。

**二、销售时点信息系统的应用**

POS 系统最早应用于零售业，以后逐渐扩展至其他如金融、旅馆现代物流等服务性行业，利用 POS 信息的范围也从企业内部扩展到整个供应链。目前，领先的零售商正在与制造商共同开发一个整合的物流系统 CFAR（整合预测和库存补充系统，Collaboration Forecasting and Replenishment），各方利用该系统不仅分享 POS 信息，而且一起联合进行市场预测，分享预测信息。

这里以零售业的连锁经营为例说明 POS 系统的运行步骤：

第一步，给店铺销售商品都贴上表示该商品信息的条形码或 OCR 标签。

第二步，在顾客购买商品结账时，收银员使用扫描器自动读取商品条码或 OCR 标签上的信息，通过店铺内的微型计算机确认商品的单价，计算顾客购买总金额等，同时返回给收银机，打印出顾客购买清单和付款总金额。

第三步，客户取得发票离去，销售资料经由前台的收银机传回至后台的进销存系统，更改档案中的库存资料与销售资料；并且，各个店铺的销售时点信息通过 VAN 以在线联结方式即时传送给总部或配送中心。

第四步，在总部、配送中心和店铺之间利用销售时点信息来进行库存调整、配送管理、商品订货等作业。通过对销售时点信息进行加工分析来掌握消费者购买动向，找出畅销商品和滞销商品，以此为基础，进行商品品种配置、商品陈列、价格设置等方面的作业。

第五步，在零售商与供应链的上游企业（批发商、生产厂家、物流公司等）结成协作伙伴关系（也称为战略联盟）的条件下，零售商利用 VAN 以在线联结的方式把销售时点信息即时传送给上游企业，这样上游企业可以利用销售现场的最及时准确的销售信息制订经营计划、进行决策和采取行动。例如，当商品库存量减少至某个水平时，零售商会根据商品需求而由采购系统产生订单，并利用 VAN 以在线联结的方式把订单传送给供应商，供应商接收订单后则按事先约定的价格将货送交零售商；而生产厂家也可利用销售时点信息进行销售预测，掌握消费者购买动向，找出畅销商品和滞销商品，把销售时点信息（POS 信息）和订货信息（EOS 信息）进行比较分析来把握零售商的库存水平，以此为基础制订生产计划和零售商库存连续补充计划 CRP（Continuous Replenishment Program）。

**三、销售时点信息系统的应用意义**

*1. 有利于提高工作效率，减少作业差错*

POS 系统的应用使高峰时间的收银作业变得容易和快速，使核算购买金额的时间大大缩短，使企业的经营报告、财务报表以及相关的销售信息都可以及时提供给经营决策者以保持企业的快速反应，从而大大提高了工作效率；而同时，用扫描器识读商品，可以使输入商品数据的出错率大大降低。有人曾对上海市的便利公司开展调查，发现在建立了 POS 系统以后，门店向总部订货的准确率大幅度提高，已达 90% 以上，订货时间则缩短了 3/4。

*2. 有利于提高服务质量，降低销售物流成本费用*

一方面，POS 系统的应用提高了结算的速度和精度，减少了顾客付款的等候时间，使顾客满意度提高；另一方面，POS 系统使贴商品标签和价格标签的作业以及改变价格标签的作业变得迅速化和省力化，使仓库管理变成了每卖出一件商品，数据库中就相应减少该件商品库存记录的动态管理，因而节约了大量人力和物力；同时通过商品库存、采购管理、财务管理的改善，使销售物流成本费用大幅度降低。

3. 有利于提高企业的经营管理水平

首先，应用POS系统对仓库采用动态管理后，仓库库存商品的销售情况每时每刻都将一目了然。这样可以提前避免缺货现象的产生，始终保持库存水平的合理化，从而提高商品周转率，最终提高企业的资本周转率。其次，应用POS系统可以保存和提供任何年代、任何时点的销售资料，并据此进行基于时间段的销售促进方法的效果分析和按商品品种的利益管理等，能准确把握顾客购买动向，基于销售水平制订采购计划，从而使商品计划效率化。

训练与提高

一、单选题

1. 销售时点信息系统的英文缩写是（　　）。

A. EDI　B. RFID　C. EOS　D. POS　E. GIS　F. GPS

2.（　　）负责整个商场进、销、调、存系统的管理以及财务管理、库存管理、考勤管理等。

A. 管理信息系统　B. 库存设备系统

C. 运输信息系统　D. 物流信息系统

二、排序题

POS系统的运行步骤是（　　）。

A. 扫描　B. 所有商品准备好贴条码

C. 总店给各店铺调整库存　D. 各店铺信息即时传送给总店

E. 把销售信息传送给上游供应商，要求新的订货

三、判断题

1. POS系统包括前台POS系统和后台MIS系统两大基本部分。（　　）

2. 在销售商品的同时获得实时的销售信息是POS系统的最大特征。（　　）

3. POS系统不仅方便了收费，而且所收集到的销售数据经电脑处理，能作为促销和价格、陈列方式、库存管理等决策的依据。（　　）

四、思考题

销售时点信息系统有何特征和应用意义？

## 第五节　全球卫星定位系统（GPS）

### 一、全球卫星定位系统的概念

GPS（Global Positioning System）是全球卫星定位系统的简称，主要用于船舶和飞机导航、对地面目标的精确定时和精密定位、地面及空中交通管制、空间与地面灾害监测等。

20 世纪 50 年代末期，美国开始研制用多普勒卫星定位技术进行测速、定位的卫星导航系统（子午卫星导航系统：NNSS），用于海空导航。同时，前苏联也于 1965 年开始建立了一个卫星导航系统叫做 CICADA，这个系统有 12 颗所谓的宇宙卫星。1995 年中国成立了 GPS 协会，20 世纪 80 年代中期中国引进 GPS 接收机并应用于各个领域，着手研究建立中国自己的卫星导航系统。现在，估计中国的 GPS 接收机拥有量约为 4 万台左右。近年来，中国已建成了北京、武汉、上海、西安、拉萨、乌鲁木齐等永久 GPS 跟踪站，进行对 GPS 卫星的精密定轨，为高精度的 GPS 定位测量提供观测数据和精密星历服务，致力于中国自主的广域差 GPS（WADGPS）方案的建立，参与全球导航卫星系统（GNSS）和 GPS 增强系统（WAAS）的筹建。同时，中国已着手建立了自己的卫星导航系统（双星定位系统），能够生产导航型和测地型 GPS 接收机。

DHL 公司反盗窃跟踪系统

这一系统用于跟踪每批货的交运实况，实时确定货物被窃或丢失的全过程，并在必要时请求警方支援。每批货的位置信息中包含了联网的有源射频识别信息，可使货主、物流商和执法机构确定货在哪失窃，并引导警方或相关机构赶往确切的事发地点。

**二、全球卫星定位系统的分类**

1. 按接收机的用途分类

（1）导航型接收机　此类接收机主要用于运动载体的导航，可以实时给出载体的位置和速度。单点实时定位精度较低，一般为 ±25m，接收机价格便宜，应用广泛。根据应用领域的不同，此类接收机还可细分为以下几种：

1）车载型接收机：用于车辆导航定位。

2）航海型接收机：用于船舶导航定位。

3）航空型接收机：用于飞机导航定位。由于飞机运行速度快，此类接收机要求能高速运动。

4）星载型接收机：用于卫星导航定位。由于卫星的运动速度达 7km/s 以上，此类接收机的要求也较高。

（2）测地型接收机　此类接收机主要用于精密的大地测量和精密的工程测量，其定位精度高、仪器结构复杂、价格较高。

（3）授时型接收机　此类接收机主要利用 GPS 卫星提供的高精度时间标准进行授时，常用于天文台及无线电通信中时间同步。

2. 按接收机的载波频率分类

（1）单频接收机　此类接收机只能接收 $L_1$ 载波信号，只适用于短基线（15m）的精密定位。

（2）双频接收机　此类接收机可以同时接收 $L_1$、$L_2$ 载波信号，可用于长达几千公里的精密定位。

3. 按接收机的通道种类分类

GPS 接收机能同时接收多颗 GPS 卫星的信号，为了分离接收到的不同卫星信号，以实现对卫星信号的跟踪、处理和测量，具有这样功能的器件称为天线信号通道。根据接收机所具有的通道种类可将其分为：多通道接收机、序贯通道接收机、多路多能通道接收机。

4. 按接收机的工作原理分类

（1）码相关型接收机　此类接收机是利用码相关技术得到伪距观测值进行工作的。

（2）平方型接收机　此类接收机利用载波信号的平方技术去掉调制信号来恢复完整的载波信号，通过相位计算测定接收机信号与接收到的载波信号间的相位差，从而测定伪距观测值。

（3）混合型接收机　此类接收机综合了上述两种接收机的优点，可以得到码相位伪距观测值，也可以得到载波相位观测值。

（4）干涉型接收机　此类接收机是将 GPS 卫星作为射电源，采用干涉测量方法，测定两个监测站间的距离。

## 三、全球卫星定位系统的技术组成部分

GPS 系统由三部分组成，即空间导航卫星、地面监控及用户终端，如图 4-4 所示。

1. 空间导航卫星

在用 GPS 信号进行导航定位时，必须连续接收到 4 颗导航卫星的导航信号，因此 GPS 系统中的空中部分也称为定位星座。GPS 定位星座共有 24 颗卫星（包括 3 颗备用卫星），部署在约 2 万 km 高空上的 6 个轨道平面上，每条轨道上都有 4 颗卫星均匀地分布。每颗 GPS 卫星一般设有两台铷原子钟和两台铯原子钟，不断地给全球用户发送位置和时间的广播数据（即导航定位信号：GPS 信号）。GPS 定位卫星发送的导航定位信号有两种：一种是精确码信号，用于精确定位，只供美国军方、政府机关及得到美国政府批准的民用客户使用；另一种是粗码信号，用于粗略定位，目前全世界的民用客户均可不受限制地免费使用。

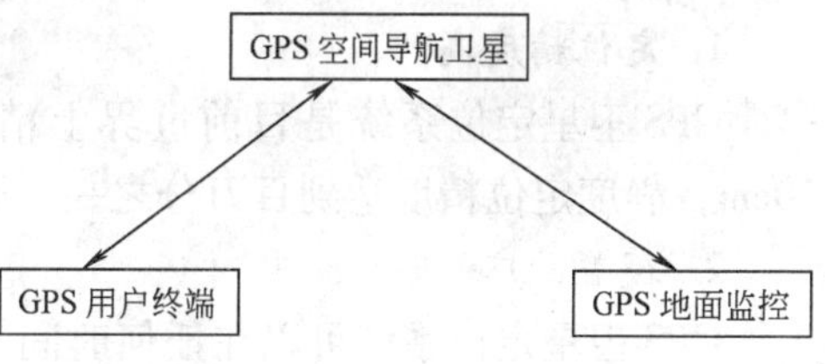

图 4-4　GPS 的组成

2. 地面监控部分

GPS 地面监控部分由三部分组成，即主控站、监控站和上行站，监测和控制 GPS 卫星的工作状态及确保 GPS 卫星沿预定轨道运行；必要时，对 GPS 卫星的时间进行调度调整，确保各 GPS 卫星处于同一 GPS 时间系统。

（1）主控站　主控站只有一个，设于美国科罗拉多的航天中心，其主要功能有以下几方面：

1）收集数据：收集主控站及各监控站收到的全部资料。

2）编算导航电文：根据监测到的各 GPS 卫星的实际时间，计算它们的时间差，据此编写一定格式的导航电文以便调整各 GPS 卫星处于同一 GPS 时间系统。

3）监测 GPS 卫星的时间调整：将 GPS 卫星钟的改正参数和 GPS 时间系统传给上行站，并监测上行站对 GPS 卫星的时间进行调整。

4）调度GPS卫星的工作状态，监控GPS卫星的运行状态：当GPS卫星偏离运行轨道时，向GPS卫星发出指令，纠正GPS卫星的轨道偏离；当工作中的GPS卫星发生故障时，调度备用的GPS卫星，替代失效的GPS卫星进行工作。

（2）监控站　全球监控站有五个，其中一个是主监控站，其他四个分别位于太平洋、大西洋、印度洋及太平洋的岛屿上，是分监控站。它们的功能是接收GPS卫星信号、监测GPS卫星的工作状态，并将观测到的数据传送给主控站。

（3）上行站　上行站共有三个，分别位于大西洋、印度洋及太平洋的岛屿上。上行站的功能是接收主控站发来的GPS卫星导航电文，并及时准确地上行传送到相应的GPS卫星的存储器中；同时，每隔一分钟自动向主控站发射信号，报告自己的工作状态。

3. 用户终端接收部分

用户终端接收部分由三部分组成，即GPS导航信号接收终端机、GPS导航信号处理器及控制显示设备。

GPS导航信号接收终端机主要由接收天线与接收单元组成，能够接收、跟踪、变换及测量GPS卫星信号。在工作状态时，GPS导航信号接收终端机能同时接收到最少四颗GPS卫星发送的空间轨道信息，通过GPS导航信号处理器对轨道信息进行处理，在控制显示设备上可以显示出该GPS导航信号接收终端机的地理位置，从而实现三维定位导航。

## 四、全球卫星定位系统的主要特点

1. 定位精度高

GPS卫星定位系统是目前世界上精度最高的一种卫星导航系统，动态定位精度小于10cm，静度定位精度达到百万分之一，测速精度达0.1m/s。

2. 覆盖面广

GPS卫星定位系统可以在任何时间、任何地点连续覆盖全球范围，从而使GPS卫星定位系统得到广泛的使用。

3. 被动式、全天候导航定位

GPS导航信号接收终端机是被动全天候系统，只收不发信号，不受GPS卫星系统和地面控制系统的控制，用户数量也不受限制。

4. 定位快、价格低

GPS导航信号接收终端机都具有国际通用的标准仪器接口，可以和交通工具、电台、话音通道及计算机等仪器对接，能够迅速地与其他信息系统连接实现快速定位。GPS导航信号接收终端机价格较低，从2 000元到5 000元不等。

## 五、全球卫星定位系统在现代物流业中的应用

全球卫星定位系统可以应用在军事、民用众多领域，诸如民用航空、军事航空领域，对飞机提供导航着陆一体化服务；航海和海洋领域，进行导航、抢险救灾等；陆地导航主要用于汽车运行定位，确定车队的位置；城市车辆运行调度监控；重要货运车辆实时监控，如运钞车、装运危险品车辆等的监控；野外作业人员及车辆的行驶导航；高速公路管理和智能运输系统的应用；铁路列车运行监控与管理体系等。

目前，全球卫星定位系统在现代物流业中的应用主要有以下几个方面：

1. 三维导航定位及监控调度功能

三维导航定位功能是GPS系统的首要功能，现代物流的移动终端（飞机、船舶、地面

车辆、集装箱及步行者）都可以使用GPS导航信号接收终端机进行导航定位。移动终端通过GPS系统得到所处的三维坐标、速度、时间及移动方向等信息，通过无线数据通信系统，将移动终端的定位信息以短消息的方式传送到现代物流指挥中心，并显示在现代物流指挥控制的显示设备上。同样，GPS系统也可以将现代物流指挥中心的调度命令传送到移动终端上，从而对移动终端进行实时监控和导航。

2. 实时跟踪功能

GPS系统的自律导航技术能够提高现代物流移动终端的定位精度，从而使得现代物流指挥中心可以对移动终端进行实时跟踪。当移动终端行经地下隧道、高层建筑物、高速公路等遮掩物当中而捕捉不到GPS卫星信号时，GPS的自律导航系统可以自动检测移动终端的运行速度，经过数据处理，可以得出移动终端的动态定位数据。当移动终端暂时停止时，GPS的自律导航系统可以重新设定动态定位数据。

3. 及时报警、救援功能

GPS系统通过自律导航技术能够对现代物流移动终端进行实时跟踪，并随移动终端而移动，且始终显示在指挥中心的监控显示屏幕上。因此，GPS指挥中心可以对移动终端的实际运行状况进行即时监测和合理调度。当移动终端发生异常情况时，GPS指挥中心能够及时掌握及快速作出紧急救援。同时，通过与地理信息系统（GIS）连接，可以在电子地图上显示求助信息和报警目标，自动规划出最优的援助方案，并以报警声、光等提醒值班人员进行应急处理。

4. 支持现代物流管理功能

现代物流指挥中心通过GPS系统得到关于现代物流移动终端的准确定位信息，可以有效实施现代物流调度指挥、监控、路线规划和选择、向用户发出到货预报等，支持现代物流中较大跨度的系统管理。

基于GPS的现代物流管理系统的组成如图4-5所示。

**六、案例：中远货运的GPS系统应用**

中远国际货运集团公司是中国首家在车辆管理中大规模使用定位系统的大型物流企业。1998年引进了南方卫星通信服务公司的卫星定位信息管理系统，这个系统有以下主要功能：及时了解车辆当时的位置动态，设置的时间间隔为一小时；对车辆进行实时调度管理；为客户提供高水平的服务。

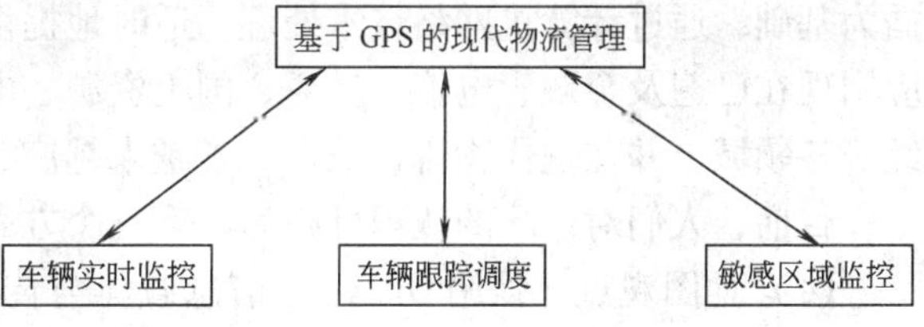


图4-5　基于GPS的现代物流管理系统的组成

有一次，货运汽车在上海卸完货，计划在舟山装冷藏海鲜返回北京。调度中心在地图上已经可以见到车辆即将到达舟山的摆渡码头，此时，客户突然通知取消此项业务，通过系统马上通知驾驶员结束任务返回，避免了4 000元摆渡费用的浪费。

有一个客户临时需要增加一车去广州的货物，却只有一个驾驶员。通过GPS定位系统，监控到另有一辆货车正从上海驶向郑州终点站，及时通知即将到郑州的运货汽车，车辆由北京一个驾驶员驾驶起程，到郑州后和另一个驾驶员及时会合，完成了到广州的临时货运任务，避免了增加驾驶员或推迟起运的损失。

## 训练与提高

一、选择题

1. GPS 系统由（　　）组成。

A. 空间导航卫星　　B. 地面监控　　C. 用户终端

2. GPS 系统的主要特点有（　　）。

A. 定位精度高　　B. 覆盖面广

C. 被动式、全天候导航定位　　D. 定为快、价格低

3. GPS 系统在现代物流业中的应用有（　　）。

A. 导航定位和监控调度　　B. 实时跟踪

C. 现代物流管理　　D. 报警、报接

E. 计货自动更新

二、判断题

1. GPS 系统只能白天使用，晚上不能使用。（　　）

2. 用户终端接收部分由三部分组成。（　　）

# 第六节　地理信息系统（GIS）

## 一、地理信息系统的定义

GIS（Geographical Information System）是地理信息系统的简称，是面向空间地理分布的有关信息进行采集、存储、检查、操作、分析和显示地理数据的信息系统。它以空间地理数据为基础，通过计算机网络技术处理，适时地提供多种空间和动态的地理信息。GIS 系统的应用现在已遍及金融、电信、交通、国土资源、电力、水利、农林、环境保护、地矿等国民经济各领域，并在现代物流领域得到了越来越广泛的应用。

目前，人们对 GIS 的认识可归为以下三个方面：

（1）地图观点　强调 GIS 作为信息载体与传播媒介的地图功能，认为 GIS 是一种地图数据处理与显示系统，在测绘各专题地图时可以非常快速地生成高质量的地图。

（2）数据库观点　强调数据库系统在地理信息系统中的重要地位，认为一个完整的 DBMS 是任何一个的 GIS 不可缺少的部分。

（3）分析工具观点　强调 GIS 的空间分析与模型分析功能，认为 GIS 是一门空间信息科学。

## 二、地理信息系统的功能

GIS 的功能遍及数据采集、分析、决策应用的全部过程，具体有如下几个方面：

（1）数据采集、检验与编辑功能　用于获取数据，保证 GIS 数据库中的数据在内容与空间上的完整性，要求数据逻辑一致、无错等。一般情况下，GIS 数据库的建设占整个系统

建设投资的70%左右。GIS系统采集的是空间的地理信息，如描述地理实体空间位置、空间分布及空间相对位置关系的地理空间特征信息，描述地理实体的物理属性和地理意义的地理属性信息，描述地理实体间所有的地理关系（包括空间关系、分类关系、隶属关系等基本关系）信息，描述地理实体的动态变化特征的地理动态信息等。例如，道路实体的GIS地理信息包括：道路类型：1表示高速公路，2表示主干道，3表示居民街道，5表示其他；路面物质构成：1表示水泥，2表示柏油，3表示碎石；道路宽度：$M$米；小巷数量：$N$个；道路名字：每条路的名字。

（2）数据操作功能　数据操作功能即数据的格式化、转换和概化。通常数据的格式化是指不同数据结构的数据间变换，是一项费时、易错、需要大量计算的工作。数据转换包括数据格式化、数据比例尺的变换。数据概化包括数据平滑、特征集结等。

（3）数据的存储与管理功能　主要提供空间与非空间数据的存储、查询检索、修改与更新的能力。

（4）查询、检索、统计与计算功能　这是GIS系统的基本功能。

（5）空间分析功能　这是GIS系统的核心功能，是GIS系统与其他计算机信息系统的根本区别。GIS的空间分析功能表现为：

1）空间检索：包括从空间位置检索空间物体及其属性，从属性条件检索空间物体。

2）空间拓扑叠加分析：实现空间特征（点、线、面或图像）的相交、相减或合并等，以及特征属性在空间上的连接。

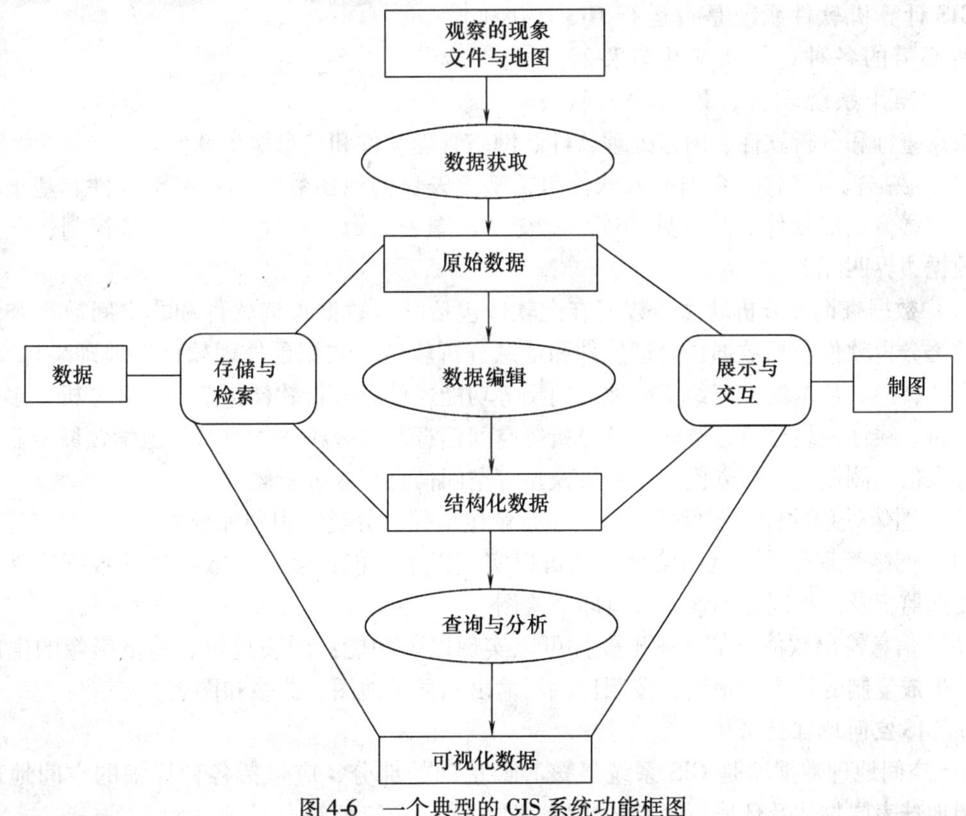


图4-6　一个典型的GIS系统功能框图

3）空间模型分析：这是指在 GIS 系统支持下分析和解决问题的方法体现，如数字地形高程分析、网络分析、图像分析等。

(6) 显示功能　GIS 系统为用户提供了许多用于显示地理数据的工具，可以是计算机屏幕显示，也可以是报告、表格或地图等。

一个典型的 GIS 系统功能框图如图 4-6 所示。

### 三、地理信息系统的技术组成部分

GIS 系统主要由四部分组成，即计算机硬件系统、计算机软件系统、空间地理数据库、GIS 系统维护及使用人员，如图 4-7 所示。

1. GIS 计算机硬件系统

GIS 计算机硬件系统是指操作 GIS 所必需的一切计算机资源。

1）计算机：工作站、PC 机、便携式计算机。

2）数据输入设备：数字化仪、扫描仪等。

3）数据输出设备：图表终端、绘图仪、打印机、硬件复制设备等。

4）存储设备：磁带机、光盘机等。

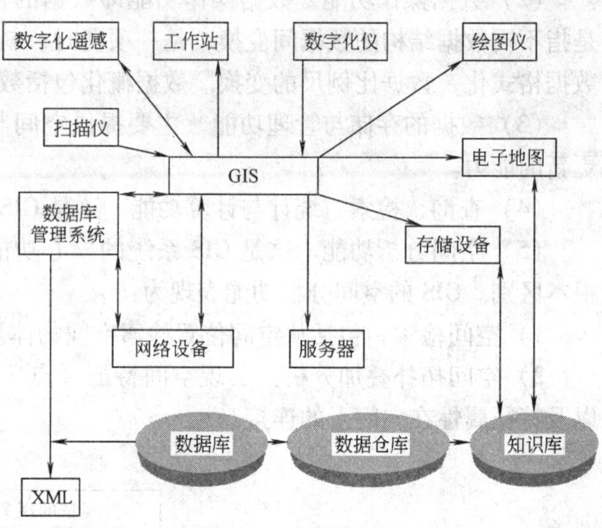


图 4-7　GIS 的基本组成

2. GIS 计算机软件系统

GIS 计算机软件系统是指运行 GIS 系统所必需的各种计算机应用软件程序，包括操作系统软件、数据输入软件、数据查询和分析软件、图像处理软件、网络管理软件和信息输出软件。

(1) 数据输入软件　数据输入软件包括基于矢量的地图数字化和编辑软件、基于栅格的地图与影像扫描软件。其常见功能为：交互式图表编辑、属性编辑、质量控制、误差检测、数据边界匹配。

(2) 数据查询和分析软件　数据查询软件包括图形数据查询软件和非空间数据查询软件。数据分析软件包括数据预处理软件和信息分析软件。数据预处理软件有地理坐标交换、数据格式转换、数据配准与纠正、地理内插等功能。信息分析软件包括缓冲区分析、多边形叠加分析、线性网络分析、空间统计分析等空间信息基本分析软件及基于地学领域专业问题解决方案的预测模型、规划模型、决策模型等空间信息高级分析软件。

(3) 图像处理软件　图像处理软件包括影像增强、分类、识别和分析软件。

(4) 网络管理软件　网络管理软件可以实现以下功能：多用户数据库的数据管理、网络活动的监视及网络问题的诊断、打印及绘图等。

(5) 信息输出软件　信息输出软件可以实现以下功能：图表显示、栅格影像的生成和显示、生成复制的地图和报表、按照比例尺输出和显示地图、曲线和图表。

3. GIS 空间地理数据库

GIS 空间地理数据库是 GIS 系统最核心最基础的部分，应包括各种详细的空间地理资料，如地球表层物体及环境所固有的数量、质量及分布特征等。

4. GIS 系统维护及使用人员

GIS 系统维护及使用人员包括 GIS 系统的设计开发与维护的计算机技术专家、程序员及操作人员。通常需要计算机技术专家和程序员将空间地理的有关图形资料与属性资料以文字、数字、图表或搭配地图的形式在 GIS 系统的显示设备上显示出来，或是维护 GIS 系统让使用者能通过 GIS 系统获得针对某种人文、某个特定地理环境的相关统计分析资料。例如，有多少个城市距离某个城市 10km 以内，如何能以最短的路径到达上述各城市，找出某个城市的地理交通图、指示该城市的商业及人口分布状况等。

5. GIS 系统开发工具

常用的 GIS 开发工具有以下两种：

1）ArcVIEW，它是美国环境系统研究所 ESRI 的 GIS 产品，也是流行的 GIS 平台软件。

2）MapInfo，它是美国 MapInfo 公司的 GIS 开发平台。

6. GIS 系统硬件与网络平台的选择标准

（1）性能基准线　性能基准线的选择：通常内存配到所需要最小配置的大约两倍时，系统的性能将得到显著的改善。增加内存，将减少与硬盘交换有关的系统开销，从而改善系统总体性能。在极端的情况下，当内存足够大，以致内外存储器间的交换为零时，系统的性能将达到最佳。

（2）GIS 数据服务器配置　这一配置必须能支持最大的开发网络文件服务（NFS 或磁盘共享）客户数。

（3）网络配置　在 GIS 应用中访问的数据相对较多，特别是进行空间分析和显示对网络的通行能力提出了很高的要求，因此，应该保证提供足够的带宽以满足 GIS 应用的需要。

**四、地理信息系统的主要特点**

1. 空间地图的电子化

GIS 系统能够根据用户的要求生成各种类型的专题地图，电子地图可以拥有比一般地图大几百、几千倍的地理信息容量，用户通过电子地图可以按地理位置检索出相关的社会、经济、文化等方面的信息。

2. 方便灵活地查询与交流空间地理信息

GIS 系统能够对空间地理信息进行快速搜索和复杂查询，通常有如下几方面的查询：

1）可视化查询：直接通过地图进入数据库查询相关内容。

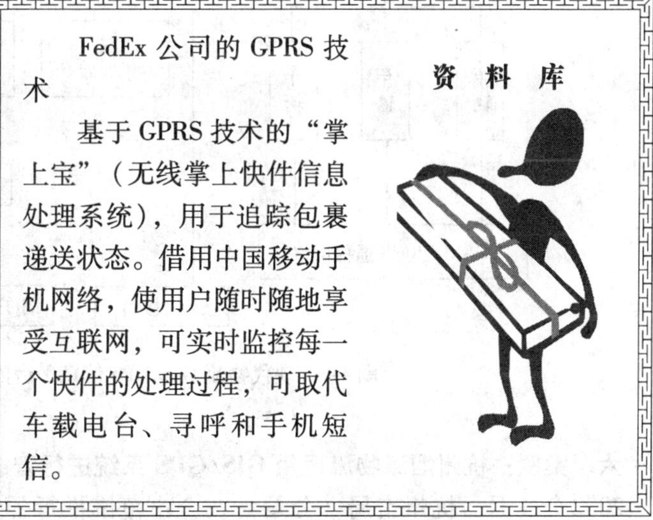


FedEx 公司的 GPRS 技术

基于 GPRS 技术的“掌上宝”（无线掌上快件信息处理系统），用于追踪包裹递送状态。借用中国移动手机网络，使用户随时随地享受互联网，可实时监控每一个快件的处理过程，可取代车载电台、寻呼和手机短信。

2）基于空间地理信息的条件查询：可以在地图上任意划定区域进行查询。

3）以某一点为中心的查询：可以在指定任意半径区域范围内查询。

4）基于互联网的查询：可以实现远程空间地理数据与图形、图像的查询。

3. 快速采集与分析空间地理信息

GIS 系统能够对各种空间地理数据进行查询、采集、编辑、统计与分析。例如，准确计算出指定区域的面积、地图中任意两点的距离、地图中任意两点间的路线选择方案，估算出现代物流移动终端在地图上两点间移动所需要的时间等。

## 五、地理信息系统在现代物流业中的应用

1. 快速查询用户信息

GIS 系统能够通过用户邮编与详细地址自动查询确定用户所在地的地理位置、用户所在的现代物流递送网络的中心站或分站等有关信息，从而可以较快确定现代物流递送的实施方案。

2. 支持现代物流网络规划

GIS 系统可以辅助现代物流节点的布置，如仓库位置的选择、仓库容量设置等规划，通过可视化方式直观地反映这些现代物流基础设施的基本情况及布局情况，以便进一步分析现代物流网络规划是否合理，对规划决策起到支持作用。

3. 准确选择运输路线

GIS 系统能够通过对指定区域内指定条件的查询，快速得出指定区域内的交通运输路径图，从而可以准确确定最短运输路线及快捷运输路线；与 GPS 卫星定位系统连接，还可以随时接受现代物流指挥中心的运输调度命令，以较快的速度完成货物的送达。

4. 动态跟踪货物信息

GIS 系统与 GPS 导航信号接收终端机连接使用，可以随时查询到货物的实时动态情况，从而对货物进行实时跟踪或物流方案的改变调度。

现代物流 GIS/GPS 信息平台的物流架构如图 4-8 所示。

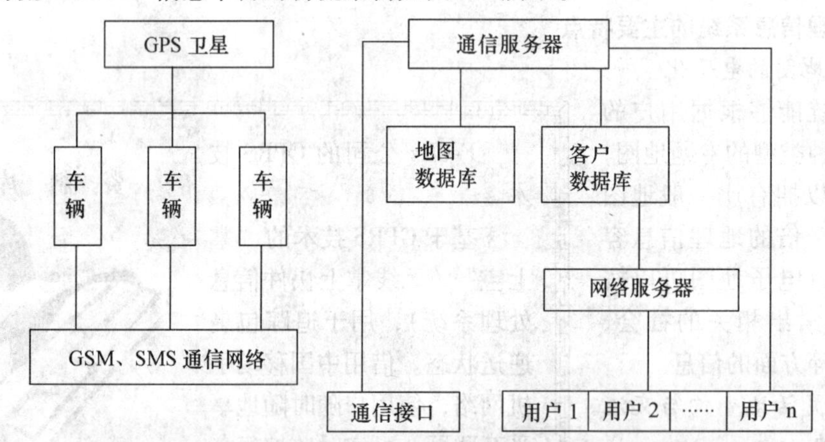


图 4-8 现代物流 GIS/GPS 信息平台的物流架构

## 六、案例：杭州烟草物流运用 GIS/GPS 系统进行智能化车辆调度

2002 年 4 月，杭州市局（公司）在全市范围推行了烟草的“一库制集中配送”，对原有的 10 个批发部、3 个卷烟仓库先后实施机构精简、仓库合并，同时设立了全市集中的电话呼叫中心和电子结算中心；同年 7 月，初步形成了商流——电话呼叫中心、访销部，物流——物流配送中心，资金流——电子结算中心，信息流——信息中心的现代网络框架，整合

了网络资源，重组了销售业务流程，实现了智能化的车辆调度。

线路优化的目标是改造访送分离前各送货车以批发部为中心的送货线路，实现杭州烟草物流20多辆送货车以物流中心为中心，方向从北到南“扇形”辐射杭州市区的120多条送货线路的动态优化设定。来自业务系统的订单信息经过送货线路优化模块自动排单系统处理，在杭州市城区地理信息系统（GIS）支持下，根据零售户的地理位置、订货数量和送货车载量，经过信息系统的模型与运算法处理，每日生成动态的送货线路，按照时间和送货顺序均衡地分配到具体车辆，同时生成分拣配货策略。分拣配货策略由计算机网络发送到配货流水线，送货计划则打印成送货清单交给送货员。送货车辆在按线路（送货清单）送货的途中，GPS卫星定位系统对送货车辆进行屏幕全程监控，从而加强了送货管理，提高了在各种情况下应对突发事件的能力。

## 训练与提高

**一、选择题**

1. GIS系统主要由计算机硬件系统、(　　) 组成。

   A. 计算机软件系统　　B. GIS系统维护及使用人员　　C. 网络平台

2. (　　) 是GIS系统的基本功能。

   A. 空间分析　　B. 数据采集、检验与编辑

   C. 数据的存储与管理　　D. 查询、检索、统计与计算

3. GIS在现代物流中的应用有（　　）。

   A. 快速查询用户信息　　B. 支持现代物流网络规划

   C. 准确选择运输线路　　D. 动态跟踪货物信息

**二、判断题**

1. GIS的功能遍及数据采集、分析、决策、应用的全部过程。(　　)

2. GIS是面向空间地理分布的有关信息进行采集、存储、检查、操作、分析和显示地理数据的信息系统。(　　)

3. GIS空间地理数据库是GIS系统最核心最基础的平台。(　　)

# 第七节　现代物流资源计划系统

## 一、现代物流资源计划系统的定义

现代物流资源计划系统是企业利用现代物流理念对生产资料和商品进行资源供应、供给保障时所采用的各种资源配置计划系统的总称。

通常有以下几种方法可以实现现代物流资源计划配置：

1. MRP

物料需求计划MRP(Material requirements planning)，是一种工业制造企业内的物资计划

管理模式。根据产品结构各层次物品的从属和数量关系，以每个物品为计划对象，以完工日期为时间基准倒排计划，按提前期长短区别各个物品下达计划时间的先后顺序。

2. MRP Ⅱ

制造资源计划 MRP Ⅱ(Manufacturing resource planning)，从整体最优的角度出发，运用科学的方法，对企业的各种制造资源和企业生产经营各环节实行合理有效的计划、组织、控制和协调，达到既能连续均衡生产，又能最大限度地降低各种物品的库存量，进而提高企业经济效益的管理方法。

3. DRP

配送需求计划 DRP(Distribution requirements planning) 是一种既保证有效地满足市场需求，又使得物流资源配置费用最省的计划方法，是 MRP 原理与方法在物品配送中的运用。

4. LRP

物流资源计划 LRP(Logistics resource planning) 是以物流为基本手段，打破生产与流通界限，集成制造资源计划、能力资源计划、分销需求计划及功能计划而形成的物资资源优化配置方法。

5. ERP

企业资源计划 ERP(Enterprise resource planning) 是在 MRP Ⅱ的基础上，通过前馈的物流和反馈的信息流、资金流，把客户需求和企业内部的生产经营活动以及供应商的资源整合在一起，体现完全按用户需求进行经营管理的一种全新的管理方法。

6. JIT

准时制物流（Just in time Logistics）是一种建立在 JIT 管理理念基础上的现代物流组织方式。即在精确测定生产各工艺环节作业效率的前提下按订单准确地计划，以消除一切无效作业与浪费为目标的一种现代物流组织模式。

7. CRP

连续库存补充计划 CRP(Continuous replenishment program) 是利用及时准确的销售时点信息确定已销售的商品数量，根据零售或批发商的库存信息和预先规定的库存补充程序确定发货补充数量和配送时间的计划方法。

## 二、现代物流资源计划系统在现代物流业中的应用

1. 物料需求计划（MRP）

MRP 系统的设计原则是适时物流原则，即在需要的时间生产或采购需要的数量。MRP 系统流程如图 4-9 所示。从图中可知，MRP 系统的基本输入是主生产计划、产品结构图（物料清单）及库存记录，基本输出是生产计划及采购计划。

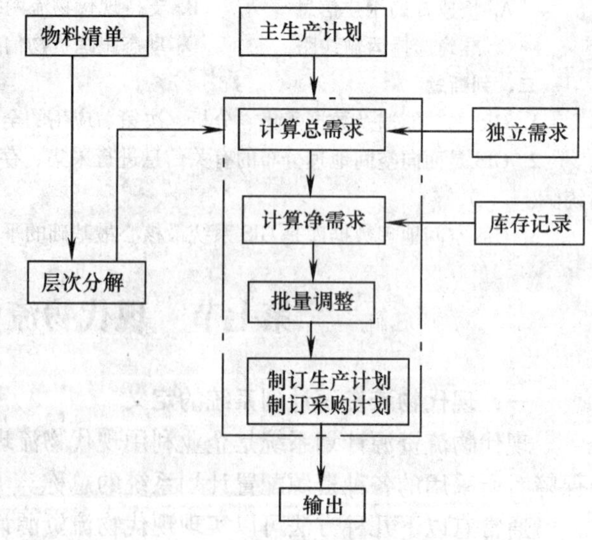


图 4-9　MRP 系统流程图

对于有相关需求关系的物品，MRP 能较好地控制其库存量。相关需求的物品

是指某些物品的需求与其他物品的需求有着直接的关系，即按产品结构，一个低层次物料的需求取决于上一层部件的需求，该层次部件的需求又取决于其上一层部件的需求，以此类推直至最终产品的需求。对于相关需求的物品，最终还是要取决于产成品的生产数量和交货期，因此，采用MRP系统进行控制时，就要按最终的产成品（即市场需求订单或计划生产量）和需求时间来确定各种物资的需求数量和订购时间。因此，MRP可以精确地排定生产次序，还可以有效地进行物料控制，将库存量保持在最低限度又能保证及时供应所需数量的物料。MRP系统通常在生产制造企业内部进行成品加工制造时，对所需物料进行供应和控制时采用得较多。

MRP系统在实施过程中没有考虑到生产企业现有的生产能力和采购的有关条件的约束，因此，计算出来的物料需求日期有可能会因设备和工时的不足而无法投产或因原料不足而无法生产；此外，MRP系统无法及时对计划实施情况进行反馈、调整。为了解决以上问题，同时兼顾生产能力需求计划、车间作业计划和采购作业计划、资金控制，形成反馈、调整功能，将MRP系统升级并改名为制造资源计划（MRP Ⅱ）。例如，桂柳工已建立了企业内部MRP Ⅱ系统，实现了企业生产、制造、销售、财务的信息化管理；柳州造纸厂从1999年起开始实施现代物流信息化工作，先后投入360万元建立了企业生产管理MRP Ⅱ系统。

2. 配送需求计划（DRP）

DRP系统实际上是在第三方物流企业和生产企业供销部门应用的，是一种准时供应的物流技术。DRP系统以大范围内的物流系统实时控制为基础，在集中控制订货需求与库存量的同时，要求将用户所需产品准时保质保量送至用户手上。一般DRP系统在流通企业及生产企业的分销业务中应用，其工作原理如图4-10所示。

由图4-9可知，实施DRP时要输入三个文件：社会需求文件、库存文件及生产厂资源文件，生成两个计划：送货计划及订货进货计划。

如物流中心A有某种商品的库存500单位，安全库存200单位，每周的需求量在80~120单位之间，运行DRP可以得到这种商品的送货计划及订货进货计划。物流中心A内的每一种商品都通过运行DRP得到类似的送货计划和订货进货计划，汇总起来便可得到物流中心A的总的送货计划及订货进货计划表。

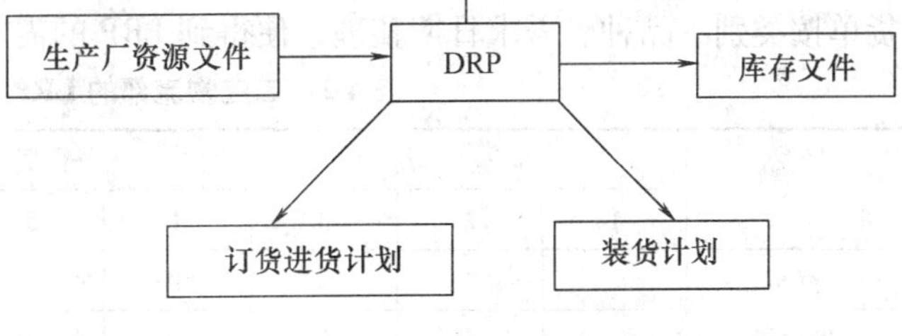

图4-10 DRP的工作原理

3. 物流资源计划（LRP）

LRP系统实际上是MRP系统与DRP系统的有机结合：在企业生产系统内部，实行MRP系统；在企业生产外部，实行DRP系统。所不同的是，企业生产系统的物料需求由DRP系统的订货采购计划部门来决定。在实施过程中，LRP系统是面向社会大市场，以现代物流为基本手段，彻底打破生产与流通的界限，为企业生产和社会流通的物资需求进行经济有效的资源配置与供应。LRP系统的信息流程如图4-10所示。

由图4-11可知，LRP的输入文件有：需求文件、企业产品目录文件、主产品结构文件、库存文件、可供资源文件（粗能力计划）、物流参数文件（单位成本文件），输出文件有：产品加工计划（细生产能力计划、外购品计划）、送货计划及订货进货计划（统一运输计划、物流能力计划、成本核算文件）。

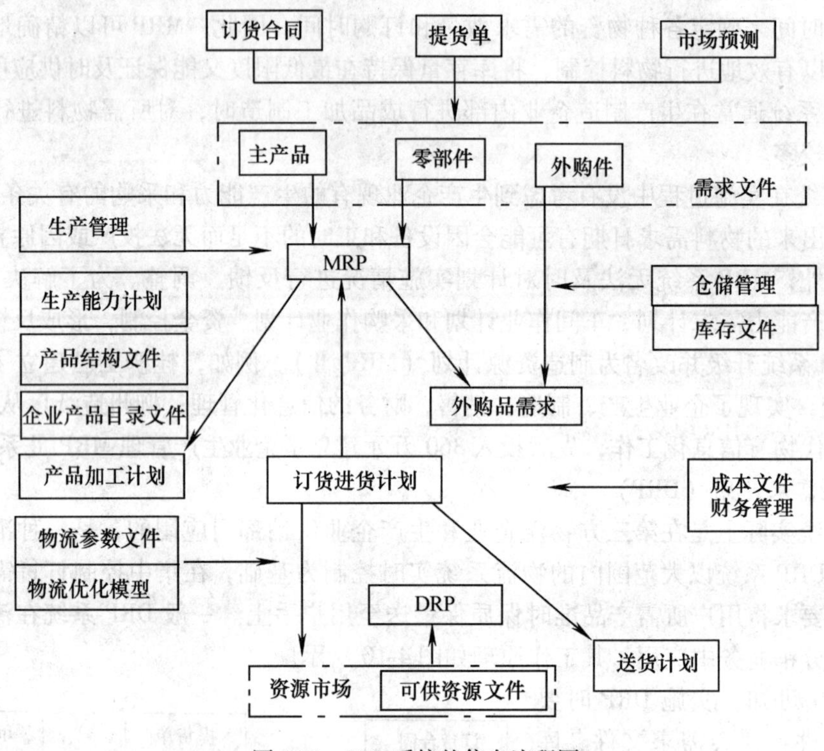


图4-11　LRP系统的信息流程图

第二汽车集团公司成功地应用LRP系统来组织汽车生产和零配件采购。公司生产需要的汽车配件有二汽公司自己生产的产品（内购件），也有从其他企业采购回来的产品（外购件）。在物流部中运行LRP，通过在各地的销售公司、物流中心接受社会订货。将所有的订货单按类别、品种、需求日期整理，便得到LRP的需求文件，见表4-2。

**表4-2　二汽物流部的LRP需求文件**

| | 周 | | | | | | | | |
|---|---|---|---|---|---|---|---|---|---|
| | 1 | 2 | 3 | 4 | 5 | 6 | 7 | 8 | 分类 |
| 汽车 | | | 100 | 110 | | | | 120 | 主产品 |
| 发动机 | | | 100 | | 50 | | | | 零部件 |
| 轮胎 | 100 | | 290 | | 360 | 260 | | 360 | 零部件 |
| 车灯 | | | | 300 | | | | | 外购品 |

其中，汽车、发动机、轮胎是二汽集团自己生产的，是内购件；车灯需要到资源市场去采购，是外购件。从而，将它们分成主产品、零部件和外购品三类。前两类进入MRP处理，外购品准备进行DRP处理，分别按类别、品种将每周的需要量在表中清楚地列出来。

根据需求文件进行 MRP 处理，可以得到各个零部件的生产数量、生产日期和外购品的外购数量和外购日期，这便是零部件的生产计划和外购件的采购计划。生产计划交生产厂，采购计划交 DRP 进行 DRP 处理，得到的是订货计划和送货计划（是从资源市场的订货进货，不包括生产厂的产品进货）。

4. 企业资源计划（ERP）

ERP 系统是在 MRP Ⅱ系统的基础上扩展管理范围发展起来的，主要在实现供应链管理的相关企业间进行物流资料配置管理。ERP 系统把客户需求和企业内部的制造活动以及供应商的制造资料整合在一起，形成一个完整的企业供应链，并对供应链的一切环节如订单、采购、库存、计划、生产制造、质量控制、运输、分销、售后服务与维护、财务管理、人事管理、实验室管理、专案管理、配送管理等进行有效管理。

一般而言，ERP 系统的功能构成及内容如图 4-12 所示。

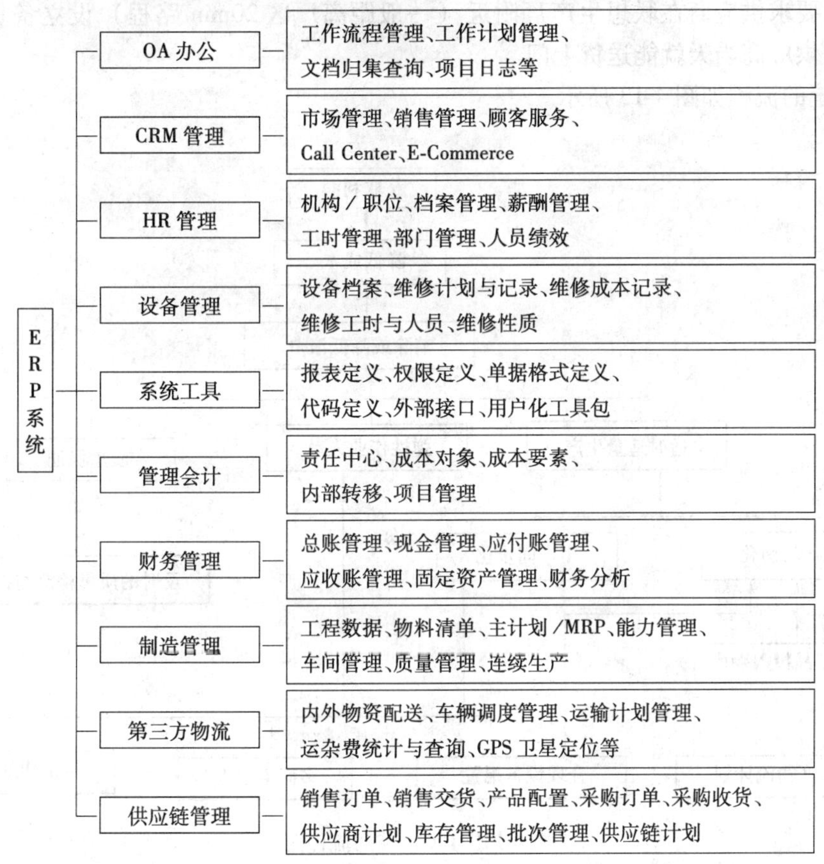


图 4-12　ERP 系统的功能构成及内容

2004 年，华晨金杯与企业管理软件和协同商务解决方案供应商 SAP 公司合作开发、实施了华晨金杯 ERP，覆盖整个公司的财务、成本、生产、销售以及物料管理等关键业务。ERP 上线一个多月后，公司的一个销售计划完成后，销售部门会在半个小时内做完一系列统计工作，而同样的工作过去要两到三小时才能完成。通过 ERP 实现了公司业务流程的标准化和规范化，提高管理效率；增强信息的透明度和加快信息流通，提高生产计划的准确性，从而提高企业的应变能力；提升企业的财务管理水平，实现对生产成本的及时、准确控制。因此，ERP 是一个管理工程而不是一个信息工程。

5. 准时制物流系统（JIT）

JIT 系统与 MRP 系统一样，是生产、制造企业物料供应的物流技术。所不同的是，在 MRP 系统中，物料是根据既定计划由供应方到需求方逐个流动的。需求方根据供应的物料数量、到达时间进行生产制造活动的安排，供应方来多少就要接受多少。如果不是马上需要，就只好送仓库储存起来。而 JIT 系统的做法，则是需求方居于主动地位，需求方需要什么、需要多少、什么时候要、在什么地点要，完全由需求方向供应方发出指令。供应方根据需求方的指令，将需求方所需的物料按需求的数量，在所需的时间运送到指定的地点。这样可以做到不多送也不少送，不早送也不晚送；但运送的品种要保证质量，不能有废品。JIT 系统是以需定供，可以实现需求方的零库存。例如，联想采购物流以 JIT 方式供货时，联想不设库存，要求供应商在联想生产厂附近（一般距离厂区 20min 路程）设立备货仓库，联想发订单，供应商当天就能送货上门。

JIT 系统的流程如图 4-13 所示。

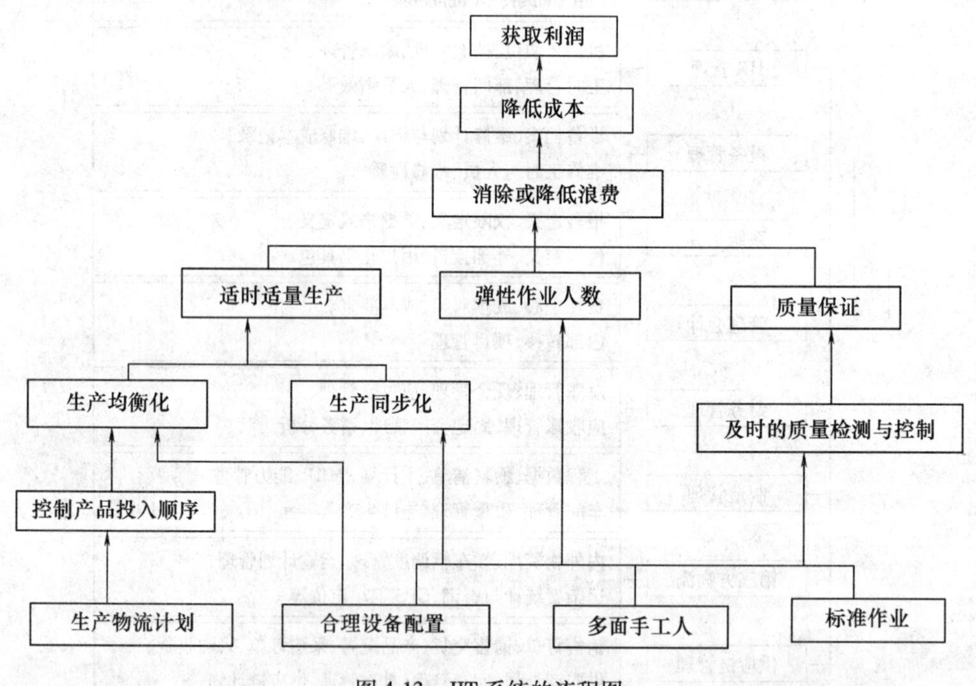


图 4-13　JIT 系统的流程图

JIT 系统的应用以上海一汽大众汽车有限公司以看板拉动式体系组织生产物流最为成功（请参考第一章案例：一汽大众汽车有限公司应用现代物流信息系统纪实）。当生产线工人发出物料需求指令时，该指令由处于物料箱内带有条形码的看板来传递，如图 4-14 所示。当工人开始使用一箱零件时，就把看板放在工位旁边的固定地点；物料人员定时收取看板，使用条形码、扫描仪和光缆通信等工具，排出下一次供料时间；驾驶员根据看板卡从临时仓库取出新的物料，并在第一箱中放入一张看板，然后将新的物料送至操作处。

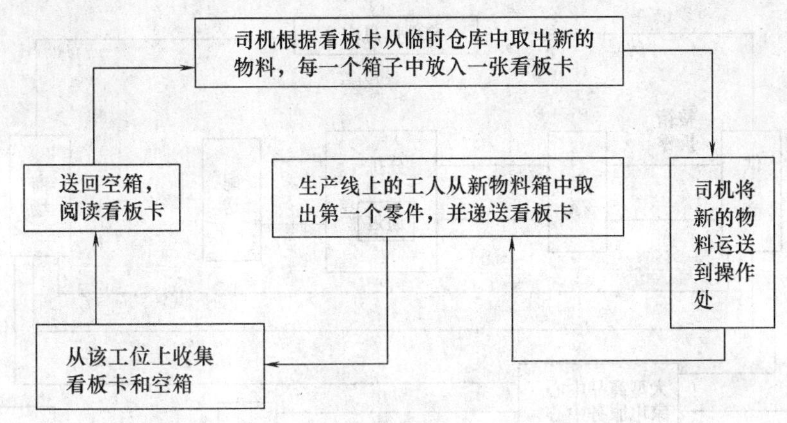


图 4-14　上海一汽大众汽车有限公司看板系统

此外，生产线工人还可通过物料索取系统，使用按钮、灯板等设备作为电子拉动信号，传递对消耗物料进行补充的信息。当生产线货架或货盘中用到仅剩 $N$ 个零件时，操作工人按动按钮，物流索取灯启动，驾驶员立即将索取卡送到物料存储区，取出物料送到工位，并将物料索取灯关闭，确认物料发送，从而确保了信息的准确性，基本上消灭了由于数据传递错误而引起的物料短缺现象，如图 4-15 所示。

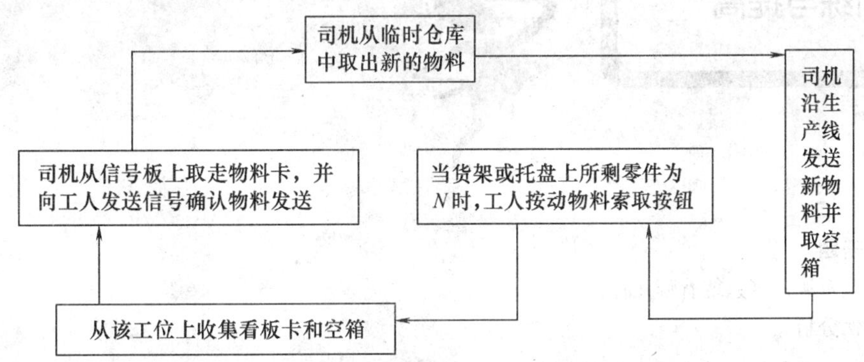


图 4-15　上海一汽大众汽车有限公司物料索取系统

另一部分物料如保险杠、座椅等较大的选装零件，通过互联网电脑系统将即时的需求计划传递给供应商，其中包括交货时间、排序信息及交货数量，供应商将经过排序的物料准确及时地送到生产线旁。

6. 连续库存补充计划（CRP）

CRP 系统在建立有现代物流信息共享平台的供应商与需求方之间应用得较多。供应商通过共享的现代物流信息资料可以及时准确地了解需求方的物料库存情况及生产或市场销售情况，根据库存缺货自动报警系统，可以确定发货补充物料的时间及数量，以保证需求方的生产或销售。华联超市的自动补货信息系统便是一个成功应用。华联超市与上海捷强集团公司及宝洁公司建立了自动补货信息系统，将“连锁超市补货”转变为“供应商补货”，从而把零售商与制造商联结起来，共同成为市场的赢家。华联超市的自动补货信息系统将消费者、供应商与零售商拴在一起，结成利益共同体。华联超市配送中心信息流程如图 4-16 所示。

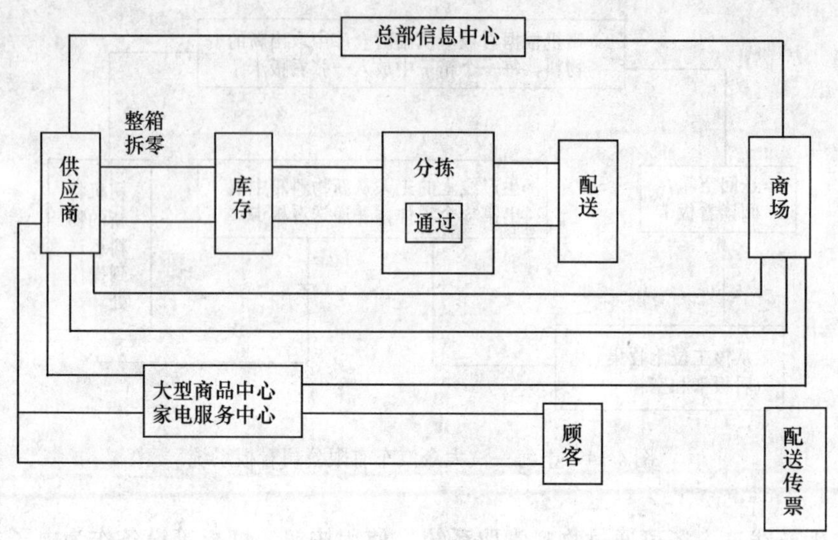


图 4-16　华联超市配送中心信息流程图

**一、简答题**

现代物流资源计划系统有哪几种?

**二、案例分析**

**联想的物流体系**

联想电脑自 1996 年以来一直位居国内市场销量之首。2000 年联想电脑整体销量达到 260 万台，销售额 284 亿元。为了完善信息系统建设，以信息流带动物流，联想构筑了高效的物流信息管理系统。表 4-3 是联想集团信息化系统应用结构，图 4-17 是联想的销售、生产、配送流程图。

**表 4-3　联想集团信息化系统应用结构**

| 企业信息化应用层面 | 主要内容 | 企业信息化应用层面 | 主要内容 |
| --- | --- | --- | --- |
| 电子商务增值应用 | CRM、SCM、PLM | 办公自动化 | OA(邮件 + 企业内部网络) |
| 企业核心管理和应用系统 | ERP、WEB 网站 | 基础网络 | 基础网络设施(LAN 或 WAN) |

联想的客户包括代理商、分销商、专卖店、大客户及散户，通过电子商务网站下订单，联想将订单交综合计划系统处理。这个系统先把整机拆散成零件，计算出完成此订单所需要的零件总数，然后再到 ERP 系统中去查找数据，看使用库存零件能否生产出客户需要的产品。如果能，综合计划系统就向制造系统下单生产，并把交货日期反馈给客户；如果找不到生产所需要的原材料，综合计划系统就会生成采购订单，通过采购协同网站向联想的供应商要货。采购协同网站根据供应商反馈回来的送货时间算出交货时间（可能会比希望交

货时间有所延长)，并将这个时间通过综合计划系统反馈到电子商务网站。供应商按订单备好货后直接将货送到工厂，此前综合计划系统会向工厂发出通知，哪个供应商将在什么时间送来什么货。工厂接货后，按排单生产出产品，再交由运输供应商完成运输配送任务。运输供应商也有网站与联想的电子商务网站连通，给哪个客户发了什么货、装在哪辆车上、何时出发、何时送达等信息，客户都可以在电子商务网站上查到。客户接到货后，这笔订单业务才算完成。联想集团供应链管理信息系统构架如图 4-18 所示。

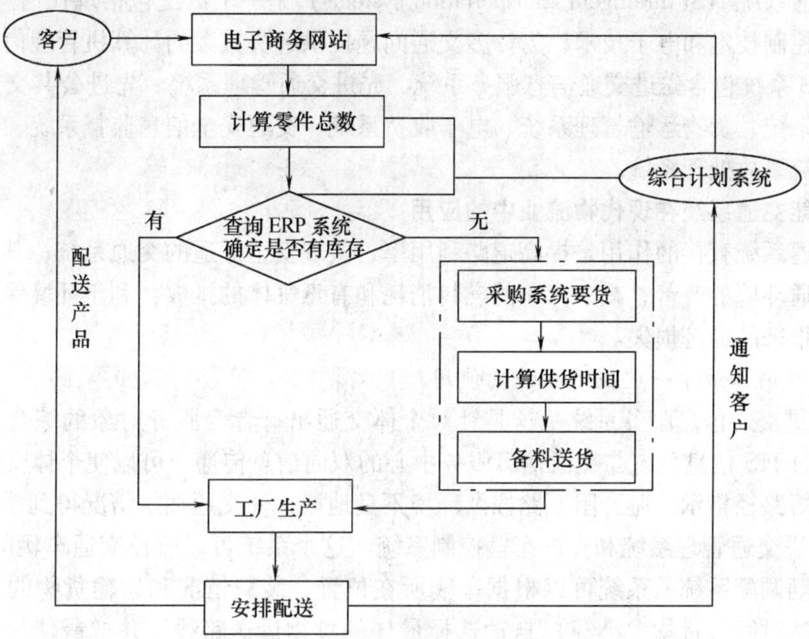


图 4-17　联想的销售、生产、配送流程图

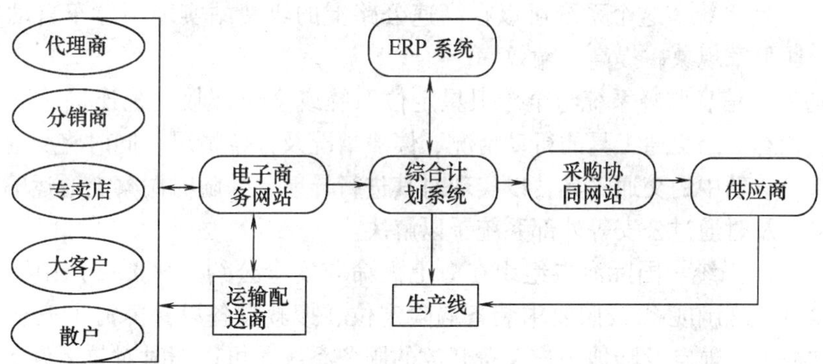


图 4-18　联想集团供应链管理信息系统构架

由图 4-18 可知，在原材料采购、生产制造、产品配送的整个物流过程中，信息流贯穿始终，带动物流运作，物流系统构建在信息系统之上，物流的每一个环节都在信息系统的掌控之下。信息流与物流紧密结合是联想物流系统的最大特点，也是物流系统高效运作的前提条件。

联想成功地实施了 ERP 系统，使整个公司所有不同地点的产、供、销的财务信息在同一个数据平台上统一和集成。2001 年 5 月，联想开始实施 SCM 系统，并与 ERP 系统进行集成。联想将所有的办事处包括海外的发货仓库、配送中心等都连接在一起，物流系统就构建在这一网络之上。与物流相关的是 ERP 与 SCM 两部分，而 ERP 与 SCM 系统又与后端的研发系统（PLM）和前端的客户关系系统（CRM）连通。

讨论：联想的物流体系中应用了哪些现代物流信息技术？

# 第八节　智能交通系统（ITS）

## 一、智能交通系统的定义

智能交通系统 ITS（Intelligent transportation systems）是一个广泛包括现代信息处理技术、通信技术、控制技术和电子技术，为许多交通问题提供解决方案的计算机管理信息系统。

通常 ITS 系统包含先进交通信息服务系统、先进交通管理系统、先进公共交通系统、先进车辆控制系统、货物运输管理系统、电子收费系统、交通安全信息监督系统、全球搜救系统和现代物流事故处理系统。

## 二、智能交通系统在现代物流业中的应用

智能交通系统直接的作用是提高道路利用率、实现安全舒适的交通系统；其间接作用是由于道路交通环境的改善，减少汽车的燃料消耗和有毒气体的排放，利于环境保护及避免因交通阻塞所带来的经济损失。

### 1. 智能交通系统中一些技术系统的使用

（1）先进交通信息服务系统　这是针对个体交通出行者为服务对象的综合交通信息服务系统，通过 ITS 信息系统与交通信息服务中心的双向信息传递，可以使个体交通出行者获得行驶的最短路径指示，避开阻塞路段及环境不良地段，使交通拥挤情况得到缓解。

（2）先进交通管理系统和先进车辆控制系统　这个系统可以监控交通车辆的运行状况，建立最佳车辆调配系统。系统可以根据车辆所在位置、装载情况和运输货物的要求（运送目的地、到达时间、货物大小等）自动选择最佳的货物运送路线，并把最佳货物运送路线表示在电子交通地图上；可以提高车辆的装载效率及车辆驾驶的动态管理。

（3）电子收费系统　这个系统可以在高速公路上的收费站实现不停车自动收费，从而消除收费站交通阻塞现象，提高运输效率。

（4）交通安全信息监督系统与全球卫星定位系统或全球搜救系统连接　这个系统可以即时掌握移动状态中的交通工具的行动情况、停滞情况及方位情况；同时将交通工具外部的环境情况传递给移动中的交通工具，以实现对其进行导航，并随时洞察交通运输期间可能出现的安全危险，及时通过公安等外部系统予以解决。

（5）全球搜救系统　国际海事组织在海上人命与安全公约（SOLAS）中明确规定：所有总吨 300t 以上的船舶必须按照要求装备遇险定位、搜救设备以保障海上安全。全球搜救系统是一个向海上、航空及陆地用户免费开放的服务系统，可以随时对航运设备上的信标进行监控，一旦发生危险，信标即可自动报警，经卫星转发后由全球地面站接收并计算遇险者的位置，组织快速的施救工作。

### 2. 在现代物流业中的应用

（1）高效率的导航功能　智能交通系统能够在导航系统中使用其可视化功能，适合所有行驶的车辆。

（2）高速公路收费自动化　所有行驶车辆可以不停车实现缴费，方便、快捷。

（3）保障营运车辆的有效、安全运行　智能交通系统可以提供有效安全的交通运输方案，在紧急情况下自动报警，确保车辆行驶安全。

（4）实现交通、道路管理的合理化、效率化　智能交通系统能向营运车辆提供有效交

通信息，提高运输管理效率以保障车辆运行线路最优化，促进物流效率化。

**三、案例：华强智能运输调度中心系统**

华强智能运输调度中心系统是集无线通信、GPS 全球卫星定位、GIS 电子地图、计算机网络等技术为一体的综合解决方案。系统将有线、无线、数据库资源管理等有机地结合起来，从而完成电话接单、运输智能调度、信息系统管理、专业约车/派车管理、车辆报警定位等功能。系统设计具有开放性、继承性、安全性、经济性、远程维护及升级等优势，可广泛应用于交通运输、金融、公安和邮政等领域。

1. 系统特点

1）通信通道适应 GSM/常规/集群/CDMA/CDPT 移动方式。

2）改变传统的人工调度模式，提高工作效率。

3）以数字化传送方式，提高信道利用率，节省资源和费用。

4）电话呼叫中心集中受理，减少城市出租车空驶，是解决城市车辆信息化服务管理的最佳手段。

2. 系统结构（见图 4-19）

3. 系统功能

（1）电话接单功能

1）电话接单坐席：坐席数从 2 到 72 任意设置，配备班长坐席，完成监听、在途通话、来电转移功能。

2）呼入电话排队：业务排队机对呼入的业务申请按循环或顺序排队方式接入各单席位，实现话务统计、自检功能。申请电话来电声光提示，声信号可关闭。

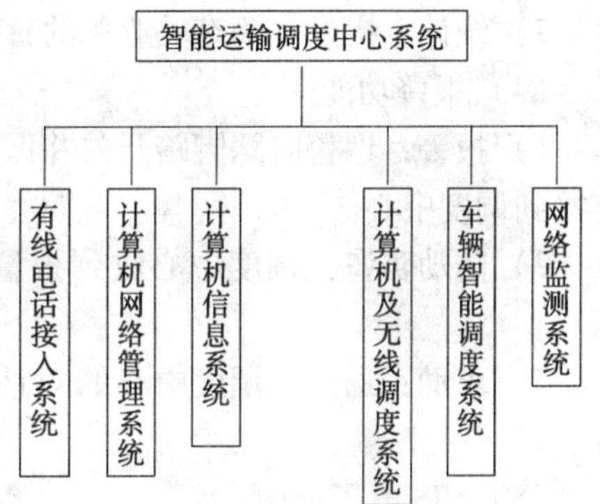

图 4-19　系统结构

3）接单自动录放音：申请用车电话呼入，自动启动录音录时系统，管理人员可随时方便地查询、存档、删除、监听。

4）快速录入：采用模糊查询提高接单员的电脑录入速度。

5）丰富数据列表：各录入平台有城市的所有地名、路名、住宅小区、标志性建筑及单位的数据列表，方便查询和录入。

6）来电显示：识别老客户，拦截恶意电话，以提高工作效率和服务质量，调整调度优先级别。

7）约车：可采用立即用车和预约用车两种方式。

（2）调度功能

1）调度方式灵活：车载移动终端配备各种智能单元，根据配置的不同可选择半自动或全自动调度方式，针对紧急情况可采用人工干预调度方式。

2）数据兼容：双向数据调度与个呼、级呼话音通信并存。

3）调度准确、快捷：通过双向数据调度和大屏幕 LCD 汉字显示器，克服传统话音调度造成的调度内容不准确和无线信道拥挤。

4）外设丰富：配备 GPS、IC 卡、条形码接口。

5）公共信息广播：定时广播天气预报、道路交通堵塞情况，使驾驶员及时掌握城市交通的基本情况。

6）智能化：自动辨别车种、是否空车、距离远近、出车差次、ID 号等信息，作出最合理的派车。

（3）管理功能

1）网管监测：直观的图形方式显示闭环系统中每一环节的工作状况、故障定位、接单/调度席忙闲等状态。

2）业务编排：根据接单席送入的信息，按照时间、车型、吨位、失败业务、重发业务等规律自动编排调度业务单。

3）投诉和查询：处理客户投诉，提供内、外部的透明业务查询。

4）遥控：任一车辆的话音通信可由中心遥控屏蔽/解闭。

5）远程维护：车载移动终端的查询、设置内容可由中心远程下载，调度中心也可远程检查终端的工作状态。

6）登录：提供远程工作站拨号登录联网，新开用户可方便快捷登录（非登录车辆不享受系统提供的服务）。

7）统计：提供车辆有关业务的日报、月报、年报等关联数据。

（4）报警功能

1）报警：遇警时踩脚踏开关并保持 2s 以上，或按下遥/近期报警开关，报警车辆自动连接到调度中心。

2）防劫防盗：调度中心收到报警后，可采取断电断油的方式，并遥控打开秘密监听器。

3）求助：通过与调度中心的对话，能得到道路指引、医疗求助、故障求援等各种服务。

（5）GIS 电子地图

1）显示功能：高精度、矢量化的电子地图，清晰显示地图细节。

2）多屏操作：电子地图按功能分屏显示，根据需要可多屏调度。

3）自动功能：地图画面自动缩放、移动，自动调节画面信息量。

4）开发功能：矢量化的地图具有二次开发功能，可任意修改由于城市建设发展变化带来的地图不准确性。

## 训练与提高

### 一、选择题

1. 目前运用在高速公路不停车自动收费的是（　　）。

A. 交通信息服务系统　　B. 电子收费系统　　C. 全球搜救系统

2. 在现代物流业中，全球搜救系统具有（　　）特征。

A. 免费发放　　　　B. 自动报警　　　　C. 导航　　　D. 快速救援

3. 智能交通系统（ITS）在现代物流中的应用主要有（　　）。

A. 导航　　　　　　B. 自动化收费　　　C. 安全监控　　D. 科学调度

**二、判断题**

1. 智能交通系统是一个包括现代信息处理技术、通信技术、控制技术和电子技术，为许多交通问题提供解决方案的计算机管理信息系统。（　）

2. 行驶车辆可以不停车实现缴费，方便快捷的是高速公路收费自动化。（　）

**三、案例分析**

## 基于GPS技术的智能交通信息系统

**一、系统技术背景**

GPS全球卫星定位技术具有精度高、速度快、成本低的优点，在汽车导航系统、移动目标的定位、监控、指挥及调度系统方面的应用，具有极大的发展潜力。

根据实际应用环境的不同，GPS系统的无线通信有各种方式，常见的有以下三种：

1. 电台方式

采用电台方式，需要配备车载电台。GPS车载电台的定位数据经车载电台调制，并由车载天线发射给基站，基站把数据传送到监控中心，监控中心也以电台的方式向车辆传送指挥调度信号。电台方式对车辆的巡检速度比较慢，容量小（一般只能满足几部到几十部车辆的服务），系统覆盖的范围较小（一般只在市区的部分地区），且建设和维护电台基站系统的成本很高，不适合一般用户使用。

2. 数字/模拟移动电话语音调制方式

采用语音调制方式，GPS车载电台的定位数据经调制，利用手机的语音信道传到监控中心，监控中心可以通过手机或普通电话向车辆发送指挥调度信令。这种方式省去了电台方式搭建基站系统的庞大费用，直接利用蜂窝移动通信系统，覆盖范围大。但由于采用的是语音信道，系统每传递一条信息都要按电信话音通话的费率来计费，显然系统的运行费用将十分高昂。

3. GSM短信息方式

采用GSM短信息方式，GPS车载电台的定位数据经过格式转换，利用GSM手机的短信息信道传到监控中心，监控中心也通过GSM短信息信道向车辆发送指挥调度信令。这种方式覆盖范围大、容量大，短信息业务具有传输速度快、不影响语音通话、价格便宜、运行费用低等优点。

**二、系统说明**

1）系统采用GPS技术和无线通信技术的结合实现了对移动目标全天候的监控、报警、指挥、防盗和调度的功能。

2）系统将接收到的GPS全球卫星定位的信息经过处理，计算出移动目标的经度、纬度、速度及方向，并利用现有的GSM网络作为通信传输的媒介来实现定位信息的传递。

3）系统由安装在指挥中心的中央监控系统（CCU）、安装在每辆车上的移动单元（MU）及GSM通信网络三个部分组成。移动单元设备可以为控制中心随时提供每一辆车的最新位置数据、车辆的状况和报警信息，并自动记录这些信息以便事后分

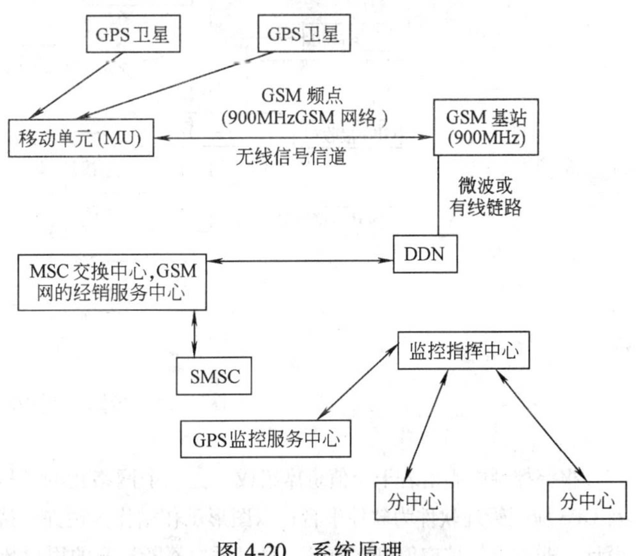


图4-20　系统原理

析。中央监控系统将收到的位置信息经过处理，在大屏幕上随时显示出当前监控车辆的地理位置。

图 4-20 所示为系统原理。

**三、系统相关设备**

1. GSM 交换中心的 GPS 相关设备

联通或移动通信局的短消息服务中心 SMSC 设备一般放在 GSM 交换中心（与移动交换机同一机房）。如果在此基础上增加 GPS 的相关设备，可组成差分 DGPS 系统。与监控指挥中心可通过 DDN 连接（实现 GPS 数据的提取和采集，并在控制中心的指挥平台上显示出来）。其主要结构如图 4-21 所示。粗线框内为 GPS 专用设备，其余为移动局投资。

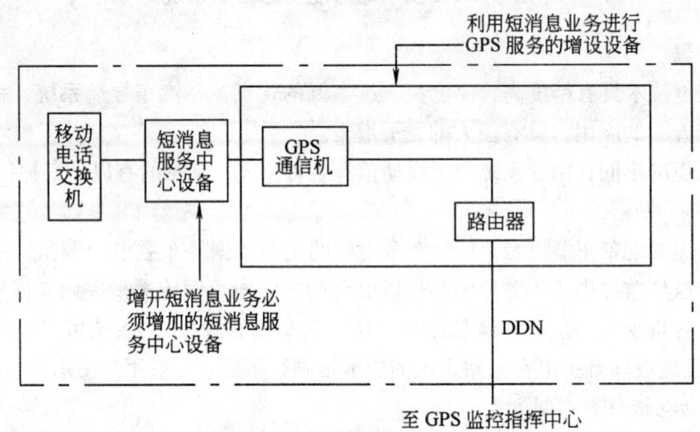


图 4-21 GSM 交换中心结构

2. 指挥控制中心（大型网络用）

图 4-22 所示为指挥控制中心结构。

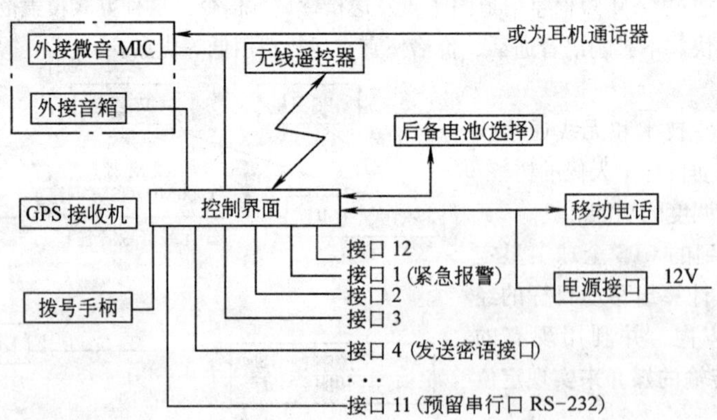


图 4-22 指挥控制中心结构

报警控制中心由若干个值班席组成，为一个网络化的结构。每个值班席由电子地图（地理信息系统）及 GPS 应用管理软件为软件平台；以图形工作站作为硬件支持，采用大屏幕显示管理。由于采用网络结构设计，非常方便扩充值班席数量，可以适应不断扩充的用户数量。其中通信管理机负责短信息服务中心的信息接收及值班室控制指令向短信息服务中心的传送。同时兼有信息流统计及自我调节功能，使DDN线上的信息流得到安全管理与控制，并具有流量统计功能及网络安全防护作用。

市局报警控制中心的主要服务内容是接收各车辆发回中心的盗窃、抢劫等信号，进行受警及对车辆锁车、监听等控制。还可以对车辆进行位置查询管理，并受理求助信号；提供医疗救护、交通拯救、交通引路、信息咨询及车门开启等服务。

**四、系统功能**

系统功能结构如图4-23所示。

在地理信息电子地图系统工作电脑上，对回报的各移动目标GPS卫星定位信号中的经纬度信号进行坐标转换，在地图上找到相对应的点以特定图标显示车辆位置，并不断对位置信息进行刷新；还可用鼠标选择菜单及操作规程而实现以下功能（地图必须采用矢量图才可具有以下功能）：

1. 地图放大/缩小

放大/缩小可对当前的地图进行无级放大与缩小操作，以便了解某个移动目标所在位置的详细情况或了解更大区域甚至全局的情况，可根据目标地理信息的要求进行多层地理信息处理。在不加差分的情况下车辆定位精度一般在60m左右，通过差分可将精度提高到2～5m左右。

2. 漫游

可利用鼠标的移动来实现地图的漫游（地图显示画面随鼠标的拖动自动快速更换）。

3. 车辆跟踪

可选定车辆进行目标跟踪显示。此时，在中心的电子地图上选定跟踪车辆的运行回报位置将在地图画面上保持，形成直观的运行轨迹。

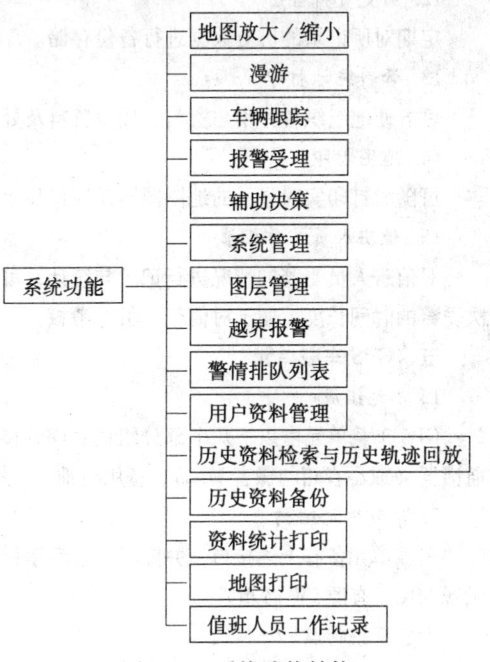


图4-23　系统功能结构

4. 报警受理

在移动目标遇到抢劫、偷窃等情况时，其向中心发回报警信号，在地图上将对该移动目标进行鲜明色彩及图标的突出显示，并以声、光报警提醒值班人员注意；同时在屏幕上显示出该移动目标的用户卡片资料，包括车辆编号、车牌号、车型、颜色、发动机号、使用分类、驾驶员名、驾驶证号、所属单位、负责人、电话、车辆位置（$X$、$Y$坐标）、行驶速度、警情类别、时间等信息，帮助值班人员进行警情处理。软件能提供警情受理记录窗，供值班人员记录受理情况。

5. 辅助决策

具有距离测定、拦截设定等功能，重点单位目标、道路等地理信息的查询、车辆信息及现在位置的查询。

6. 系统管理

中心程序启动时须输入操作员号码及口令，设系统管理员可管理操作员权限及修改口令，各种控制功能受权限控制。

7. 图层管理

设置有丰富的图层，系统管理员可方便地命名定义，操作员可通过下拉菜单中的选择、隐去功能来配置所显示的图层，一次选定的图层在程序重新启动时可保持显示。

8. 越界报警

在对车辆进行监控时能对不同车辆指定其允许的行驶区域，由软件对其进行自动监管，一旦超出指定区域的一定距离，计算机将自动报警提醒值班人员注意。

9. 警情排队列表

车辆异常状态的带车号列表显示。异常状态包括：紧急报警、紧急求助、服务申请、医疗服务申请、车辆故障报告、异常入侵、GPS故障、电池电压过低、电池被破坏等。

10. 用户资料管理

数据库录有车辆及车主的详细资料，包括安装、维修记录等。

11. 历史资料检索与历史轨迹回放

可随时查询某辆车的位置回报记录、某段时间接收的车辆位置信息、某段时间的受警记录等详细记录，并可选定某车某时间段的位置记录进行轨迹回放。

12. 历史资料备份

定期对所记录的历史数据进行备份存储。

13. 资料统计打印

可方便地组织各种用户资料、接收资料及处警记录等的报表统计。

14. 地图打印

可随时打印实时显示的地图图样及窗口显示的信息。

15. 值班人员工作记录

对值班人员受警的情况进行记录与统计，可方便地查询每个值班人员的日接警次数、受警的类型、每次受警的时间长度，便于对值班人员的考核。

**五、GPS车载单元**

1. 单元组成

GPS车载单元由以下几个部分组成：GPS接收机（含天线）、GSM移动电话、报警开关遥控器、耳机通话器（或小音箱与微音MIC）、备用电池（及带充电电路的安装结构）。

2. 车载单元结构

车载单元备有上述接口，并配置有通话手柄、无线遥控器、紧急报警按钮、外接耳机式通话器（或配微音MIC、有源5W音箱）。

**六、系统特点**

1）以数字方式进行无线通信，隐蔽性强、可靠性高。

2）报警信号的启动方式简单，现场无任何显示，犯罪分子难以发现。

3）在调度方面实行动态管理，及时反映系统的运行状态。

4）车载系统集成度高、稳定性好、安装简便。

5）系统设计安全是自主进行的，可根据不同用户的特殊要求，进行有针对性的设计、开发和修改。

6）定位卫星免费使用，不用缴纳费用。

7）监控范围广，在GSM系统允许的条件下可实现全国自动漫游。

8）投资少，无需再建立通信基站，无需申请频点进行数据通信。

9）通过电子地图显示车辆位置及状态，可自动记录和保存车辆动态信息。

10）多种报警方式：可向控制中心发送防盗报警、特殊区域报警、特殊线路越线报警、遇险时紧急手动报警、传感器报警（如车门被撬）、超时未收到信息报警等多种报警信息功能。

11）指挥中心备有车辆信息数据库，可方便地查询车主、联系人、车辆及驾驶员照等信息。当防盗报警器报警时，系统能自动将报警信息传给车主的通信工具。

讨论：案例中的智能交通信息系统除了使用GPS技术之外，还应用了哪些现代物流信息技术？这样的智能交通信息系统还可以应用于哪些方面？

## 本 章 小 结

- 现代物流信息技术包括条形码技术、射频及标签技术（RFID)、电子数据交换系统（EDI)、电子订货系统（EOS)、销售时点信息系统（POS)、全球卫星定位系统（GPS)、地理信息系统（GIS)、现代物流资源计划系统（MRP、MRP Ⅱ、DRP、LRP、ERP、JIT、CRP）及智能交通系统（ITS)
- 现代物流信息技术应用于对现代物流信息进行检测、识别、交换、存储、传递、计算、提取、控制和利用

# 第五章　现代物流 EDI 技术

**本章知识要点**

- EDI 的概念
- EDI 的分类、采用的标准、模块组成
- 企业应用 EDI 的目的
- EDI 在不同行业的应用

**【案例】**

### EDI 的应用

受英国和北美 EDI 成功的鼓舞，香港零售和分销部门在 1992 年开始进行 EDI 试点。由于 EDI 的实施需要进行协调，所以这些部门成立了 HKANA 委员会，为行业提供 EDI 服务。1995 年，EZ★TRAND 由 HKANA 建成。

EZ★TRAND 提供了网络、软件、培训和技术支持，使得香港的零售商和制造商能有效地运用 EANCOM 标准实施 EDI。EZ★TRAND 用户有 SWIRE 可口可乐公司（该地区软饮料行业的领导企业，它每年生产大约 5000 万箱产品）以及两个主要的零售商——Wwllcome 商店和 Parl'N 商店（它们分别有 200 和 171 家超市）。

SWIRE 可口可乐公司的客户，如 Wwllcome 商店和 Parl'N 商店每周大约要订货 200 次，每次订货大约要有 10 桶（300 到 400 箱）。如此大的订货量，更加需要使用 EDI 报文并对装运和接收地点进行位置编码。

由于买方必须有足够大的仓库来接收 10 货车的运货而不能使货物在接收码头空等，所以，客户如 Wwllcome 商店每天就必须有一个恰当的计划来接收供应商的货物。

据 Wwllcome 商店的主要负责人说，他们实施 EDI 是由于他们已经充分意识到了 EDI 给供应链各方面所带来的利益。他们相信，实施 EDI 也会给他们的供应商带来利益。

将 EDI 和全球位置编码结合起来被证明是一种有效的实施办法，它使 SWIRE 可口可乐公司在 24 小时内可根据订单正确交货。

使用全球位置码是实施 EDI 的前提。香港的贸易伙伴在实施 EDI 前，必须在 EDI 的订单和发票等 EDI 报文中运用位置标志的通用标准。在 HKANA 的支持下，他们现在用全球位置码来加速货物在港口的接收，通过扫描条形码对具体的订单和交货位置提供参考。

开始，SWIRE 可口可乐公司在软件中用了一个简单的翻译表，但是现在他们改用全球位置码。目前，运用一个全球位置码就可表示 SWIRE 可口可乐公司。SWIRE 可口可乐公司的信息技术部经理相信，他们的商业操作更复杂，且当人们更加适应 EDI 报文的时候，将会有更多的全球位置码被使用。

而且，Wwllcome 商店和 Parl'N 商店已经分配了 200 个和 175 个位置编码。Parl'N 商店的信息服务部经理说："我们已经有 170 ~ 175 个位置编码，我们的每一个部门都有一个位置编码，位置编码意味着你不用写出某个位置的地址而只写一个代码。在供应商的计算机中，供应商拥有位置的各种附加交货信息，如方向、交货花费的时间等。运用位置编码，供应商可以每天将货物直接送到零售商店。每个部门用电子的方式将各自的订单送至中心，在那里，单个的订单被集中起来后再送给供应商，供应商可直接将货物送至商店。"

**案 例 分 析**

EDI 的应用是现代物流企业实现信息管理或处理的有效手段，在实际使用过程中往往与其他现代物流信息技术（如条形码技术等）结合使用。EZ * TRAND 与 SWIRE 可口可乐公司和 Parl'N 商店通过 EDI 成功地构建了现代物流信息平台，为现代物流的顺畅流通提供了良好的技术保证。由此可以看出，EDI 的使用对现代物流企业的成功运作是十分重要的。

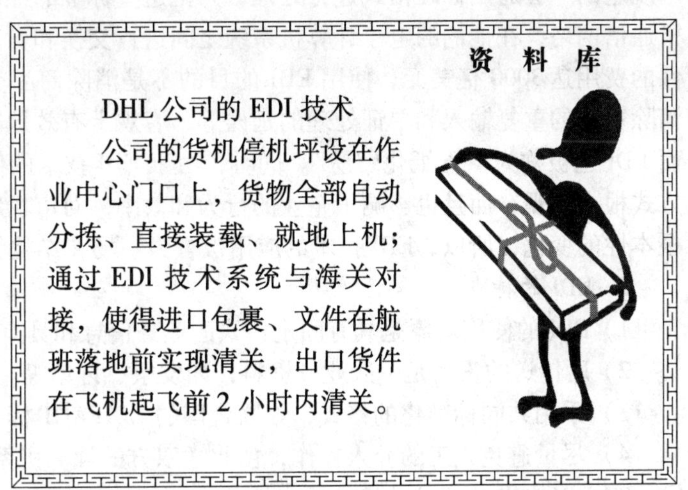
资 料 库

DHL 公司的 EDI 技术

公司的货机停机坪设在作业中心门口上，货物全部自动分拣、直接装载、就地上机；通过 EDI 技术系统与海关对接，使得进口包裹、文件在航班落地前实现清关，出口货件在飞机起飞前 2 小时内清关。

# 第一节　EDI 的概念

## 一、EDI 产生的背景

当代世界，科学技术突飞猛进，社会经济日新月异。特别是自 20 世纪 80 年代以来，在新技术革命浪潮的猛烈冲击下，一场高技术竞争席卷世界，使人类社会的一切领域正在飞速地改变着面貌。国际贸易也空前活跃，市场竞争愈演愈烈。

在国际贸易中，由于买卖双方地处不同的国家和地区，因此在大多数情况下，交易不是简单直接地面对面进行，而必须通过银行作担保，以各种纸面单证为凭证，方能达到商品与货币交换的目的。同时，信息的重复录入浪费人力、浪费时间、降低效率。因此，纸面贸易文件成了阻碍贸易发展的一个比较突出的因素。

另外，市场竞争也出现了新的特征。价格因素在竞争中所占的比重逐渐减小，而服务性因素所占比重逐渐增大。销售商为了减少风险，要求小批量、多品种、供货快，以适应瞬息万变的市场行情。而在整个贸易链中，绝大多数的企业既是供货商又是销售商，因此提高商业文件传递速度和处理速度成了所有贸易链中成员的共同需求。同样，现代计算机的大量普及和应用以及功能的不断提高，已使计算机应用从单机应用走向系统应用；同时，通信条件和技术的完善、网络的普及又为 EDI 的应用提供了坚实的基础。

正是在这样的背景下，以计算机应用、通信网络和数据标准化为基础的 EDI 应运而生。EDI 一经出现便显示出了强大的生命力，由于 EDI 具有高速、精确、远程和巨量的技术性能，迅速在世界各主要工业发达国家和地区得到广泛的应用。

## 二、EDI的概念

### 1. EDI的定义

EDI（Electronic Data Interchange）即电子数据交换，国际标准化组织（ISO）将其定义为“将商业或行政事务处理，按照一个公认的标准，形成结构化的事务处理或信息数据格式，从计算机到计算机的数据传输方式”。

通俗地说，EDI就是商业伙伴（贸易伙伴）根据事先达成的协议，对经济信息按照统一规定的一套通用标准格式进行处理，并把这些标准的经济信息即格式化的数据，通过计算机通信网络，在他们的电子计算机系统之间进行交换和自动处理。以往世界每年用于制作文件的费用达3000亿美元，使用EDI的目的不是消除商品交换（贸易）、物流中的单据而是消除数据的重复输入和单证处理的延误等，客观上有效地减少贸易和物流中的纸面单据，因而EDI也被称为“无纸化贸易”。同时，由于EDI技术的使用不仅使传统的商业业务的操作方式根本改观，而且也影响了企业的行为和效率，对市场结构、国民经济的运行等都产生了根本性的变化，所以，EDI技术的应用被誉为一场“结构性的商业革命”。

### 2. EDI的特点

1）EDI的使用对象是具有固定格式的业务信息和具有经常性业务联系的单位。

2）所传送的资料是一般业务资料，如发票、订单等。

3）采用共同标准化的格式，如联合国的EDIFACT标准。

4）尽量避免人工的介入操作，由收送双方的计算机系统直接传送、交换资料。

### 3. EDI与其他通信技术的区别

1）EDI传输的是格式化的标准文件，具有格式校验功能；而其他通信技术传送的是自由格式的文件。

2）EDI通过计算机到计算机可实现自动传输和处理，是针对计算机系统的；传真等技术的服务对象是人，接收到的报文必须人工干预或人工处理。

3）EDI对传送的文件具有跟踪、确认、防篡改、防冒领及电子签名等安全保密功能；传真等技术没有这些功能或比EDI的安全保密层次低。

4）EDI文本具有法律效力，而传真等技术传递的文本没有法律效力。

5）EDI和电子邮箱是建立在分组数据通信网上，而传真是通过电话、电报是通过电报网传送的。

6）EDI和电子邮箱是非实时传送的，可以储存；传真是实时通信传送的。

### 4. EDI的主要优点

1）减少了纸张文件的浪费。

2）减少了许多重复劳动，提高了工作效率。

3）使得贸易双方能够以更迅速、有效的方式进行贸易，大大简化了订货过程或存货过程，使双方能及时地充分利用各自的人力和物力资源。

4）可以改善贸易双方的关系，生产厂商可以准确地估计日后商品的需求量，货运代理商可以简化大量的出口文书工作，商业用户可以提高存货的效率，提高他们的竞争能力。

## 三、EDI的分类

EDI根据其功能的不同可分为以下四类：

第一类：贸易数据互换系统 TDI（Trade Data Interchange），它用电子数据文件来传输订单、发货票和各类通知。

第二类：电子金融汇兑系统 EFT（Electronic Fund Transfer），即在银行和其他组织之间实行电子费用汇兑。

第三类：交互式应答系统（Interactive Qurey Response），它可应用在旅行社或航空公司作为机票预定系统。

第四类：带有图形资料自动传输的 EDI。最常见的是计算机辅助设计 CAD（Computer Aided Design）图形的自动传输。

## 四、EDI 的有关标准

### 1. EDI 标准的内容

标准化的工作是实现 EDI 互通和互联的前提和基础。EDI 的标准包括 EDI 网络通信标准、EDI 处理标准、EDI 联系标准和 EDI 语义语法标准等。其中，EDI 语义语法标准又是 EDI 技术的核心。

（1）EDI 网络通信标准　EDI 网络通信标准是要解决 EDI 通信网络应该建立在何种通信网络协议之上，以保证各类 EDI 用户系统的互联。目前国际上主要采用 MHX（X.400）作为 EDI 通信网络协议以解决 EDI 的支持环境。

（2）EDI 处理标准　EDI 处理标准是要研究那些不同地域不同行业的各种 EDI 报文相互共有的“公共元素报文”的处理标准。

（3）EDI 联系标准　EDI 联系标准解决 EDI 用户所属的其他信息管理系统或数据库与 EDI 系统之间的接口。

（4）EDI 语义语法标准　EDI 语义语法标准又称 EDI 报文标准，是要解决各种报文类型格式、数据元编码、字符集和语法规则以及报表生成应用程序设计语言等。

### 2. EDI 标准的选择

为促进 EDI 的发展，世界各国都在不遗余力地促进 EDI 标准的国际化，以求最大限度地发挥 EDI 的作用。目前，在 EDI 标准中，国际上最有名的是联合国欧洲经济委员会（UN/ECE）下属第四工作组（WP4）于 1986 年制定的《用于行政管理、商业和运输的电子数据互换》标准 EDIFACT（Electronic Data Interchange For Administration，Commerce and Trans-Port）。同时还有广泛应用于北美地区的，由美国国家标准化协会（ANSI）X.12 鉴定委员会（AXCS.12）于 1985 年制定的 ANSI X.12 标准。EDIFACT 已被国际标准化组织 ISO 接收为国际标准，编号是 ISO9735。EDIFACT 被 ISO 接受为国际标准之后，国际 EDI 标准就逐渐向 EDIFACT 靠拢。ANSI X.12 和 EDIFACT 两家已一致同意全力发展 EDIFACT，使之成为全世界范围内能接受的 EDI 标准。

1992 年 11 月美国 ANSI X.12 鉴定委员会又投票决定，1997 年美国将全部采用 EDIFACT 来代替现有的 ANSI X.12 标准。ANSI 官员说：“1997 年之后，现在所有的 ANSI X.12 标准仍将保留，但新上项目将全部采用 EDIFACT 标准”。美国国家标准化协会欧共体事务主席 John Rusell 先生指出：“ANSI X.12 向 EDIFACT 转变意味着美国的公司今后可在欧洲的市场上加快资金流动、改善用户服务。同时，从用户的角度来看，今后面对的将是唯一的国际标准”。

目前的情况是，欧洲使用 EDIFACT 标准。1991 年，欧洲汽车业、化工业、电子业和石油天然气业已全部采用 EDIFACT。此外建筑、保险等行业也宣布将放弃其行业标准，转而采用 EDIFACT。北美则使用 ANSI X. 12，且已遍及北美各行业，已有 100 多个数据交易集。亚太地区 EDI 标准使用情况见表 5-1。

从表 5-1 可知，亚太地区主要是使用 EDIFACT 标准。EDIFACT 成为统一的 EDI 国际标准已是大势所趋。据 ISO 统计，到 90 年代中期，EDIFACT 已有 1000 多种信息类别，并覆盖国际贸易的 80%。我国有关部门和专家也一致认为，我国 EDI 标准应积极向国际标准靠拢，采用 EDIFACT 标准。

**表 5-1　亚太地区 EDI 标准使用情况**

| 国家或地区 | 使用标准 | 运营公司举例 | 国家或地区 | 使用标准 | 运营公司举例 |
|---|---|---|---|---|---|
| 澳大利亚 | EDIFACT | Paxus | 日本 | N/A | NTT Data、NEC、IBM、AT&T |
| 新西兰 | EDIFACT | GEIS、Netway | 韩国 | ANSI X. 12 | Dacom，KT—Net |
| 新加坡 | EDIFACT | SNS | 中国台湾 | N/A | DGT、TTN |
| 中国香港 | EDIFACT | HKT—CSL、INET、Gazatlenet | | | |

## 训练与提高

### 一、判断题

1. EDI——将商业或行政事务处理按照一个公认的标准，形成结构化的事务处理或信息数据格式，从计算机到计算机的数据传输方式。(　　)

2. EDI 处理标准——EDI 体系标准解决 EDI 用户所属的其他信息管理系统或数据库与 EDI 系统之间的接口。(　　)

3. 用于行政管理、商业和运输的电子数据交换标准——EDIFACT。(　　)

4. 所传送的资料是一般业务资料（如发票、订单）不属于 EDI 的特点之一。(　　)

5. 降低了纸张文件的浪费是 EDI 的主要优点之一。(　　)

6. 标准化的工作是实现 EDI 互通和互联的前提和基础。(　　)

### 二、填空题

1. EDI 即____________________________。

2. EDI 技术的应用被誉为一场____________________________。

3. EFT 是____________________________。

### 三、选择题

1. EDI 可分为（　　）。

A. 贸易数据互换系统　　B. 电子金融汇兑系统

C. 交互式应答系统　　D. 带有图形资料自动传输的 EDI

2. EDI 标准的内容包括（　　）。

A. EDI 网络通信标准　　B. EDI 处理标准

C. EDI 联系标准　　D. EDI 语义语法标准

3. EDI具有的技术性能包括（　　）。

A. 高速　　B. 精确　　C. 远程　　D. 巨量

# 第二节 EDI 的实现

## 一、EDI 的构成要素

如图5-1所示，EDI包含了三个要素，即计算机应用、通信网络和数据标准。其中计算机应用是EDI的条件，包括EDI软件及硬件；通信网络是EDI应用的基础；数据标准化是EDI的特征。这三方面相互衔接、相互依存，构成EDI的基础框架。

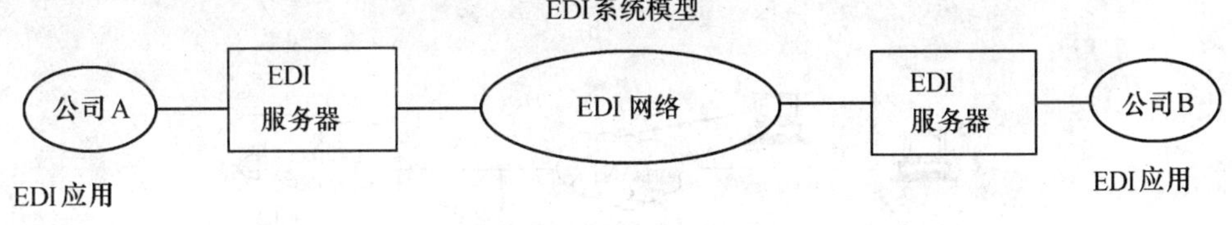


图5-1　EDI构成示意图

1. 计算机应用

（1）EDI软件构成　构成EDI的软件包括支持用户接口、内部接口、报文生成及处理、格式转换和通信的基础软件，以及提供命名和寻址、安全、数据管理功能的相关软件。

（2）EDI硬件构成

1）计算机：由计算机组成基本类型的计算机平台来实现EDI，通常有以下四种基本组合类型：

①只使用一台主机或中型机。将所有的EDI软件放到主机或中型机上，使其执行全部的EDI功能，速度快；但没有现成的EDI软件，因此需要做许多测试和调试工作，成本较高。

②只使用一台PC机。将所有的EDI软件放到PC机上，使其执行全部的EDI功能，单机操作，速度慢；不需要做太多测试和调试工作，成本较低。

③使用PC机作为主机的前端处理器。PC机与主机相连，存储的数据可以在主机与PC机间共享；可以使用现成软件，成本较低。

④专用的EDI操作系统。通常采用一台中型机平台及专门化的EDI软件，用来对组织内部EDI网络的所有EDI活动和功能进行总的管理。

2）调制解调器（Modem）：在采用电话网络进行通信时，调制解调器（Modem）是必备的硬件设备。

3）通信线路：常用的是电话线路，如果在传输时效及资料传输量上有较高要求时可以考虑租用专线（Leased Line）。

2. 通信网络

EDI通信方式有多种，常用的几种如图5-2所示。

由图5-2可以看出，直接连接的通信方式有点对点、一点对多点、多点对多点三种情形，只有在贸易伙伴数量较少时使用；当贸易伙伴数量较多，多家企业直接使用计算机通信时，应考虑采用第二、第三种通信方式，可以大幅度降低相互传送资料的复杂度和困难度，提高EDI的通信效率。

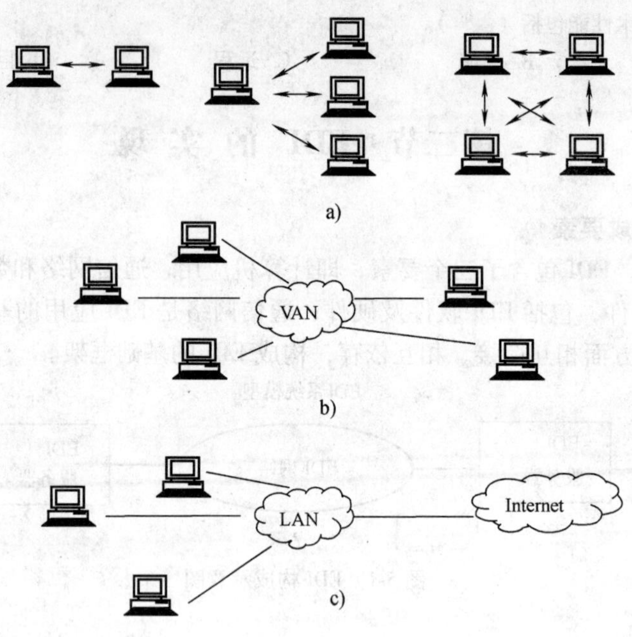


图 5-2　EDI 通信方式

a）直接连接方式　b）增值网络方式　c）基本 Internet 的通信方式

3. 数据标准

EDI 标准由各企业、各地区代表共同讨论、制定，可以使各企业之间的不同文件格式，通过共同的标准，实现相互文件交换的目的。

## 二、EDI 的功能模块

在 EDI 中，EDI 参与者所交换的信息客体称为邮包。在交换过程中，如果接收者从发送者处得到的全部信息包括在所交换的邮包中，则认为语义完整，并称该邮包为完整语义单元（CSU），接收者和发送者称为 EDI 的终端用户。在 EDI 工作过程中，所交换的报文都是结构化的数据，整个过程都是由 EDI 系统完成的。

EDI 系统由以下功能模块组成：

1. 用户接口模块

业务管理人员可用此模块进行输入、查询、统计、中断、打印等，及时地了解市场变化，调整策略。

2. 内部接口模块

这是 EDI 系统和本单位内部其他信息系统及数据库的接口，一份来自外部的 EDI 报文经过 EDI 系统处理之后，大部分相关内容都需要经内部接口模块送往其他信息系统，或查询其他信息系统才能给对方 EDI 报文以确认的答复。

3. 报文生成及处理模块

1）接受来自用户接口模块和内部接口模块的命令和信息，按照 EDI 标准生成订单、发票等各种 EDI 报文和单证，经格式转换模块处理之后，由通信模块经 EDI 网络发给其他 EDI 用户。

2）自动处理由其他 EDI 系统发来的报文。在处理过程中要与本单位信息系统相连，获取必要信息并给其他 EDI 系统答复，同时将有关信息送给本单位其他信息系统。如因特殊情况不能满足对方的要求，经双方 EDI 系统多次交涉后不能妥善解决的，则把这一类事件提交用户接口模块，由人工干预决策。

4. 格式转换模块

所有的 EDI 单证都必须转换成标准的交换格式，转换过程包括语法上的压缩、嵌套、代码的替换以及必要的 EDI 语法控制字符。在格式转换过程中要进行语法检查，对于语法出错的 EDI 报文应拒收并通知对方重发。

5. 通信模块

该模块是 EDI 系统与 EDI 通信网络的接口。包括执行呼叫、自动重发、合法性和完整性检查、出错报警、自动应答、通信记录、报文拼装和拆卸等功能。

6. 除以上这些基本模块外，EDI 系统还必须具备一些基本功能

（1）命名和寻址功能　EDI 的终端用户在共享的名字当中必须是唯一可标识的。命名和寻址功能包括通信和鉴别两个方面。在通信方面，EDI 是利用地址而不是名字进行通信的。因而要提供按名字寻址的方法，应建立在开放系统目录服务 ISO 9594（对应 ITU—T X. 500）基础上。在鉴别方面，有若干级必要的鉴别，即通信实体鉴别、发送者与接收者之间的相互鉴别等。

（2）安全功能　EDI 的安全功能应包含在上述所有模块中。它包括以下一些内容：

1）终端用户以及所有 EDI 参与方之间的相互验证。

2）数据完整性。

3）EDI 参与方之间的电子（数字）签名。

4）否定 EDI 操作活动的可能性。

5）密钥管理。

（3）语义数据管理功能　完整语义单元（CSU）是由多个信息单元（IU）组成的，其 CSU 和 IU 的管理服务功能包括以下内容：

1）IU 应该是可标识和可区分的。

2）IU 必须支持可靠的全局参考。

3）应能够存取指明 IU 属性的内容，如语法、结构语义、字符集和编码等。

4）应能够跟踪和对 IU 定位。

5）对终端用户提供方便和始终如一的访问方式。

## 训练与提高

**一、连线题**

EDI 三个要素相互之间的关系为：

| | |
|---|---|
| 计算机应用 | 关键 |
| 通信网络 | 内部条件 |
| 数据标准 | 前提基础 |

**二、判断题**

1. EDI 的工作过程：映射→翻译→映射→翻译。（　　）
2. EDI 通信方式只有一种。（　　）
3. 用户接口模块是 EDI 系统功能模块组成之一。（　　）
4. 直接连接的通信方式有点对点、一点对多点、多点对多点三种情形。（　　）

**三、填空题**

1. EDI 包含三个要素，即__________、__________、__________。
2. 计算机应用包括__________。

**四、选择题**

1. EDI 的功能模块包括（　　）。
   A. 用户接口模块　B. 内部接口模块　C. 报文生成及处理模块　D. 通信模块　E. 格式转换模块
2. EDI 具备的基本功能包括（　　）。
   A. 命名和寻址功能　B. 安全功能　C. 语义数据管理功能　D. 数据完整性
3. EDI 应用的基础是（　　）。
   A. 通信网络　B. 计算机应用　C. 数据标准　D. 硬件和软件

# 第三节　EDI 的应用

现代企业应用 EDI 有三种不同的目的，其应用情况比较见表 5-2。

**表 5-2　EDI 的应用情况比较**

| 目　　的 | 数据传输 | 改善作业 | 企业再造 |
|---|---|---|---|
| 功能 | 维持订单<br>减少人工输入<br>降低错误 | 与业务系统集成<br>缩短作业时间<br>及早发现错误<br>提高传输可靠性 | 提高竞争力 |
| 参与人员 | 作业人员 | 业务主管 | 决策主管 |
| 初期成本 | 小 | 较小 | |
| 引入时间 | 1 个月 | 2 ~4 个月 | 1 年 |
| 条件 | 计算机 | 管理信息系统 | 管理信息系统 |

EDI 是一种信息管理或处理的有效手段，可以充分利用现有计算机及通信网络资源，提高交易各方信息的传输效率，降低物流的运作成本。当前，EDI 在全球物流中的应用已经形成了相当的规模，主要表现在以下几个行业：

1. 零售业

对于零售业来说，利用 EDI 可以建立快速响应系统，减少商场库存量与空架率，加速资金周转，降低物流成本；建立起物流配送体系，完成产、存、运、销一体化的供应链管理；在不必连续接触的情况下，EDI 能加强组织内部的协调。

例如：一个国家的零售商和另一个国家的生产厂家建立了 EDI 网络，EDI 功能实现的过程如下：

1）零售商每卖出一件商品，通过条形码阅读器传给商店库存订货信息系统，当商品库存达到下限时，订货信息系统自动启动本单位的 EDI 系统向生产厂家发出订单。这一过程启用了内部接口模块和用户接口模块。内部接口模块同零售商的库存订货信息系统连接，以库存数据的下限为启动 EDI 的条件，再通过用户接口模块对生产厂家的 EDI 实现启动，产生订单。

2）生产厂家接到 EDI 订单后，EDI 系统自动处理该订单，检查其合法性和完备性，回复确认订单，通知生产厂家的生产管理系统或 CIM 系统，以便安排生产；并同时向供应商发出 EDI 订单订购原材料或零件，向交通运输单位发出预订货物运输集装箱 EDI 订单，向海关、商检等有关部门申请出口的 EDI 证书，向零售商开出 EDI 交货通知和发票，通知银行结算等。以上过程启动了报文生成及处理模块，并生成相关单证。

如果不同国家的零售商和生产厂家或不同行业之间的 EDI 采用不同的通信网络技术和计算机文件格式，则需要通过格式转换模块将各自的 EDI 报文转换成统一的标准格式。

2. 制造业

对于制造业来说，利用 EDI 可以有效地减少库存量及生产线待料时间，降低生产成本。制造业 EDI 模型的运作步骤如下：

1）制造商需要采购一批零件，通过订货信息系统自动启动本单位的 EDI 系统向生产厂家发出订单。

2）生产厂家接到 EDI 订单后，EDI 系统自动处理该订单，检查其合法性和完备性，回复确认订单，通知生产厂家的生产管理系统或 CIM 系统，以便安排零件生产；并同时向供应商发出 EDI 订单订购原材料或零件，向交通运输单位发出预订货物运输集装箱 EDI 订单，必要时向海关、商检等有关部门申请出口的 EDI 证书，向制造商开出 EDI 交货通知和发票，通知银行结算等。以上过程启动了报文生成及处理模块，并生成相关单证。

3. 物流业（运输业）

物流管理中 EDI 的一般流程如下：

1）发送货物业主（如生产厂家）在接到订货后制订货物运送计划，并把运送货物的清单及运送时间安排等信息通过 EDI 发送给物流（运输）业主和接收货物业主（如零售商），以便物流运输业主预先制订车辆调配计划和接收货物业主制订货物接收计划。

2）发送货物业主依据顾客订货的要求和货物运送计划下达发货指令，分拣配货，打印出物流条形码的货物标签并贴在货物包装箱上；同时，把运送货物品种、数量、包装等信息通过 EDI 发送给物流（运输）业主和接收货物业主，据此请示下达车辆调配指令。

3）物流（运输）业主在向发送货物业主取运货物时，利用车载扫描读数仪读取货物标签的物流条形码，并与先前收到的货物运输数据进行核对，确认运送货物。物流（运输）业主在物流中心对货物进行整理、集装，做成送货清单并通过 EDI 向接收货物业主发送发货信息。在货物运送的同时进行货物跟踪管理，并在货物交给接收货物业主之后，通过 EDI 向发送货物业主发送完成运送业务信息和运费请示信息。

4）接收货物业主在货物到达时，利用扫描读数仪读取货物标签的物流条形码，并与先前收到的货物运输数据进行核对确认，开出收货发票，货物入库；同时通过 EDI 向物流业主和发送货物业主发送收货确认信息。

在现代物流管理中，运用 EDI 系统的优点在于供应链组成各方基于标准化的信息格式和处理方法，可以快速获得信息，提供更好的服务，减少纸面作业，更好地沟通和通信，提高流通效率，降低物流成本；并且能为企业提供实质性、战略性的好处，如改善与客户的关系，提高对客户的响应，缩短事务处理周期，减少订货周期，减少订货周期中的不确定性，增强企业的国际竞争力等。

4. 案例：澳大利亚 Coles Mayer 公司对 EDI 的使用

每个供应商按照一定的规则——供应商编码 APN（Australia Product Number）将产品资料置入电脑档案，产生初始数据。客户通过供应商提供的申请信息 RFI（Request For Information）进入商品销售价格目录 PSC（Price Sales Catalogue）进行货品信息查询，如 APN 编码、产品说明、颜色、单价、最小订购量、尺寸、重量或商品特殊属性等，如图 5-3 所示。

客户可以通过 EDI 直接下订单 PO（Purchase Order），包括编码、数量、价格、指定送货地点、送货日期时间等。供应商根据客户订单，向客户发出确认函 POA（Purchase Order acknowledgment）。事后还可以提供任意一方对订单修改的功能 POV（Purchase Order Variation），最后客户以供应商所确认的信息送出 SSD（Sales And Stock Status Data），完成下单作业。

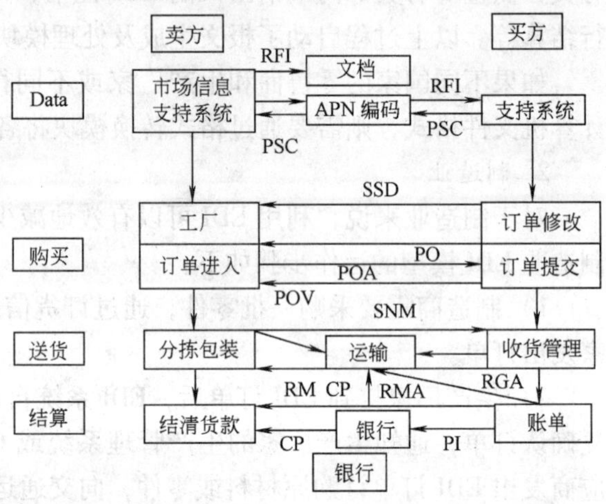


图 5-3　EDI 系统运转

供应商收到订单后向仓储物流公司传送订单资料，仓库根据订单完成拣货工作，并将所订产品包装且贴上特殊条码 128，再将信息传回供货商，同时传送给送货公司。供应商收到发货通知后立即通知客户，递送装船提单号 SNM（Ship Note Manifiest），包括订单资料、条形码标签资料。

当客户收到货物时，确认货物，将确认信息通过到货通知书 RGA（Receipt Of Goods Advice）传递给供货商和送货公司；然后按照付款条件将付款信息即收款额 RM（Remittance）；传送给供货商和送货公司（买方付运费情况下）；同时将付款通知 PI（Payment Instruction）传送给买方银行，授权银行进行买方付款，银行将付款确认 CP（Confirming Payment），通知供货商或送货公司，完成交易。

## 训练与提高

### 一、判断题

1. 现在企业应用 EDI 有三种不同的目的。(　　)

2. EDI 是一种信息管理或处理的有效手段，可以充分利用现有计算机及通信网络资源，提高交易各方信息的传输效率，降低物流的运作成本。(　　)

3. EDI 在全球物流中的应用已经形成了相当的规模。(　　)

4. 制造业利用 EDI 可以有效地减少库存量及生产线待料时间，降低生产成本。(　　)

**二、填空题**

1. 供应商收到发货通知后，立即通知__________，包括__________、__________。

2. EDI 作为一种信息管理或处理的有效手段，主要应用在__________、__________、__________。

**三、选择题**

1. 付款通知简称（　　）。

A. PI　　B. CP　　C. PO　　D. RFI

2. 供货商或送货公司简称（　　）。

A. PI　　B. CP　　C. PO　　D. RFI

3. EDI 三种不同的目的包括（　　）。

A. 数据传输　　B. 改善作业　　C. 企业再造　　D. 决策主管

**本 章 小 结**

- EDI 即电子数据交换，是将商业或行政事务处理按照一个公认的标准，形成结构化的事务处理或信息数据格式，从计算机到计算机的数据传输方式
- EDI 的使用对象是具有固定格式的业务信息和具有经常性业务联系的单位；采用共同标准化的格式
- EDI 分为贸易数据互换系统（TDI）、电子金融汇兑系统（EFT）、交互式应答系统、带有图形资料自动传输的 EDI。最常见的是计算机辅助设计（CAD）图形的自动传输
- EDI 的标准包括 EDI 网络通信标准、EDI 处理标准、EDI 联系标准和 EDI 语义语法标准
- EDI 包含了三个要素，即计算机应用、通信网络和数据标准
- EDI 系统的功能模块组成有用户接口模块、内部接口模块、报文生成及处理模块

# 第六章 现代物流管理信息系统

**本章知识要点**

● 现代物流管理信息系统的定义、作用及特点

● 制造业、零售业及第三方物流业的现代物流管理信息系统的概念、特点

● 制造业、零售业及第三方物流业的现代物流管理信息系统的应用

● 现代物流管理信息系统的重要性

**【案例】**

### 光明乳业应用博科现代物流管理信息系统实现“新鲜每一天”

光明乳业股份有限公司是全国规模最大的生产销售乳制品的企业，其产品有2/3是保鲜品，液态奶的生产和销售位居全国第一。在向世界乳业二十强努力的进程中，光明乳业连续六年保持30%以上的业务增速，其基地、工厂、销售网点等遍及中国内地除青海、西藏外的29个省、市、自治区。

2001年10月光明乳业与上海博科资讯股份有限公司合作开发现代物流管理信息系统，并成功地实现了与光明乳业的ERP系统的良好连接，快速、准确地为物流业务管理提供了有效的数据汇总和分析，极大地提高了管理效率。

1. 系统结构

博科现代物流管理信息系统的总体架构是一个以系统交互层、管理决策层、综合作业层、系统技术层搭建的四层应用体系，结构如图6-1所示。

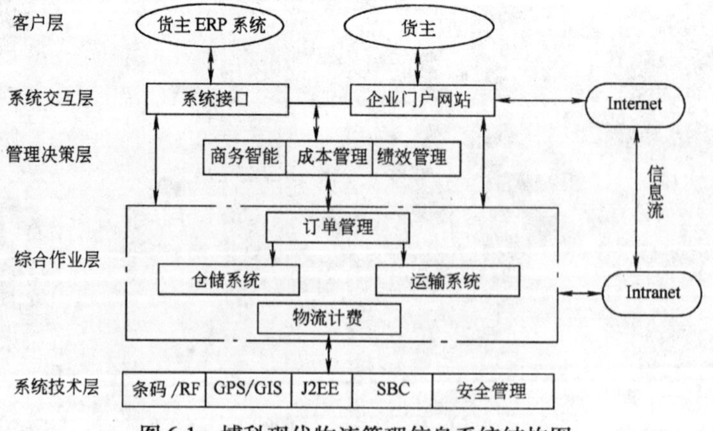


图6-1 博科现代物流管理信息系统结构图

从图6-1中可以了解到，博科现代物流管理信息系统采用的是结合了C/S和B/S的混合计算模式，一方面适应业务的集中管理，另一方面满足网点扩张的移动和分布管理。系统的四层体系结构中，系统技术层是LMIS的支撑，综合作业层和管理决策层满足了企业内部作业层、战术层和战略层的需求，系统交互层提供了与客户的接口。

(1) 系统技术层　该层保障LMIS的正常运作，并随着新技术同步发展。包括硬件的AS/RS接口、GPS/GIS接口、J2EE三层架构体系、提高系统网络计算能力的SBC（Server based Computing）协议、安全管理系统等。构架的强壮性、可扩充性、安全性是该层考虑的主要因素。

(2) 综合作业层　这层是物流作业的核心，体现了统一接单、综合调度、具体作业、考核反馈的物流管理思想。通过订单管理功能完成具体物流订单的接收、审核、调度工作；调度后的订单分配给具体的仓储或运输作业部门；日常物流作业数据通过计费、成本管理功能核算后提供给财务部门，通过绩效管理功能反馈给项目部。这一层需要兼顾灵活性和可追溯性。

(3) 管理决策层　这层面向决策部门，以历史数据为依据、科学的预测模型为保证，为决策提供参考意见，既有历史物流成本和绩效考核方面的内容，也有对未来市场需求预测方面的内容。

(4) 系统交互层　这层负责系统与外界环境的交互：与客户信息系统的交互，通过EDI方式进行；与客户业务人员、外协运力、合作伙伴的交互，通过企业门户网站进行。同时，通过Intranet和Internet使信息流在系统的四层体系内无阻碍地流转，保证了管理决策的准确性和有效性。

2. 系统功能

博科现代物流管理信息系统的功能如图6-2所示。

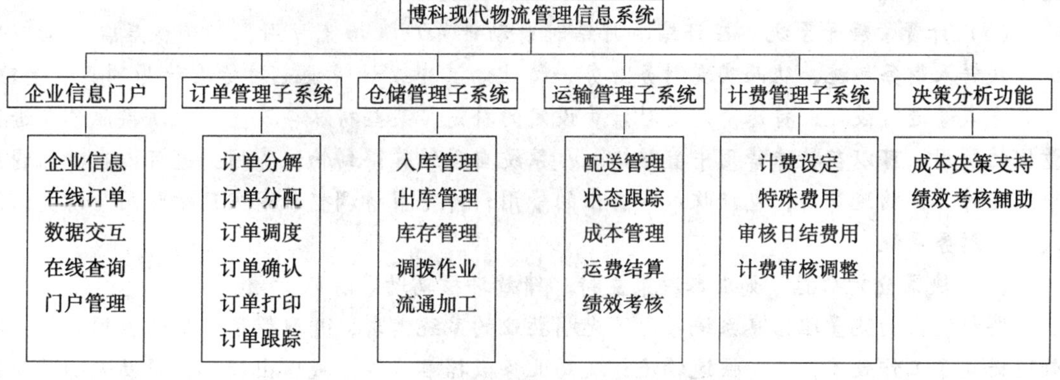


图6-2　博科现代物流管理信息系统的功能

(1) 企业信息门户　作为企业对外宣传的窗口，博科现代物流管理信息系统还可以实现部分电子商务的功能。其中，企业信息包括信息导航、行业新闻、企业介绍、业务范围、调查栏目等；在线订单允许已注册的会员在网上下达服务委托订单；数据交互支持异地/移动办公的业务人员将业务数据、汇总信息上传到总部，也可以下载获取总部提供的订单、汇总信息、规定格式文件等；在线查询是在Internet上为会员提供相关的查询服务，如为下游客户提供销售订单处理状态的查询，为上游合作方提供库存查询等；门户管理维护企业信息门户的内容、权限等。

(2) 订单管理子系统　这一子系统对客户的委托进行分解、分配、调度、跟踪、完成确认等。其中，订单分解将客户订单生成各业务部门子系统对应的业务订单，如接货订单、入库订单、出库订单、运输配送订单、流通加工订单等；订单分配对业务进行汇总、分配和管理，同时下达任务单给相应的业务部门系统；订单调度将业务订单随服务流程的推进演化为一系列流程活动的作业单据；订单确认是对已完成的订单作最终确认，包括订单数量确认、实收实发数量确认、业务部门完成确认、客户确认等；订单打印可根据客户需要提供不同的交易所进行打印；订单跟踪支持按日期、订单号、订单类型、业务部门、消费者信息、配送区域等条件的查询，反馈订单所在的作业环节，并可对未确认的订单进行修改。

(3) 仓储管理子系统　这一子系统是对仓储业务的支持。其中，入库管理包括货物验收、收货单打印、库位分配等；出库管理包括货物调配、拣货单打印、拣货配货处理、出库确认等；库存管理包括库位调整、盘点处理、退货处理、调换处理、包装处理、报废处理等；调拨作业支持不同库区货物的调整补充；流通加工支持赠品配套搭配、商品改包装等。

(4) 运输管理子系统　这一子系统是对运输业务的支持。其中，配送管理包括配送单生成、配送单接收、配送单确认、配车计划安排、配货计划生成、车辆调度、路线安排、中途换车、回单确认等；状态跟踪与 GPS 系统结合，可对在途车辆进行实时跟踪，包括委托单据、所处时间、行驶方向、当前状态、所处地区、是否故障、故障级别、故障起始时间等；成本管理包括账期设定、车辆和人员设定、车辆动态和静态成本设定、成本指标定义等；运费结算生成物流费用的结算记录，然后将费用信息转至财务结算系统进行核算；绩效考核用于对运输人员和组织（包括自有和外部车辆）进行指标考核以提高客户满意度，包括车辆出车信息、客户投诉反馈信息、商品损坏赔偿率、人员出勤、配送准点率、客户满意度等。

(5) 计费管理子系统　在日结、月结时自动计算应收物流费用，经确认后，自动以凭证方式转入财务系统，从而实现财务业务一体化。其中，计费设定对标准计费项目、金额、结算方式等进行设定；特殊费用是对计费设定的补充，某些特殊、零星、无法按照作业进行量化的费用，可以在特殊费用中直接输入，系统自动结算得到物流费用，也可以在特殊费用中设定计算出物流费用，包括收入和支出的费用；计费审核调整和审核日结费用，以凭证形式转入财务系统。

(6) 决策分析功能　如成本决策支持、绩效考核辅助等。

博科现代物流管理信息系统实现了光明乳业的系统需求，并取得了良好的应用效果：有效地提高了工作效率，支持快速物流；提高业务数据准确性，减少出错率；帮助光明乳业建立内部质量控制体系；实现了精细物流管理。

## 案例分析

光明乳业股份有限公司应用现代物流管理信息系统，实现了现代物流管理信息化、网络化，加快乳制品销售流通的速度，降低库存、仓储及物流配送成本和管理成本，使光明乳业的整体营销水平和市场竞争能力大大提高，跻身世界乳业二十强。现代物流管理信息系统的应用对现代企业的资源配置、提高现代物流管理质量、降低营销成本是十分重要的。

# 第一节　现代物流管理信息系统概述

现代物流管理信息系统是以现代管理思想和理论为依据，以电子计算机软硬件、网络通信和其他现代信息技术为技术基础，以充分利用现代物流信息资料、实施现代物流业务、控制现代物流过程、支持现代物流决策为手段，以降低现代物流经营成本、提高现代物流企业效益和效率、增强现代物流企业的核心竞争力为目的，进行现代物流信息的收集、整理、存储、加工处理、更新维护、输出和传输的集成化的人机系统。

## 一、现代物流管理信息系统的结构

现代物流管理信息系统的结构从功能上划分为三个部分，即现代物流业务管理系统、质量管理系统和电子商务平台。

现代物流业务管理系统包括报关管理系统、运输管理系统、仓储管理系统、流通加工管理系统、国际货运代理系统、费用管理系统、决策支持系统和销售管理系统共八个子系统。

1. 联单报关管理系统（见图6-3）

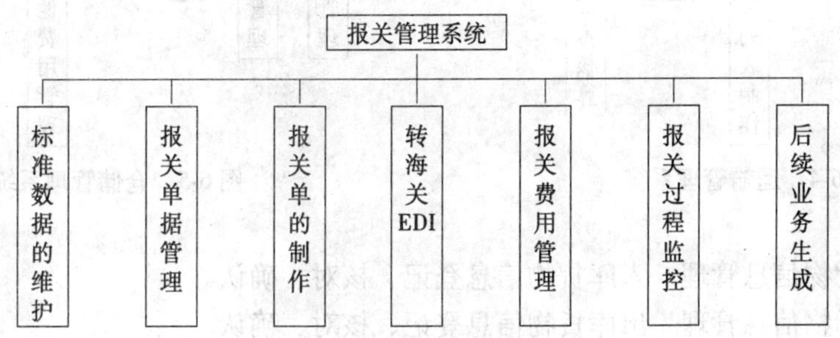


图6-3　联单报关管理系统

（1）标准数据的维护　对系统所包含的标准代码、标准数据的维护，如H883编码、国家代码等，对这些标准数据的修改、删除等操作只能在这个子系统完成。

（2）报关单据管理　报关单据的审核、输入、修改等，以及对有关单据的流转进行跟踪。

（3）报关单的制作　报关单的生成、打印等。

（4）转海关EDI　这是与海关EDI系统的接口模块，这个子系统可以将报关数据以指定格式转成文本文件导出，再转入海关EFI系统。

（5）报关费用管理　对报关业务过程中产生的所有费用进行处理，如费用的登记、结算等。

（6）报关过程监控　对报关过程进行监控，主要包括对差错率、及时率的统计监控，实现每项业务的可追溯性。

（7）后续业务生成　后续仓储、运输等业务的自动生成、查询。与仓储管理系统、运输管理系统直接接口。

2. 运输管理系统（见图6-4）

（1）运输业务信息登记　对各种来源的运输业务数据（包括由报关系统产生的、客户提出的以及即时发生的）经整理审核后输入或导入系统。

（2）车辆调度　运输调度对运输业务单进行电子确认后，安排运输车辆。一般情况下，这个子系统具有自动记录确认时间和人，以及自动浏览功能，可以浏览当前车辆和驾驶员状况，以进行运输安排。

（3）派车工作及任务列表制作　制作运输任务书和收货确认书。

（4）回场数据录入　调度根据驾驶员交还的运输任务书、客户签收单等单证进行回场信息录入确认。

（5）车队及单人的成本核算　系统自动进行成本核算。

3. 仓储管理系统（见图6-5）

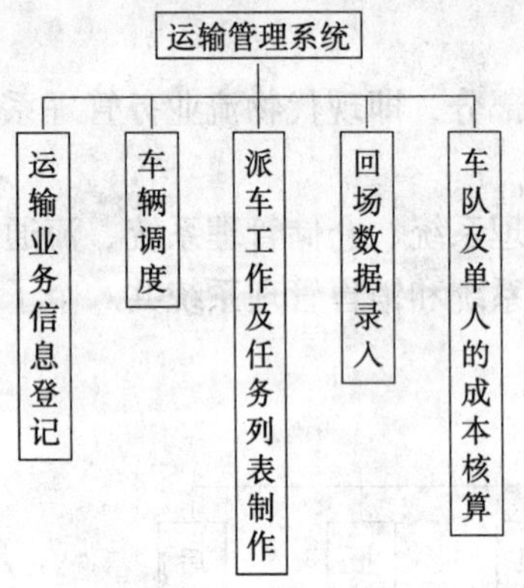


图6-4　运输管理系统

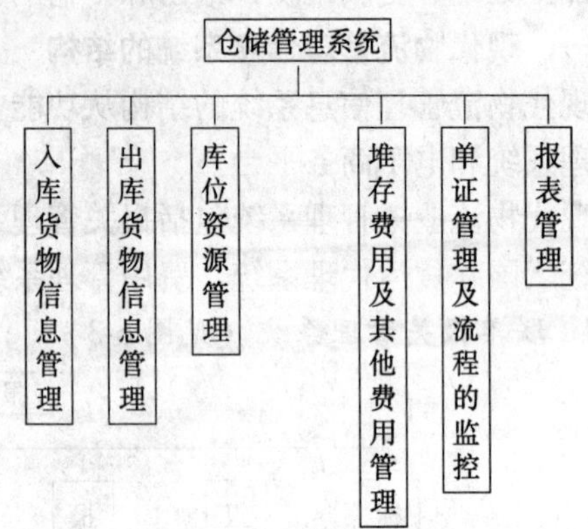


图6-5　仓储管理系统

（1）入库货物信息管理　入库货物信息登记、核对、确认。

（2）出库货物信息管理　出库货物信息登记、核对、确认。

（3）库位资源管理　对仓库内库位资源及货物存放情况进行管理。系统可以提供库位截面图，以图形方式直观显示库位资源情况以及每个库位上货物的存放情况。

（4）堆存费用及其他费用管理　费用结算、查询、修改。

（5）单证管理及流程的监控　对差错率和及时率进行统计，保证业务的可追溯性。

（6）报表管理　各种日报、月报、总览表等报表的生成、打印以及格式定义。

4. 流通加工管理系统（见图6-6）

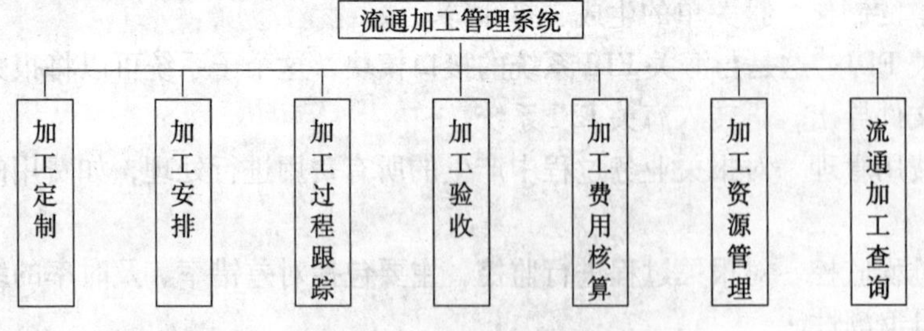


图6-6　流通加工管理系统

（1）加工定制　对系统接收并传送来的加工单进行处理，对不明确的订单及时与客户沟通。

（2）加工安排　分配加工任务并输出相应的出库单。

（3）加工过程跟踪　对货物加工过程进行跟踪监督及输出加工结论。

（4）加工验收　对加工结果进行检验，输出验收结论。

（5）加工费用核算　填写加工环节发生的费用项目和金额，形成报账传送到结算管理部门。

（6）加工资源管理　对流通加工资源进行管理，如灭菌室、车床、条形码原料等。

（7）流通加工查询　客户和企业可以按加工货物、加工项目、加工流程及加工费用等查询加工任务。

5. 国际货运代理系统（见图6-7）

（1）海运出口管理　海运出口业务的处理，委托单、提单、装箱单的制作，送货通知书、进仓通知书等单证的自动生成以及对操作状态跟踪、报关单据的管理。

（2）海运进口管理　海运进口业务的处理，委托单、小提单、到货通知书等单证的自动生成以及对操作状态跟踪、报关单据的管理。

（3）空运出口管理　空运出口业务的处理，委托单、提单的制作，进仓通知书等单证的自动生成以及对操作状态跟踪、报关单据的管理。

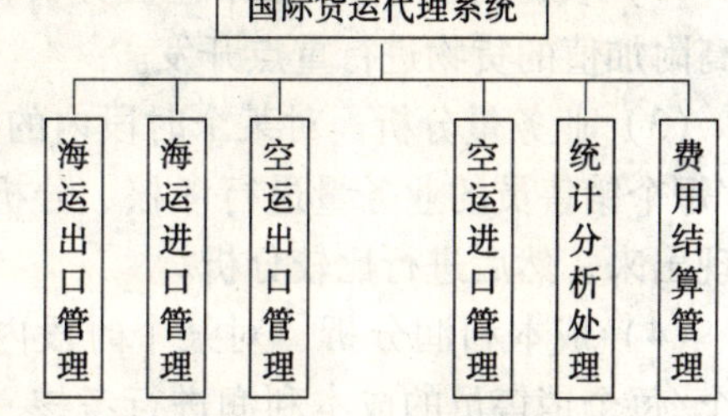


图6-7　国际货运代理系统

（4）空运进口管理　空运进口业务的处理，到货通知书等单证的自动生成以及对操作状态跟踪、报关单据的管理。

（5）统计分析处理　对业务情况进行统计分析，可以实现对销售员的考核、对客户的分析以及为企业发展决策提供真实有效的数据。

（6）费用结算管理　对每一票货物相关费用的输入、审核，发票的自动生成，实收实付的销账处理，费用统计报表的自动生成。

6. 费用管理系统（见图6-8）

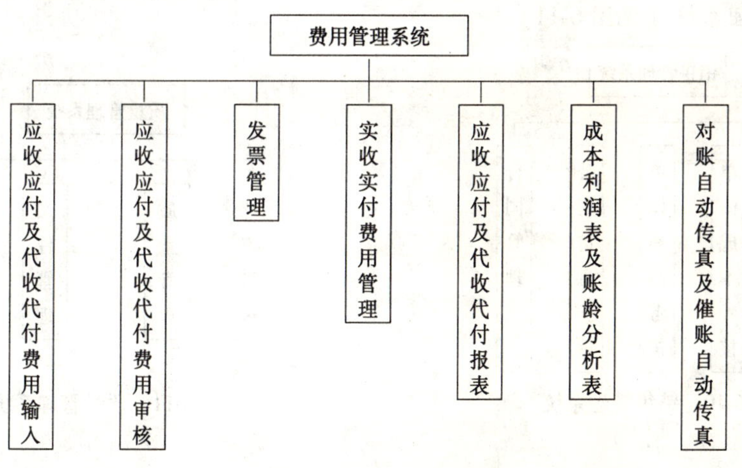


图6-8　费用管理系统

（1）应收应付及代收代付费用输入　将报关、仓储、运输等各项业务所产生的各项应收应付费用、代收代付费用输入、修改。

（2）应收应付及代收代付费用审核　对各项费用的审核。

（3）发票管理　发票制作、打印、查询。

（4）实收实付费用管理　实收实付费用的登记、审核、销账。

（5）应收应付及代收代付报表　各类相关报表的制作、生成、打印。

（6）成本利润表及账龄分析表　成本利润表、账龄分析表的制作、生成、打印。

（7）对账自动传真及催账自动传真　传真文件的自动生成。

7. 决策支持系统（见图6-9）

（1）客户资源分析　对现有客户进行分析，最终确认潜力客户或没落客户，减少企业的无效开支。

（2）货源分析　对货源进行分析，注重货源的选择，对高附加值的货物进行重点开发。

（3）业务量分析　对某个时段内的某个/每个部门、某个/每个销售员的业务量进行考核、分析，并以图形的形式表现出来，然后进行比较分析。

（4）成本利润分析　对某个时段内的某个/每个部门、某个/每个销售员的成本利润进行考核、分析，并以图形的形式表现出来，然后进行比较分析。

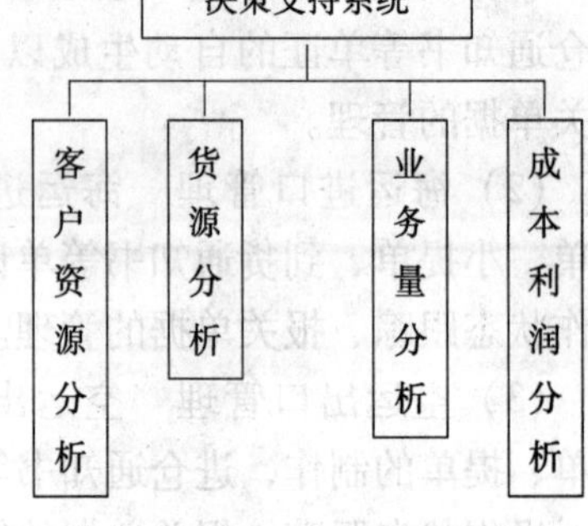


图6-9　决策支持系统

8. 销售管理系统（见图6-10）

（1）客户关系管理　客户信息的新增、删除、查询，客户联系信息和客户服务信息的维护。

（2）单体成本考核　对某个TEAM或个人的支出成本进行统计分析。

（3）单体利润考核　对某个TEAM或个人产生的利润进行统计分析。

（4）公用信息管理　公用信息的维护。

（5）合同管理　合同信息的新增、修改、查询。

9. 质量管理系统（见图6-11）

图6-10　销售管理系统

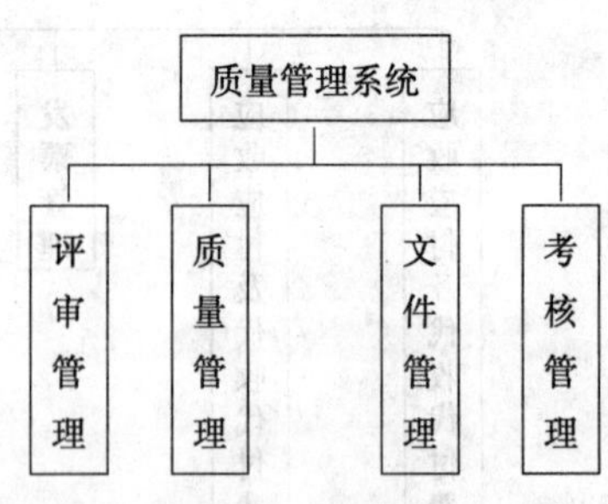


图6-11　质量管理系统

现代物流企业的质量管理系统一般采用ISO质量管理标准对企业各项业务进行质量管理，包括评审管理、质量管理、文件管理及考核管理几部分，通常与现代物流企业内的其他部门子系统相融合，一般在现代物流管理信息系统中专门设计查询、统计、管理界面及必要的数据存储。

10. 电子商务平台

现代物流管理信息系统的电子商务平台主要面向两类访问者，即社会大众和公司客户。针对社会大众型访问者，电子商务平台应该提供详细的信息（如公司介绍及业务介绍等），让社会大众对现代物流公司有全面的了解，树立现代物流公司在公众中的形象和地位，扩大现代物流公司的影响力。针对现代物流公司的客户，电子商务平台需要提供完备的网上交易、网上查询和客户服务功能。

物流企业电子商务平台功能如图 6-12 所示。

（1）公司简介　包括现代物流公司简介、公司的发展历史及里程碑事件、公司的远景规划、组织结构、公司涉及的业务范围、业务宗旨，以及人员招聘、公司公告等。

（2）行业动态　整个现代物流行业的专业知识和相关政策法规，本行业最新的一些动态。

（3）在线查询　帮助客户查询以往的业务办理信息，如报关单查询、委托单查询、货物状态查询、仓单查询、收费通知单查询、价格查询等。

（4）在线业务　主要是为客户提供现代物流公司的在线业务处理服务，如由客户填写相关业务的电子表格，业务报价、在线报关、在线仓储、在线运输业务处理等。

（5）客户中心　包括主要客户介绍、客户投诉、在线咨询等。

（6）会员管理　包括用户注册、用户工具、个性化服务、邮件服务等。

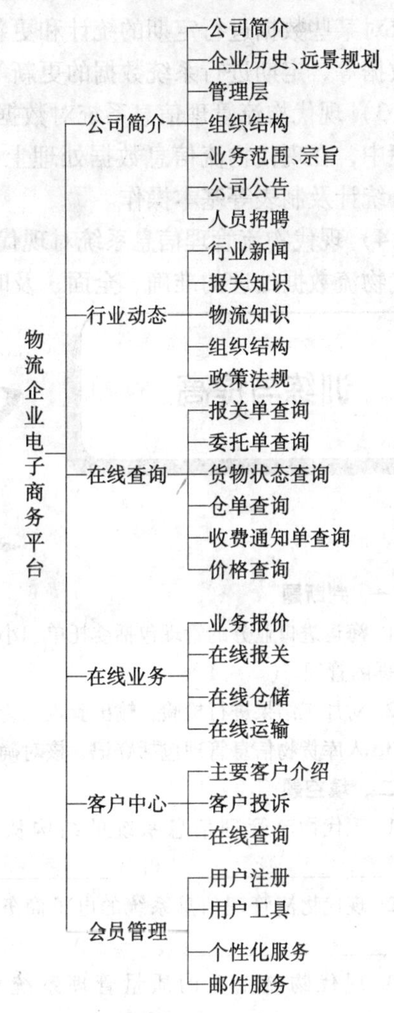


图 6-12　物流企业电子商务平台功能

**二、现代物流管理信息系统的作用**

1）有助于改善现代物流企业内部的业务流程和信息沟通方式，能够满足业务部门对现代物流信息处理和现代物流信息共享的需求，使现代物流企业的物流信息更有效地发挥效力。

2）方便提高现代物流企业的办公自动化水平，提高现代物流企业的工作效率，降低现代物流企业的管理成本，提高现代物流企业在市场上的竞争能力。

3）通过现代物流管理信息系统对货物的跟踪与监控，使现代物流企业的各层管理者可以及时地掌握各项物流业务进展情况及物流业务数据，增强对各项物流活动的控制，为物流方案的决策提供可靠的数据支持。

4）通过现代物流管理信息系统的应用，可以及时满足客户的即时查询，如为客户提供实时的货物跟踪信息，提供个性化的物流服务，提高现代物流企业的客户服务水平。

5）有助于现代物流企业在现代化管理思想和理念的指引下运作，提供可靠的现代物流信息处理日常物流业务。

### 三、现代物流管理信息系统在现代物流数据处理方面的特点

1）现代物流管理信息系统要求日常处理的数据量大。据统计，一般中小型现代物流企业每天进出库的物料单就达 50～100 张，每年合同达数千份，计划物料记录达上万条，每天产生的现代物流数据约 8000～15000 项；日本资生堂一个配送中心每天处理的送货订单达上亿份。

2）现代物流管理信息系统对数据处理的时间性要求较强。现代物流企业在日常管理中要求对某些数据进行定期的统计和更新，如每天统计营业工作量，每月、每季、每年结算相关数据等，定期进行系统数据的更新等。

3）现代物流管理信息系统对数据的传递及处理关系比较简单。在现代物流企业的日常管理中，在现代物流信息数据处理上，大量的工作是对物流数据进行逻辑判断、分类、检索、统计及制表等基本操作。

4）现代物流管理信息系统对现代物流数据的输入及输出方面有较规范的要求，如要求现代物流数据处理的准确、全面、及时、快速等。

## 训练与提高

**一、判断题**

1. 海运进口业务的管理包括委托单、小提单、到货通知书等单证的自动生成以及对操作跟踪状态、报关单据的管理。（　　）

2. 对加工结果进行检验，输出验收结论的过程叫做加工验收。（　　）

3. 入库货物信息管理包括登记、核对确认。（　　）

**二、填空题**

1. 现代物流管理信息系统的结构从功能上划分为以下三个部分：__________、__________和__________。

2. 现代物流管理信息系统的电子商务平台主要面向两类访问者，即__________和__________。

3. 现代物流企业的质量管理系统包括__________、__________及__________几个部分，通常与现代物流企业的其他部门子系统相融合。

**三、选择题**

1. 现代物流管理信息系统在现代物流数据方面的特点是（　　）。

A. 现代物流管理信息系统要求日常处理的数据量大

B. 现代物流管理信息系统对数据处理的时间性要求较强

C. 现代物流管理信息系统对数据的传递及处理关系比较简单

D. 现代物流管理信息系统对现代物流数据的输入及输出方面有较规范的要求，如要求现代物流数据处理得准确、全面、及时、快速等

2. 国际货运系统包括（　　）。

A. 海运出口管理　　B. 海运进口管理　　C. 空运出口管理

D. 空运进口管理　　E. 统计分析处理　　F. 费用结算管理

3. 电子商务平台的内容包括（　　）。

A. 公司简介　　B. 行业动态　　C. 在线查询

D. 在线业务　　E. 客户中心　　F. 会员管理

## 第二节　制造企业现代物流管理信息系统

### 一、制造企业现代物流管理信息系统概述

制造企业物流主要是制造企业内部的生产经营工作和生活中所发生的加工、检验、搬运、包装、装卸、配送等现代物流活动。按照现代物流活动发生的先后次序，制造企业物流包括供应物流、生产物流、销售物流、回收物流、废弃物物流五部分，其中的三部分是制造企业物流的主要组成部分：为了充实原材料、零部件、零配件为主要物流活动的供应物流，以零部件、半成品在制造企业内部流动为主形成的生产物流，以及将产成品向批发商或零售商传递而形成的销售物流。

### 二、制造企业现代物流管理信息系统的特点

1. 供应、生产、销售物流的高效率组织

制造企业的核心业务是生产出适应市场的优质产品，为了在生产过程中最大限度地争取零库存、生产物流成本的最大节约，通常会采用准时制、精益或敏捷制造管理系统进行生产控制。准时制制造管理系统认为任何库存都是浪费，必须予以消除，实现最大的节约。在生产过程中，上下两个工艺环节是供需关系，每道工艺所必需的零部件以必要的数量在必要的时间送到，生产需要多少就供应多少，没有多余的库存品，也不允许废品的发生。精益制造管理系统是准时制制造管理系统的进一步提高，力求以最小的投入获得最大的产值，更大程度地消除浪费。敏捷制造管理系统注重制造企业的产品在时间上的竞争意义，能使制造系统在满足低成本和高质量的前提下，对市场变化和技术发展等做出快速反应。

为了服务于制造企业的生产管理系统，满足生产物流的需要，制造企业大多与零部件供应商、物流服务公司建立物流战略联盟，采用相应的现代物流资源配置技术，以确保供应物流的及时高效实施。而销售物流的组织通常有两种构筑方式：一是制造企业构筑自身的销售物流系统，直接面向销售终端配送本企业生产的产品；二是制造企业将销售物流外包给物流企业，由物流企业全权负责制造企业产品的销售物流服务。销售物流在实施过程中多采用ERP、CRP技术，因此可以保证销售物流对市场及时高效地做出反应。

2. 供应、生产、销售物流的信息处理网络化

制造企业十分注重现代物流系统的信息化建设，努力构筑完善的现代物流信息网络。目前，一些制造企业在灵活利用销售公司现有的网络，构筑以本企业产品为主导的现代物流信息网络，提高企业销售物流效率；同时，与供应商、第三方物流企业建立合作联盟，通过EOS系统实现订发货自动化、物流送达的高效化，提高企业供应物流的送达速度，降低供应物流与生产物流的成本。此外，一些制造企业从供应链的构筑与管理入手，与供应商、销售商、第三方物流企业等相关单位建立战略联盟合作伙伴关系，构筑供应链信息网络平台，实现供应、生产、销售物流的整体网络化、效率化运作。

### 三、制造企业现代物流管理信息系统的主要功能模块

物流管理信息系统是制造企业生产管理信息系统的组成部分。制造企业生产管理信息系统的内容包括：采购（供应）物流需求计划、生产物流及销售物流信息管理系统、生产管理信息系统及财务管理信息系统。

1）采购（供应）物流需求计划信息系统的主要功能模块如图 6-13 所示，包括采购物料的需求计划、采购计划的订单下达、采购（供应）物流的实施（包括到达、验收等）。

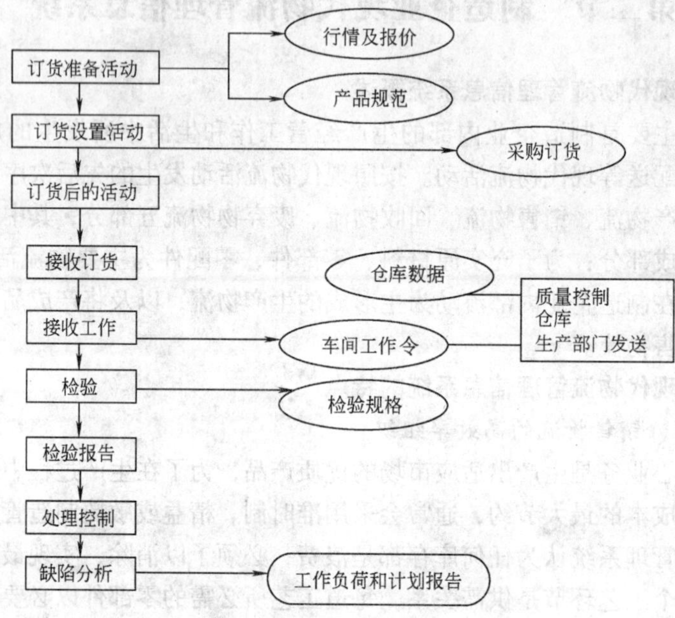


图 6-13　采购（供应）物流需求计划信息系统的主要功能模块

2）生产物流信息管理系统的主要功能模块有生产计划管理、物料领取、车间生产管理、质量控制等。

3）销售物流信息管理系统的主要功能模块有销售计划管理、运输管理、库存管理、配送中心管理、客户管理等。图 6-14 所示为库存管理业务功能结构。

4）财务管理信息系统的主要功能模块有会计核算及财务管理两大块。

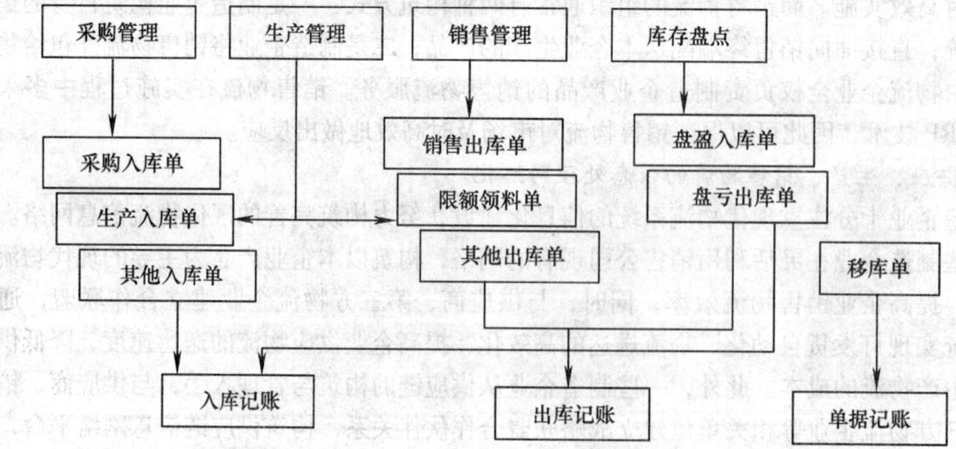


图 6-14　库存管理业务功能结构

## 四、案例：武汉钢铁公司第二热轧厂生产物流信息管理系统

### 1. 2250mm 热轧的生产流程

武汉钢铁公司第二热轧厂的2250mm 热轧主要接收武钢第三炼钢厂的连铸坯作为生产原料，实施板坯直接装炉进行加热；或实施板坯入库处理，按照轧制计划的轧制顺序对板坯实施出库处理，装入加热炉进行处理。待板坯加热到适当温度后出炉，经定宽压力机、粗轧机组和精轧机组轧制成带钢，最后由卷机组卷成钢卷。

### 2. 2250mm 热轧计算机管理和控制流程

武钢2250mm 热轧计算机管理和控制系统分四级：生产管理系统（第四级，包含在公司IBM 系统内)、生产控制系统（第三级)、过程控制系统（第二级）和基础自动化系统（第一级)。2250mm 热轧生产的整个过程，从合同管理到组织生产，从板坯入库到钢卷和捆包成品出厂，从板坯装炉到卷取成钢卷，从仪表控制到电气传动，全部由计算机实施管理和控制。

### 3. 2250mm 热轧第三级计算机管理和控制系统的主要功能模块

武钢二热轧第三级计算机系统主要包含板坯库管理、轧制及板坯库动态物流跟踪，以减少库内倒垛次数，杜绝数据差错，提高作业响应速度，并具有一定的热送热装生产调整功能。图 6-15 所示为武钢二热轧第三级计算机系统功能结构。

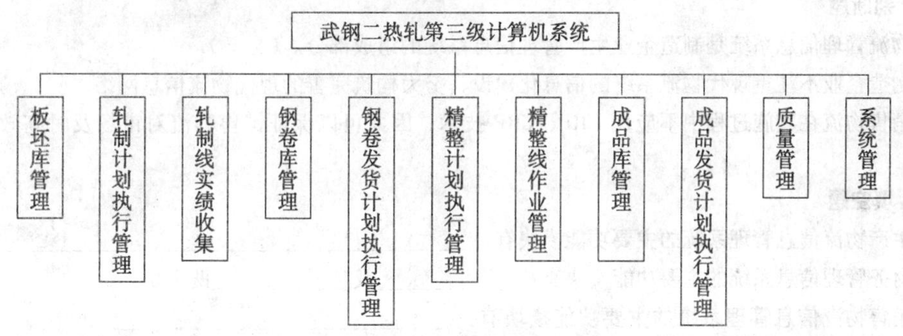


图 6-15　武钢二热轧第三级计算机系统功能结构

（1）板坯库管理　进行板坯入库、出库和倒垛的生产控制与管理，以及板坯库动态物流跟踪。

（2）轧制计划执行管理　接收生产管理计算机（公司 IBM 系统）编制的轧制计划，根据板坯库实际情况进行处理。

（3）轧制线实绩收集　进行轧制线的轧制实绩数据收集，保存待用，并传送到生产管理计算机（公司 IBM 系统)。

（4）钢卷库管理　进行钢卷入库、出库和倒垛生产控制与管理，以减少库内倒垛次数，杜绝数据差错，提高作业响应速度。

（5）钢卷发货计划执行管理　接收生产管理计算机（公司 IBM 系统）编制的钢卷发货计划，根据钢卷库实际情况进行钢卷发货管理，包括直接发货钢卷的缴库（入成品库)，向一、二冷轧厂发货（钢卷)，以及向一热轧厂精整线发货（钢卷)。

（6）精整计划执行管理　接收生产管理计算机（公司 IBM 系统）编制的精整计划，根据钢卷库实际情况进行处理。

（7）精整线作业管理　进行精整线作业管理和精整实绩收集，保存待用，并传送到生产管理计算机。

（8）成品库管理　进行成品入库、出库和倒垛生产控制与管理，以减少库内倒垛次数，杜绝数据差错，提高作业响应速度。

（9）成品发货计划执行管理　接收生产管理计算机（公司IBM系统）编制的成品发货计划，根据成品库实际情况进行成品发货作业管理。

（10）质量管理　进行板坯库、钢卷库、成品库、轧制线、精整线的质量管理，并把相应的质量信息传送到生产管理计算机（公司IBM系统）。

（11）系统管理　根据操作系统和软件开发工具的情况，建立安全管理、数据备份、日志管理和数据保存功能。

## 训练与提高

**一、判断题**

1. 物流管理信息系统是制造企业生产管理信息系统的组成部分。（　　）

2. 制造企业不注重现代物流系统的信息化建设，努力构筑完善的现代物流信息网络。（　　）

3. 销售物流在实施过程中不应用ERP、CRP技术，因此可以保证销售物流对市场及时高效地做出反应。（　　）

**二、填空题**

1. 生产物流信息管理系统的主要功能模块有：__________、__________、__________等。

2. 财务管理信息系统的主要功能模块有：__________及__________两大块。

3. 销售物流信息管理系统的主要功能模块有：__________、__________、__________、__________、__________等。

**三、选择题**

1. 制造企业物流包括（　　）。

A. 供应物流　B. 生产物流　C. 销售物流　D. 回收物流　E. 废弃物物流

2. 制造企业生产管理信息系统的内容包括（　　）。

A. 采购（供应）物流需求计划

B. 销售物流信息管理系统

C. 制造企业将销售物流外包给物流企业，由物流企业全权负责制造企业产品的销售物流服务

D. 制造企业从供应链的构筑与管理入手，与供应商、销售商、第三方物流企业等相关单位建立战略联盟合作伙伴关系，构筑供应链信息网络平台，实现供应、生产、销售物流的整体网络化、效率化运作

E. 制造企业生产管理信息系统

# 第三节　零售企业现代物流管理信息系统

## 一、零售企业现代物流管理信息系统概述

零售企业物流主要是指零售企业内部的物资流动，即从商品购进到销售的物流过程，包

括商品的入库、分类、加工、储存、配送，以及伴随这些物流活动而产生的现代物流信息的收集、处理和利用过程。连锁零售企业以商品配送中心为现代物流系统的核心组成商场现代物流系统，非连锁零售企业以自身的仓库和门店为中心组成商场的现代物流系统。

图 6-16 所示为零售企业物流管理信息系统结构。

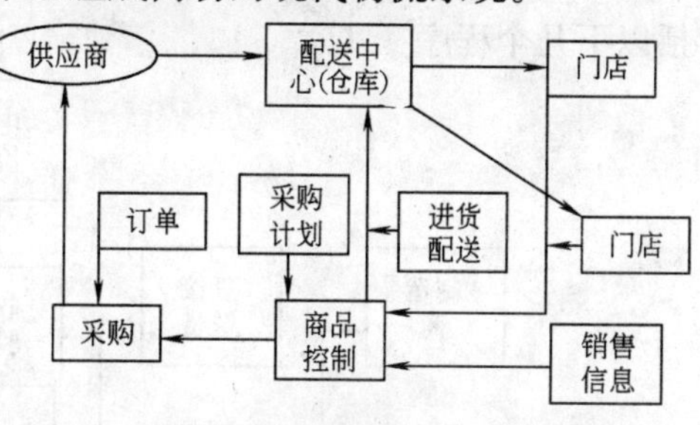


图 6-16　零售企业物流管理信息系统结构

零售企业物流系统通常有以下五个方面的功能：

1. 制订商品采购计划

通常由配送中心或物流管理部门制订商品采购计划，由采购部门完成商品的采购任务。

2. 进货验收

对于采购部门采购回来的商品，在入库储存或加工前必须对商品数量、质量进行验收，以保证商品的规格、数量、质量满足供货合同的规定。

3. 储存和加工

配送中心或仓库对验收合格的商品进行分类、分拣、编码，并按商品的种类和存储条件进行存储。

4. 配送

配送中心或仓库根据门店的要货单配备商品，并及时送到销售门店。

5. 现代物流信息处理

销售、储存、配送、采购各个环节都伴随着现代物流信息的发生、处理和应用。为了更好地组织货源，保证销售需要，同时降低成本，需要及时地汇总销售情况，随时掌握库存数量，了解市场价格和供求情况，零售企业广泛地采用了销售时点管理系统（POS）、电子订货系统（EOS）、电子数据交换（EDI）、商业管理信息系统（MIS）等现代物流管理信息系统进行现代物流信息的处理。

## 二、零售企业现代物流管理信息系统的特点

1. 通过配送中心提高现代物流效率，实现现代物流信息处理效率化

大多数零售企业都建有配送中心，通过配送中心集中处理所辖区内各店铺的订货，并为各店铺提出的多品种、少量、多频度、小单位的要求实行集中或共同配送，来推进现代物流效率；可以具体确定各店铺进货时间，提高物流作业计划性及节省物流成本，从而实现现代物流信息处理高效化。

2. 实现商品配送的计划化与集约化

在零售企业物流管理信息系统中导入条形码标签、账单和物流手续的标准化，实现配送中心与店铺作业的合理化及省力化，大力推动分拣、检查业务过程的自动化与机械化设施的使用，加上信息管理系统的网络化，可以实现计划性发货，与现代物流系统紧密结合起来，实现配送的计划化与集约化。

## 三、零售企业现代物流管理信息系统的主要功能模块

零售企业物流管理信息系统构建的目的是支持零售企业快速响应商业环境的变化和业务的需要，提高客户服务水平，降低物流成本，增加经营利润，提高数据的集成性和一致性，从而使零售企业更具有竞争力。其主要功能模块包括支持供应业务、需求业务、管理业务、

经营业务的应用程序和支持店铺经理工作的平台。

1. 供应业务模块

如图6-17所示，供应业务和支持供应业务的应用程序主要是控制进入店铺的物流，包括以下几个程序：

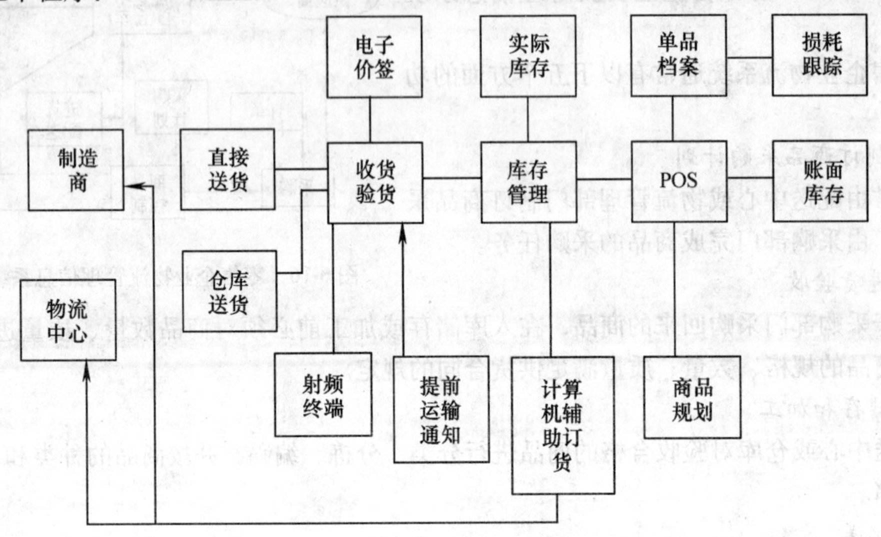


图6-17 供应业务模块结构

（1）收货验货程序 这一程序是为了提高店铺收货验货的效率，包括以下功能：

1）电子价签程序：跟踪单品价格，并打印标签（如果商品包装印有零售价格，则不必打印价签）。

2）无线射频扫描：这是店铺自动化的收货验货方法，用无线射频终端扫描商品上的条形码，然后与电子方式传来的运输通知单据进行核对。

3）提前运输通知：可以加速商品上货架的速度。在商品运送到店铺前就以电子方式发出提前运输通知，使员工事先准备好货架标签和相应的标志，也为销售人员提供准备及时的收货商品信息，进而提高店铺的信誉和店铺同顾客的关系。

4）直接店铺送货：让制造商直接将商品送到店铺。

（2）库存管理应用程序 这是用于支持自动补货时确定订货量的应用程序，对进货商品、商品损耗限度和库存水平等进行严格的控制，包括以下功能：

1）计算机辅助订货系统：生成的订单可直接发给制造商或配送中心。

2）单品档案：主要为保证POS机内的价格、货架价签和公司的价格一致。

3）损耗跟踪：可处理因系统错误（如单品价格错误）或食品过期而引起的商品损耗，以及员工或顾客造成的损失。

4）账面库存：通过POS机扫描提供关于目前库存状况的数据。

5）实际库存：用于定期检查商品数量以保证实际库存与账面库存相符。

6）商品规划应用程序：综合反映特定食品店铺销售状况的POS数据，并集成关于特定食品及为准备这些食品所需材料的数据进行食品加工的规划，以保证顾客采购这些食品时有现货并且是新鲜的。

2. 需求业务模块

零售企业期望能为顾客提供增值服务，使他们愿意在商店购物，同时也希望了解每个顾客的类型和采购行为。需求业务模块就是使零售企业能够向顾客提供服务并能很好地了解顾客的需求。具体包括以下内容：

（1）POS 系统　用于跟踪顾客采购数据，包括采购商品的种类、数量和采购时间。

（2）POS 扫描　能够记录单品信息，使变价更为灵活，提供有效数据给店铺经理与总部营销部门以了解顾客的需求和所期望的商品。销售量很大的地方可以使用触摸屏来代替缓慢的键盘输入。

（3）快报系统　用来提供 POS 数据、当前库存及异常情况报告，从而保证了总部、地区与店铺间信息的一致性；能方便查看公司层的数据，可以辅助总部和现场管理人员调整销售。

（4）店内布局系统　总部的营销部门可以确定各店铺的店内商品布局，店铺经理可据此安排商品的货位。

（5）数据自动收集系统　可以使得数据处理工作在店铺以外的地方（如总部或地区）来处理，而店铺只完成数据收集工作。这样一来，顾客在店铺结账更为迅速，降低了顾客因失去耐心而放弃交易的可能，同时也提高了顾客服务水平。包括以下内容：

1）支票确认：如使用顾客服务卡、会员优惠卡或储值卡等。

2）信用卡的使用可简化采购的电子支付。

3）电子福利转账。

3. 管理业务模块

管理业务模块是人力资源管理部分，主要包括以下内容：

（1）考勤报告　收集各店员工考勤数据并通过电子邮件发给总部或供店铺经理使用。

（2）人员调度　集成员工个人能力、特定工种所需要的技能及特定工作需要人力的时间等数据，完成每个员工的优化调度。

（3）招聘和培训　提供了对员工招聘、面试和培训的正规、自动化的支持。

（4）电子邮件　使总部管理层和店铺管理层间可以进行电子通信。

4. 经营业务模块

经营业务模块结构如图 6-18 所示，它是支持店铺经营的业务。经营业务程序包括以下方面：

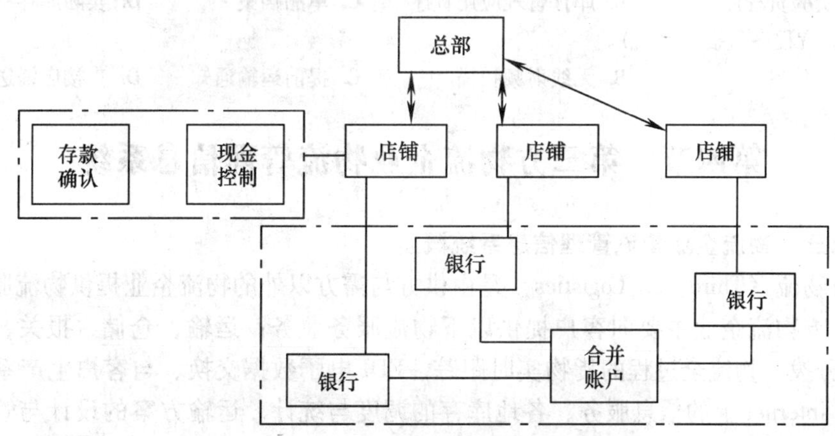


图 6-18　经营业务模块结构

（1）店铺轮询　支持各店铺向总部传送数据。

（2）现金管理　支持店铺的现金管理，并合并现金管理数据，通过店铺轮询将这些数据发送给总部以生成财务报表，包括现金控制、存款确认和合并账户。

5. 店铺经理工作平台

需求、供应、管理与经营业务应用程序为店铺经理工作平台提供了数据支持，使得店铺经理能够快速响应环境变化和业务需要，提高顾客服务水平，降低成本，增加利润，并能提高数据的集成度和一致性；还可以提供销售结果、顾客满意商品分析、商品供求情况、本月利润、本月人员工资预算、现在人员出勤情况、员工过生日情况、下月规划预算及人员调度安排、店铺布局调整等。

训练与提高

**一、判断题**

1. 配送中心或仓库根据门店的要货单配备商品，并及时送到销售门店。（　　）

2. 直接店铺送货就是让制造商直接将商品送到店铺。（　　）

3. 提前及运输通知不可以加速商品上货架的速度。（　　）

**二、填空题**

1. 零售企业物流管理信息系统的主要功能模块包括：＿＿＿＿＿、＿＿＿＿＿、＿＿＿＿＿、经营业务的应用程序和支持店铺经理工作的平台。

2. 管理业务模块包括：＿＿＿＿＿、＿＿＿＿＿、＿＿＿＿＿。

3. 经营业务模块包括：＿＿＿＿＿、＿＿＿＿＿。

**三、选择题**

1. POS 系统包括（　　）。

A. 采购商品的种类　　B. 采购商品的数量　　C. 采购时间　　D. 采购方式

2. 供应业务模块包括（　　）。

A. 收货验货程序　　B. 库存管理应用程序　　C. 单品档案　　D. 实际库存

3. 收货验货程序包括（　　）。

A. 电子价签　　B. 无线射频扫描　　C. 提前运输通知　　D. 直接店铺送货

## 第四节　第三方物流企业物流管理信息系统

### 一、第三方物流企业物流管理信息系统概述

第三方物流（Third-Part Logistics）是由供方与需方以外的物流企业提供物流服务的业务模式。第三方物流企业主要向客户提供以下物流服务业务：运输、仓储、报关、配送、包装、整合/分拨、物流全过程的货物实时跟踪、EDI 电子数据交换、与客户生产系统之间的信息交换、Internet 上的信息服务、各地库存的调度与统计、运输方案的设计与管理、全球供应链的策划与管理、营销分析、环境信息搜集与分析等。

第三方物流企业物流管理信息系统是第三方物流企业利用自己的品牌和网络优势，将传统的运输和仓储等业务通过系统工程和信息技术整合到自己的品牌之下，可以向客户提供优质高效的综合物流服务、基于 Internet 下的现代物流信息网络。

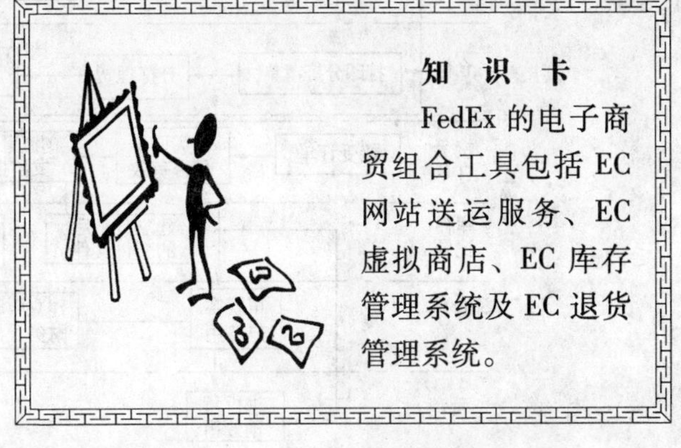

**知 识 卡**

FedEx 的电子商贸组合工具包括 EC 网站送运服务、EC 虚拟商店、EC 库存管理系统及 EC 退货管理系统。

## 二、第三方物流企业物流管理信息系统的特点

为了便于提高现代物流活动的响应速度，第三方物流企业使用现代物流管理信息系统，可以自动跟踪发货、装箱、运输、仓储、进出口报关、各种单证和货运提单的制作与发放，直至集装箱的交接等与货运代理和现代物流有关的各项业务。过去需要几个小时，甚至几天的现代物流业务，现在只需要几分钟就可以解决了，而且效果和效率令人满意。

为了便于提高现代物流经营管理的清晰度，现代物流管理信息系统可以实现高度自动化操作，可以实现第三方物流企业与客户以及有关部门的零时间和零距离的信息交流，现代物流经营管理透明度可以达到前所未有的高清晰程度。例如，第三方物流企业可以同时跟踪和即时处理大量的现代物流业务，效率在大幅度提高，一旦货运开始启动，通过现代物流管理信息系统可以及时更新现代物流动态，详细报告物流中每一件货物的详细资料，同时为客户随时和随需提供各种有关现代物流信息，增加了客户满意率。

## 三、第三方物流企业物流管理信息系统的主要功能模块

第三方物流企业物流管理信息系统的主要功能模块包括订单业务处理流程分析模块、运输管理业务流程分析模块、仓库管理信息系统模块、货运代理模块、报关报检管理模块、条形码系统模块、EDI 模块、GPS/GIS 模块、呼叫中心（语音电话）服务模块、电子商务与服务模块、成本控制模块、财务系统模块、客户关系管理模块及综合数据管理模块，如图 6-19 所示。

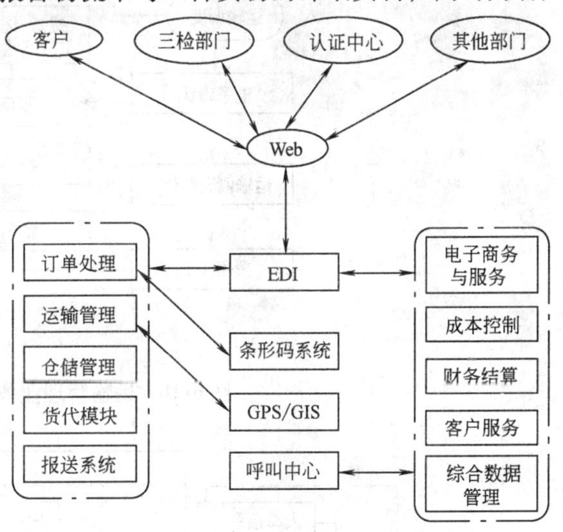


图 6-19　第三方物流企业物流管理信息系统的主要功能模块

### 1. 订单业务处理流程分析模块

负责处理第三方物流企业接到客户订单后的业务工作，如图 6-20 所示。

### 2. 运输管理业务流程分析模块

负责处理车队运输管理方面的业务工作，如图 6-21 所示。

### 3. 仓库管理信息系统模块

负责处理仓库管理信息业务工作，如图 6-22 所示。

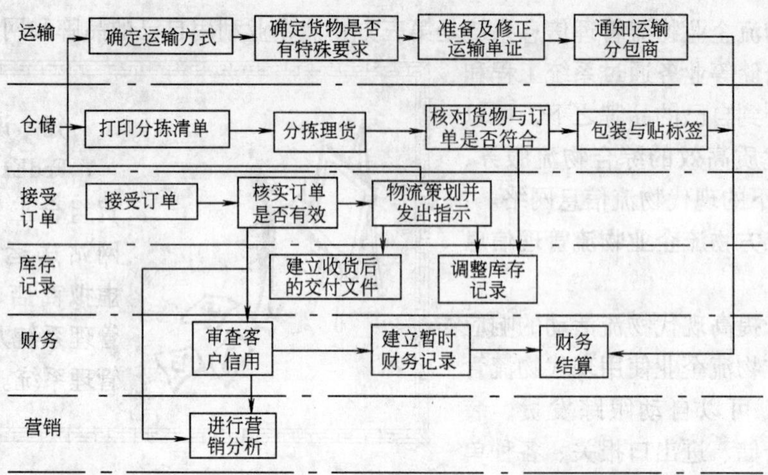


图 6-20 订单业务处理流程分析模块结构

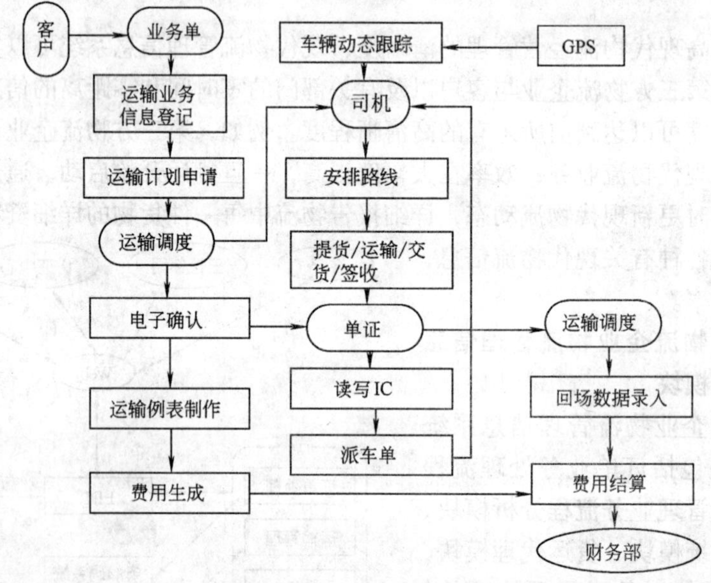


图 6-21 运输管理业务流程分析模块结构

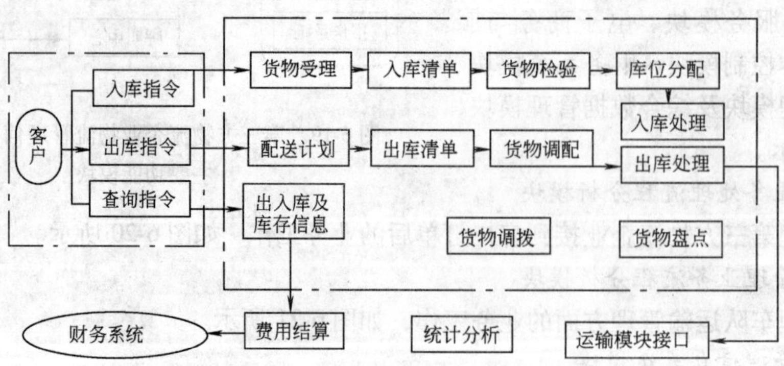


图 6-22 仓库管理信息系统模块结构

4. 货运代理模块

负责处理第三方物流企业与所有海运、空运、铁路业务往来及物流运作业务的配合工作。

5. 报关报检管理模块

负责报关报检信息管理、预录入单管理及业务流程管理等工作，如图 6-23 所示。

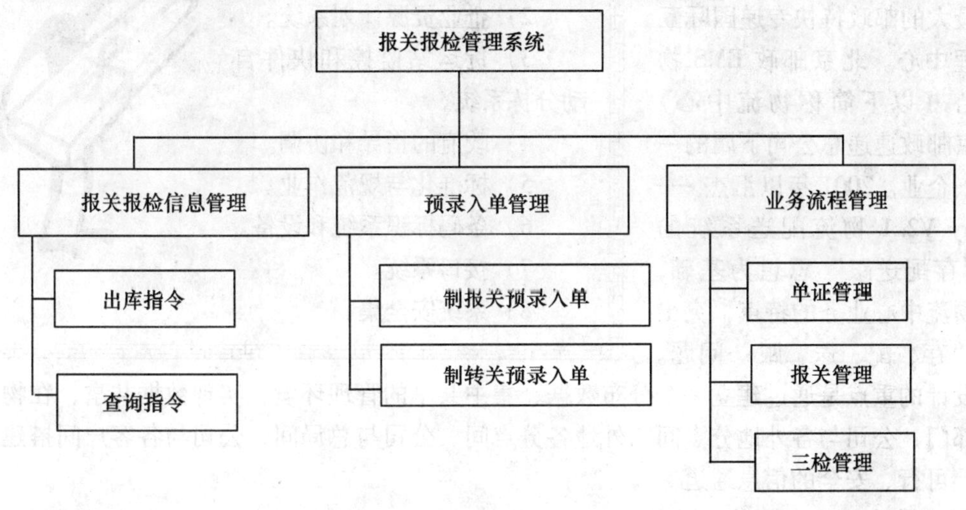


图 6-23 报关报检管理模块结构

6. 条形码系统模块

负责分拣及记录货物，以及对运输车辆的动态管理工作。

7. EDI 模块

负责处理第三方物流企业与生产企业、海关等拥有独立应用系统的企业间进行信息共享资源处理的业务工作。

8. GPS/GIS 模块

通过全球卫星定位系统对运输车辆进行定位管理、数据同步传输、指令下达、图形化显示运输车辆动态等。

9. 呼叫中心（语音电话）服务模块

包括客户货物状态电话查询和在外工作人员的信息查询。

10. 电子商务与服务模块

基于 Internet 提供在线订舱、运价查询、货物跟踪、船期公布、货盘信息发布等服务。

11. 成本控制模块

对系统内部单位的成本情况进行计算、分析、比较，形成对比分析报告，同时对物流的各项成本进行控制。

12. 财务系统模块

管理物流业务中和费用相关的各种数据，建立物流系统和专业财务系统的数据接口。

13. 客户关系管理模块

包括客户服务功能模块及客户关系管理功能模块。

## 四、案例：北京邮政EMS现代物流信息系统

1. 公司简介

北京市邮政速递总公司（北京EMS）是经国家批准经营邮政速递业务的国有企业，也是国内最大的邮政特快专递国际互换处理中心。北京邮政EMS物流中心（以下简称物流中心）是北京邮政速递总公司下属的一家新兴企业。2001年以汇杰e—delivery V2.1物流配送系统的“进销存配送跟”思想为基础，针对物流中心业务的特点，突出解决“存、配、送、跟”问题。系统设计的重点是通过建立一个分布数据、集中共享的管理环境，实现数据共享，在物流中心各部门、公司与各外地分点间、外地各分点间、公司与总局间、公司与各客户间搭建一个高效、可行、安全的信息通道。

**资 料 库**

航空货运信息系统功能

1）供应链管理信息系统。

2）企业资源计划系统。

3）货运站监控和快件自动分拣系统。

4）政府的指导和协调。

5）标准化与规范作业。

6）条码标识系统和设备。

7）接口系统。

8）系统安全集。

2. 物质基础要素

物流中心现有员工200多人，设有综合办公室、车队、一个分拣中心（负责邮件中转）、八个外地分点（负责北京市邮件的揽收与投递）、客户服务中心、仓储、业务、财务等部门。公司仅仅特快专递就可达10万件/月，2000年在北京市内的分点达100多个，是一个典型的集仓储、物流、配送为一体的第三方物流企业。

3. 系统功能范围

主要经营特快专递、同城速递、普通邮件、代收货款、国内长途货运、电子商务递送等业务，业务活动涉及客户、电子商务网站、供应商、邮政投递网、综合计算机网和185特服台等多方面实体。

4. 系统信息流程

（1）订单信息流程　订单信息流程是整个系统信息流的开始，根据订单信息生成投递配送单。

（2）仓储信息流程　仓库根据投递配送单进行加工、包装、出库并最终形成邮件信息；进行日常的进出库与盘点操作，记录相关库存信息。

（3）分拣配送信息流程　在分拣中心（或其他分点），根据邮件信息及其他揽收或投递邮件（如分点的一些揽收业务）信息一起，生成邮件进口清单；进行邮件分拣工作，核对分拣结果，生成平衡合拢表；根据各物品目的地信息生成路单、封发清单。

在各分点，将自己的部分投递业务与分拣中心封发过来的邮件一起进行接收进口，生成进口清单；进行运输决策，将各邮件分到该分点所属各道段、中心（或其他分点）转投等；核对进出口邮件信息，生成相应业务交接清单和封发清单；投递员根据相应的邮件和业务交接清单进行实际邮件投递；投递完毕，生成投递信息，包括妥投、拒收、自取及再投邮件信息、结算信息；生成总交款单并传至公司财务；公司财务对各分点实际的揽收、投递信息进

行收据控制和投递回勾并检查货款；公司财务部对各种投递单据、收据、发票进行管理。

5. 系统主要功能模块的职能管理信息需求

系统职能管理信息需求有订单管理、仓储管理、分拣配送管理、分点管理、业务监控管理、财务管理、信息管理等，内容见表6-1。

表6-1　北京邮政现代物流系统主要功能模块的职能管理信息需求

| 职　能 | 功能需求 | 决策需求 | 信息需求 |
|---|---|---|---|
| 订单管理 | 订单的接收、分拣、出口、合拢、客户信息反馈等，并将订单的投递信息反馈给客户 | 订单合并决策 | 185、电话、传真等各种来源的订单 |
| 仓储管理 | 仓库的设定、库存档案的建立、购入、借入、退库、售出、借出、盘盈、盘亏及借入借出结算、接收提货要求并进行简单包装加工等，并提供库存列表、流水分析、汇总分析（包括期初、期间、期末等）、供应商货物销售情况反馈等 | 物品出库规则、补货规则、最低库存量、安全库存量、最高库存量、订货策略等 | 入/出库信息、库存信息、投递配送单等 |
| 分拣配送管理 | 分拣中心管理实现分拣中心内部的邮件进出管理，主要包括中心自己揽收的邮件、分点转投邮件和各种退件的进口、出口、合拢，以及中心自己的监控、反馈等 | 根据邮件目的地和运输情况、网络路径选择最佳的运输路线和投递点 | 邮件信息、其他揽收或投递邮件信息 |
| 分点管理 | 分点管理除管理各分点邮件的进口、出口及合拢外，还实现邮件最终投递到户及与之发生的交款、交费、投递监控及信息反馈等 | | 路单、封发清单、投递业务信息、运输及网络信息、业务交接清单和封发清单 |
| 业务监控管理 | 主要包括对所发生业务进行建档、对各分点各种业务的投递情况进行回勾，并向客户进行信息反馈。生成揽收日报、投递日报、各分户账、公司整体运作监控等 | | 订单信息、投递信息等 |
| 财务管理 | 提供财务决策的相关数据。主要建立应收、实收账款的数据，并以对应收与实收进行核对。收据管理：建立员工揽收工作量、投递工作量、取件工作量的绩效与提成分析；与客户对账及结算等 | 物流成本分析及优化决策 | 订单信息、货款结算、资费结算和投递结算信息等 |
| 信息管理 | 为系统管理人员和公司领导提供相关系统运行信息和统计分析信息；远程客户的下单与查单；对公司人事、库存、销售情况进行信息发布，以供公司相关人员进行远程查询 | 通过图表等形式向企业领导提供公司揽收与投递的横向与纵向分析 | |

6. 计算模式

系统的计算模式是综合使用各种软硬件系统的一种应用结构和计算模式。物流中心系统采用以下两种模式来实现异地分布数据集中统一管理：主体使用基于数据库系统的C/S计算模式；客户访问部分是基于数据库系统的B/S计算模式。

（1）基于数据库系统的C/S计算模式　如图6-24所示，数据库服务器是数据库存储中心，开发的应用系统可供局域网用户使用，通过局域网快速调用数据库服务器中的数据，不存储在桌面数据库中。远程客户端用户使用开发的应用系统（如分点则采用数据交换模块），向中心数据服务器上传所有的生产数据来保证数据集中。当需要共享信息时，又通过相应模块（如分点采用数据交换模块）及通信网络调用数据库服务器的数据。异地数据可存储在本地桌面数据库系统中，以便进行内部分析、处理。

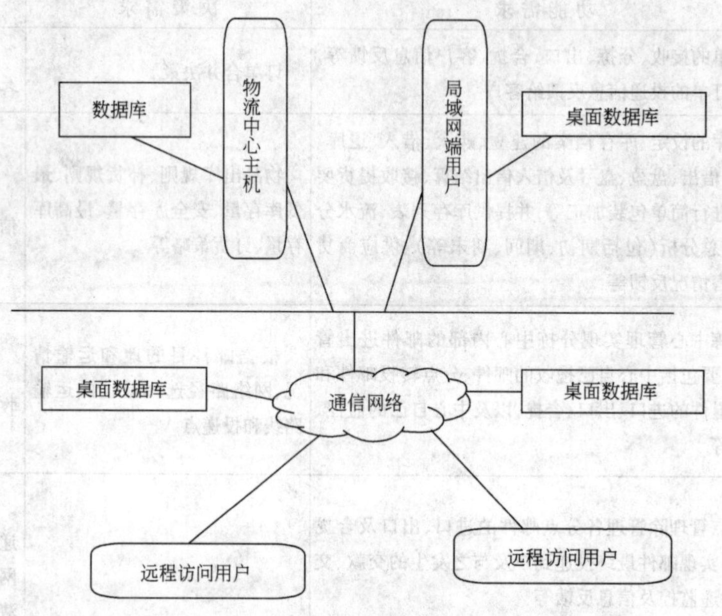


图 6-24　基于数据库系统的 C/S 计算模式

（2）基于数据库系统的 B/S 计算模式　客户主要使用该模块来进行网上下单、网上查单。客户通过互联网访问公司数据库系统，并查询自己的订单配送情况。这部分数据与业务系统的数据可以相互共享。

7. 网络结构

物流中心网络体系包括两部分：物流中心内部不同作业点间实现局域网连接、外分点同物流中心实现广域网络连接。

（1）网络中心　以物流中心内部局域网为网络中心，既实现了集中管理，又利用了现有的网络布线。

（2）层次结构　根据现有规模，使用以公司局域网为中心的两层结构，这样网络开销小、稳定可靠、信息传输量小、实现方便、便于扩充，但对各分点通信能力、服务器处理能力、安全管理能力要求较高；由于分点分散、数量易变、位置易变等原因，外地分点与中心通过拨号进行数据交换；客户通过 Internet 与系统相连，物流中心邮件数据由总局分运科传给交付邮政网；选择 Unisys 2043 作为数据库服务器能满足公司今后发展的需要。

（3）安全性　营造一个从逻辑链路级到应用平台级的安全体系来实现对非法用户的访问控制及数据传输的安全保障。系统网络结构如图 6-25 所示。

8. 系统特点

1）以 B/S 与 C/S 混用的综合架构实现了企业级分布数据的集中管理。

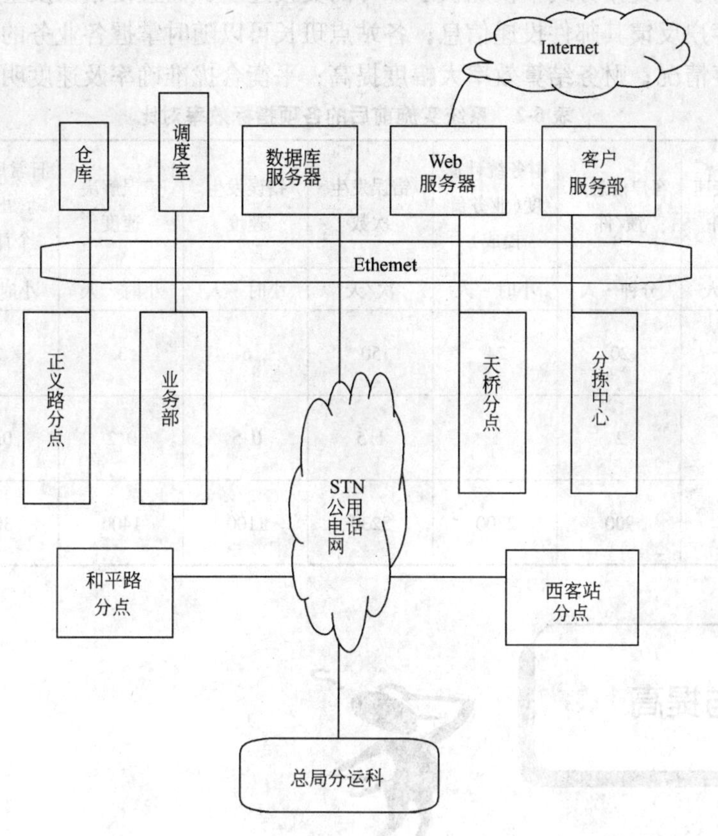


图 6-25　系统网络结构

2）各模块功能独立，组织灵活。

3）系统采用了系统级、数据库级、应用级三级权限，满足了安全性、责任明确性要求。

4）条码扫描技术的应用。

5）完善、灵活的查询和统计。

6）界面样式及操作方式通用一致、易学易用。

7）在现有资源的利用、设备选型、网络架构、软件选择等方面充分考虑了经济可行性。

8）满足经济性的同时，在软件设计、实现等方面尽量结合物流中心现场情况做到实用性强。

9）系统在网络架构、数据库选择等方面具有很强的扩展性。

10）普遍性与特殊性结合：在符合邮政传统应用的同时又充分满足了物流中心作为一相对独立企业的灵活性需求。

**9. 实施效益**

系统自 2001 年 7 月份全面实施以来，取得了显著的经济与社会效益：改善了企业内部经营，降低了运作成本，提高了工作效率，具体见表 6-2。

改变邮件的手工交接方式不仅加快了邮件的交接速度，而且使错误发生率明显降低；中心可以及时向客户反馈其邮件投递信息；各站点班长可以随时掌握各业务的进口、出口、投递、退转、留存情况；财务结算效率大幅度提高；平衡合拢准确率及速度明显提升等。

**表 6-2　系统实施前后的各项指标效率对比**

| | 邮件交接速度/万件 | 客户信息反馈/件 | 财务统计速度（业务员提成） | 错误发生次数 | 错误发生速度 | 错误解决速度 | 日常库存活动（出库 10 个订单） | 客户结算速度（客户对账单） |
|---|---|---|---|---|---|---|---|---|
| 对比单位 | 小时·人 | 分钟·人 | 小时·人 | 次/天 | 小时·人 | 小时·人 | 小时·人 | 小时·人 |
| 系统实施前 | 7.5 | 20 | 24 | 50 | 6 | 3 | 2 | 16 |
| 系统实施后 | 2.0 | 2 | 1 | 1.5 | 0.5 | 0.2 | 0.5 | 1 |
| 提高率（%） | 275 | 900 | 2300 | 3230 | 1100 | 1400 | 300 | 1500 |

## 训练与提高

**一、判断题**

1. 第三方物流是由供方与需方以外的物流企业提供物流服务的业务模式。（　　）
2. 订单信息流程属于系统信息流程。（　　）
3. 系统的计算模式是综合使用各种软件系统的一种应用结构和计算模式。（　　）

**二、填空题**

1. 系统职能管理信息需求有________、________、________、________、________、________、________。
2. 客户主要使用 B/S 模式进行________、________。
3. 物流中心网络体系包括两部分，即________、________。

**三、选择题**

1. 系统信息流程包括（　　）。
   A. 订单信息流程　　B. 仓储信息流程
   C. 分拣配送信息流程　　D. 信息服务流程
2. 客户关系管理模块包括（　　）。
   A. 客户服务功能模块　　B. 客户关系管理功能模块
   C. 财务系统模块　　D. 成本控制模块
3. 下面属于第三方物流企业物流管理信息系统的主要功能模块是（　　）。
   A. 运输管理业务流程分析模块　　B. 仓库管理信息系统模块
   C. 货运代理模块　　D. 报关报检管理模块

## 本 章 小 结

- 现代物流管理信息系统的结构从功能上划分现代物流业务管理系统、质量管理系统和电子商务平台
- 现代物流业务管理系统包括报关管理系统、运输管理系统、仓储管理系统、流通加工管理系统、国际货运代理系统、费用管理系统、决策支持系统和销售管理系统共八个子系统；质量管理系统一般采用ISO质量管理标准对企业各项业务进行质量管理，包括评审管理、质量管理、文件管理及考核管理几部分；电子商务平台主要面向社会大众和公司客户，提供完备的网上交易、网上查询和客户服务功能
- 现代物流管理信息系统主要有制造企业物流管理信息系统、零售企业物流管理信息系统、第三方物流企业物流管理信息系统

# 第七章　现代物流信息系统的常用硬件及软件

**本章知识要点**

- 现代物流信息系统常用硬件及软件种类
- 现代物流信息系统常用硬件及软件配置方案
- 三种计算机平台模式的不同之处

**【案例】**

**美国联合包裹服务公司（UPS）花巨资打造现代物流信息系统**

美国联合包裹服务公司是世界上最大的快递和包裹运送公司，是全美十大航空公司之一，也是美国经济的支柱企业。UPS公司总部设在美国亚特兰大，其业务网点遍及世界200多个国家和地区，2000年营业收入为298亿美元。到2003年年底，UPS公司拥有超过15万辆运输车的地面运输能力，每天为全球超过700万的用户运送近1 360万份的包裹和文件。据2003年4月28日UPS网站上的信息，仅仅2003年第一季度，国际包裹运送业务的营业额同比增长23.5%，达到13亿美元；营业赢利增加到300%以上，总额为1.34亿美元；每天平均出口业务的增长率超过市场平均值，总体增长幅度为10.3%，其中亚洲的增长率为16%，欧洲的增长率是11%。

从1907年到现在，UPS经历了从信使服务、零售服务、普通承运人服务、公共承运人服务，到综合物流、信息流与资金流服务的发展过程；物流对象从包裹、便条、行李、餐馆的食物、百货到提供信息服务；服务工具从步行、自行车、摩托车、汽车、飞机发展到互联网；服务范围从城市服务、州际服务发展到国际服务。在这个发展的过程中，随着信息技术的发展，其应用从无到有，对UPS的发展起到了巨大的作用。

1986年以前，UPS公司并不依赖IT来推动其配送业务。20世纪80年代，UPS公司以其大型的棕色货车车队和及时的递送服务，控制了路面和陆路的包裹速递市场。从1986年到1991年，UPS公司花费47亿美元用于技术改进。到1991年，UPS公司的通信网络已连接了6台大型计算机、250台小型计算机、4万台个人电脑，以及全世界1 300个配送点间的75 000个手提电脑。到1993年，公司创建了一个全国无线通信网络，使用了55个蜂窝状载波电话。1994年，www.ups.com问世，当时UPS公司的信息技术配备情况如下：

首席信息总监：Ken Lacy；技术工作人员：4 700人；数据中心：新泽西州莫澳和乔治亚州亚特兰大。

计算机配置情况：大型机为14台；大型机容量（每秒百万条指令，MIPS）为23 670；大存储型机与UNIX存储器的字节数（直接存取存储器设备，DASD）为470；中型机为

2 820台；PC 为 120 000 台；服务器为 6 100 台；DIAD 为每日使用 70 000 次。

UPS 公司的网络使用情况：UPS 的全球电信网络站点为 2 445 个；通过蜂窝通信传输的追踪数据包为每天 40 万个；通过移动无线电设备传输的追踪数据包为每天 330 万个。

到 2001 年，UPS 的网站被列为世界五大企业间商务网站之一。目前 UPS 网站已采用 16 种语言提供服务，让客户完成以下工作：

1）别创建货件：通过自己的计算机就能完成。

2）估计时间：查找 200 多个国家或地区可用 UPS 服务的门到门递送时间和日期。

3）估计成本：比较使用各种 UPS 服务将货件发送到全世界各个目的地的费率。

4）安排 UPS 提取货件的时间。

5）查找投递地点：查找能够投递 UPS 包裹的方便地点。

6）预订物料：预订准备用 UPS 运输包裹所需要的物料。

7）包裹追踪：通过包裹追踪编码追踪包裹。

8）递送签收。

9）选择一种寄件、收件服务，选择货件付款方式。

10）查找费率和递送时间：计算递送时间、估算费用、额外费用、燃料额外费用等。

11）包裹准备的信息服务：指导、包装材料、物料、凭证和标签、重量和尺寸。

12）检查货件状态。

13）客户服务：运输、包裹追踪、注册、“我的 UPS”、硬件和软件、支持、条款和条件、常见问题解答等。

在接下来的 10 年间，公司在技术上投资 110 亿美元聘用了 4 000 名程序工程师及技术人员，并实现了与 99% 的美国公司间的电子联系，实现了对每件货物当前运输状况的掌握。2000 年到 2002 年，公司推出了供应链解决方案业务，为客户提供物流、全球货运、金融服务、邮件服务和咨询，以提高客户的业务表现并改进客户的全球供应链。

UPS 网站平均每天使用情况如下：

每个工作日：点击数 11 500 万次；2003 年高峰日：每个工作日 20 900 万次；包裹追踪请求：每个工作日 910 万次；2003 年高峰日：每个工作日 1 250 万次。

## 案例分析

现代物流信息系统常用硬件及软件的正确选择对构筑现代物流信息系统十分重要，美国联合包裹服务公司（UPS）连续多年花巨资打造现代物流信息系统便是一个极好的实例。不过，在实施时应考虑如何组合相关硬件与软件，才能既符合现代物流企业现在的需求，又能满足未来发展的需要。

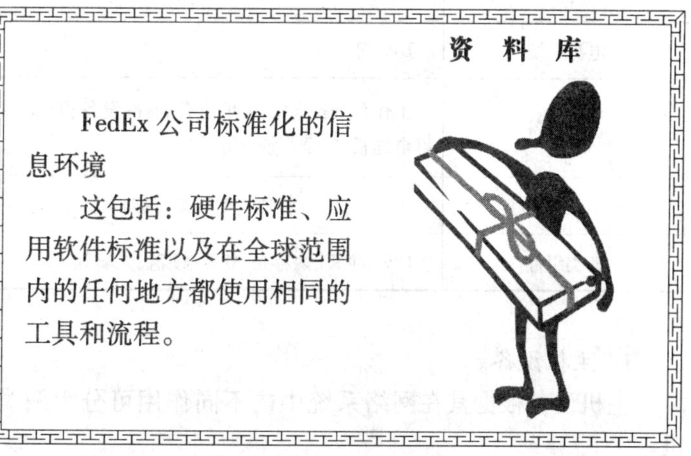

**资 料 库**

FedEx 公司标准化的信息环境

这包括：硬件标准、应用软件标准以及在全球范围内的任何地方都使用相同的工具和流程。

# 第一节　现代物流信息系统的常用硬件

近年来，计算机软硬件技术飞速发展，市场上产品种类繁多，各具特色。怎样考虑组织需求，有效、灵活、经济地利用现有计算机软硬件产品、网络通信产品和各种先进技术，使它们能够协调、高效地工作，组成既符合物流企业现实需求，又能满足未来发展的现代物流信息系统软硬件平台，已是十分突出的问题。

**知识卡**

应用于物流企业的无线移动技术：掌上电脑、GPRS、EDGE、UMTS 蓝牙、区域无线网等。

## 一、现代物流信息系统的硬件种类

用于组成现代物流信息系统的常用硬件主要包括以下几类：主机设备、存储设备、输入输出设备（I/O 设备）、网络通信设备、办公自动化设备、多媒体设备、电源系统、机房设备、诊断维修设备等，具体见表 7-1。

**表 7-1　现代物流信息系统的常用硬件**

| 设备类型 | 具体设备 |
| --- | --- |
| 主机设备 | 小型机服务器、PC 机服务器、工作站、客户机等 |
| 存储设备 | 大容量单磁盘系统、磁盘陈列（RAID）、磁带机、光盘机（库）、可读写光盘等 |
| 输入输出设备（I/O 设备） | 终端、显示器、打印机、扫描仪、绘图仪、特种键盘、IC 卡读写器、条形码阅读器、数字式照相机、数字化仪、投影仪、分屏器、各种声光传感器等 |
| 网络通信设备 | 调制解调器、网卡、多用户卡、终端服务器、交换机、集线器、路由器、线缆系统等 |
| 办公自动化设备 | 复印机、碎纸机、干燥设备等 |
| 多媒体设备 | 触摸屏、图像摄取仪、声/视卡、图像处理卡、音箱、功放、传声器、录像机、摄像机、MPEG 解压卡等 |
| 电源系统 | UPS 等 |
| 机房设备 | 工作台/椅、架柜、照明设备、制冷设备、清洁设备、电力系统（电池和发电机）、布线系统、抗静电地板、安全系统、消防系统等 |
| 诊断维修设备 | 手工工具（各种通用专用螺钉旋具、钳子、电烙铁等）、万用表、专用检测设备 |
| 各类组件 | CPU、主板、内存条、软驱、硬盘、光驱等 |

### 1. 主机设备

主机设备根据其在网络系统中的不同作用可分为两类，即服务器类主机和客户机类主机。

服务器类主机主要为网络系统中的其他计算机提供特别服务，如文件/打印服务、应用/数据库服务、通信服务、Intranet/Internet 服务等。对于现代物流管理信息系统，服务器主机一般由小型机、工作站或专用微机服务器来充当，它应该具有高速单个或多个 CPU，大容量快速容错的内存（根据需要可以是 128M、256M 或更多），大容量热交换硬盘或容错磁盘陈列，并可根据需要配备一个或多个高速网络适配器。

客户机类主机主要完成具体的业务应用，并与服务器交换数据，有时也可为网络提供简单服务，因而应根据不同站点的应用来选择机型并进行配置。客户机类主机一般采用微型计算机（如 PC 机等），针对特殊应用也可配置工作站（如 SUN 工作站）。

2. 输入输出设备（I/O 设备）

输入输出设备又称计算机外围设备，在整个现代物流信息系统的硬件设备中占相当大的比重。

打印机是 I/O 设备中使用最多的设备。目前市场上流行的打印机种类很多，从打印输出的颜色上分，有彩色打印机和单色打印机；从打印的工作原理上来分，有针式打印机、喷墨打印机、激光打印机、热蜡打印机、热升华打印机、双模式打印机；从打印机介质的尺寸来分，有 A 尺寸打印机和 B 尺寸打印机；按在网络中的作用分，有网络打印机和个人打印机；按用途分，有通用打印机和专用打印机，如票据打印机就是一种专用打印机。

**知识卡**

前端信息货运站传递系统包括内置红外线摄影机、影像处理器和蓝牙无线收发器的数码笔。

存储设备其实也是一种 I/O 设备，可分为两类：一是系统备份设备，二是主外存设备。常见的系统备份设备有磁带机、可读写光盘、CD-ROM 服务器等；主外存设备是指随时与 CPU 和内存交换数据的外存，如硬盘等。

3. 网络通信设备

网络通信设备有调制解调器、网卡、多用户卡、终端服务器、交换机、集线器、路由器、线缆系统等，它们主要用于计算机之间的物理链路连接。

1）调制解调器已成为 PC 机远程通信的重要方式之一，主要用于计算机间通过普通电话线发送、接收数据，是计算机到电话线的中间件。

2）网卡是插在计算机扩展槽上的一块电路板，它是将各计算机连接成网的接口部件，通过它连接到局域网的计算机能够相互通信，共享局域网中的资源。网卡是局域网中的通信控制器或通信处理器，是组成局域网不可缺少的部件。常用的网卡按所支持的网络系统结构分为：Ethernet 网卡、Arcnet 网卡、Token-Ring 网卡；按与计算机连接的总线形式可分为 ISA 网卡、PCI 网卡、EISA 网卡。在 Ethernet 网卡中，有普通以太网卡和快速以太网卡两种。

3）线缆是一种计算机间的有线传输介质，常见的有同轴电缆、双绞线、光纤。

4）中继器、集线器、交换机、路由器是常用的网络设备。中继器适用于两类完全相同的网络硬件的互联连接，通过它可以对信号进行重复转发，扩大网络传输距离。集线器其实是一个多端口中继器，通过它可以使客户机共享一个带宽，也称共享式集线器。交换机可以通过硬件快速识别一个信息封包从哪里来要到哪里去，并可以在瞬间将封包从一个网段送到另一个网段。路由器用来连接若干个网段或网络，当前主要用于局域网与广域网的接口上，具有优先控制、数据传送选择等特性，因此可以更有效地使用广域网的线路。

4. 不间继电源（UPS）

它的主要功能是当电力中断时，能及时避免系统内部的电力在系统运行中突然停电而造成的不安全性，将系统内部的电力提供给计算机使用，使用户有足够的时间恢复外部电力系统或保存重要数据并正常关机。在现代物流企业的整个物流信息系统中的关键设备，特别是在网络中的服务器、交换机、路由器和处理关键业务的客户机上都应使用 UPS。UPS 根据其型号、种类和所带电池的多少来确定供电时间，多的可以供电几十小时，少的可供电十几分钟。依据供电方式，UPS 可以分为以下两种：

（1）ON—Line　此类 UPS 有滤波及稳压效果，价格高，在电压不稳定的地区宜采用。

（2）Stand—BY　此类 UPS 无滤波及稳压效果，价格低，适宜在电压稳定的地区采用。

UPS 在外部电源断电情况下的使用时间与其功率有关。功率越大，表示其内部的蓄电池容量越大，使用时间越长，价格越高。

## 二、案例：杰合配送管理系统在纯净水配送企业的应用

北京唯真纯净水饮料公司有长期客户近万家、送水站 40 多个，日销水量 3 000 多桶，选用北京杰合伟业软件技术有限公司的配送管理系统——Iulusoft efullfillment 1.5 版本（以下简称 eF1.5）。eF1.5 采用客户关系管理（CRM）、计算机电话集成（CTI）、地理信息系统（GIS）、商业智能化（BI）及 Internet 等多项先进技术，充分体现应时配送的理念。

1. 系统功能（见图 7-1）

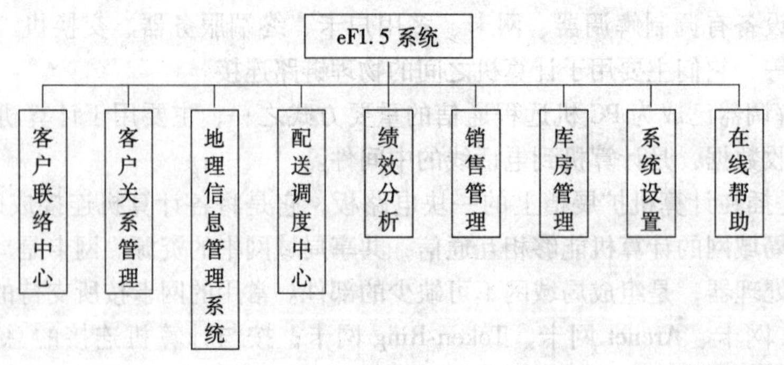


图 7-1　eF1.5 系统的结构

（1）客户联络中心　能快速地确认客户身份和接受客户请求，并通过商业智能主动与

需要服务的客户进行联络。

（2）客户关系管理　实现了对客户资料的全方位、多层次管理。系统通过树形目录，体现客户与分销点的关系，并根据客户的静态资料和服务历史数据，进行日常管理和新业务的开展工作。

（3）地理信息管理系统　通过地理分区和为客户定位，实时反映了客户的地理位置。这是本系统实现优化调度、商业智能和作业监控的基础。

（4）配送调度中心　对系统优化生成的任务进行调度安排，并对整个任务运行过程进行实时跟踪，以提高整个配送过程的服务质量和客户满意度，同时还对企业的运力资源进行管理。

（5）绩效分析　可对企业员工的工作成绩进行考核，并通过对一段时间内企业销售状况的统计、分析，为企业财务核算、安排调整策略提供依据。

（6）销售管理　用于客户主动到公司提货时的商品销售和业务结账的管理。

（7）库房管理　用于管理库房间的货物调拨，可实时查询每个库房及总库房的库存情况，并可按各种条件对出入库进行快速查询。

（8）系统设置　根据用户的实际情况，在系统设置中，对系统操作人员的权限、系统参数和用户参数进行修改和维护。

（9）在线帮助　可以帮助用户迅速了解系统的功能，熟练使用杰合配送管理系统。

2. eF1.5 采用的硬件配置

1）硬件：系统运行的最低配置。

2）处理器：pentium200/pentium266。

3）内存：32MB/64MB。

4）硬盘：1G（硬盘的剩余空间不小于 100MB）。

5）电话：推荐使用具有来电显示功能的电话（如某些地区未开通来电显示功能，将原模拟电话改装成 ISDN）。

6）modem：推荐使用具有语音功能并支持来电显示。

3. eF1.5 采用的操作系统

1）单机、客户机：推荐中文简体 Windows95/98/2000/XP。

2）服务器：推荐中文 Microsoft Windows NT4.0。

## 训练与提高

**一、判断题**

1. 计算机软硬件技术发展缓慢，市场上产品种类单一，没有特色。（　　）
2. 客户关系管理实现了对客户资料的全方位、多层次管理。（　　）
3. ON—Line 此类不间断电源有滤波及稳压效果，价格低，在电压不稳定的地区宜采用。（　　）

**二、填空题**

1. 主机设备可分为两类，即________和________。
2. 储存设备其实也是一种 I/O 设备，可分为两类：一是____________；二是____________。
3. 常用的网络设备有________、________、________、________。

**三、选择题**

1. 常见线缆有（　　）。
   A. 同轴电缆　　B. 双绞线　　C. 光纤　　D. 网线
2. eF1.5 采用的硬件设备配置有（　　）。
   A. 硬件　B. 处理器　C. 内存　D. 硬盘　E. 电话　F. modem

## 第二节　现代物流信息系统的常用软件

### 一、现代物流信息系统的软件种类

适用于现代物流信息系统的软件十分繁杂，常用的软件可分为系统软件、应用软件和开发软件三类。

1. 系统软件

系统软件是指一些系统运行必须的基本软件，如网络操作系统软件、客户机操作系统软件、网络协议软件、网络管理及安全软件、各种驱动程序（有的随操作系统供应）等。有些特殊的服务器软件也可归于此类，如数据库服务软件（即面向客户/服务器模式的数据库管理系统）、Web 服务器软件、文档服务器软件、群集服务器软件等。

资　料　库

FedEx 客户服务信息系统

该系统有两个：一是一系列的自动运送软件，如 Power Ship、DedEx Ship、DedEx inter-net Ship；二是客户服务网上作业系统。

2. 应用软件

应用软件是指针对某种特殊应用的软件，主要是一些客户端软件。它可分为两类：一类是通用应用软件，它是由专业软件公司开发销售的针对某一应用的软件，包括中文平台软件、文字处理软件、表格处理软件、图形图像处理软件、通用 CAD 软件、浏览器、通信软件、文件及磁盘管理软件、防病毒软件等。另外，操作系统也会附带一些有用的应用软件。另一类应用软件是企业为自身需要而开发的业务应用软件，它是现代物流管理信息系统的核心，如财务软件、人事管理软件、仓库管理软件等。

3. 开发软件

开发软件是开发用户应用程序的软件。开发软件在整个现代物流管理信息系统中有十分重要的作用，现代物流管理信息系统的很多重要特性（如灵活性、应变能力等）都取决于开发软件。开发软件也可以分为两类：一是开发工具，主要是集成的开发工具和环境，它提供开发应用程序的编辑、编译、快速开发工具、测试、打包、版本控制、小组开发、文件管理、资源管理等一整套开发环境和管理工具。二是开发资源库，也称应用源，指一些可供开发使用的类库资源、对象资源、函数资源、应用资源等。

4. 案例：中国全程物流网的现代物流信息系统的软件

中国全程物流网是全程物流（深圳）有限公司的网站（http：//www.56888.com）。全程物流公司是对外提供第三方物流服务的物流企业。第三方物流服务包括海陆空铁多式运输、仓储、配送、分拨、转运、受托管理及外包运营等；同时还提供专项物流精选，如芝加哥空运包机、国际快件海关监管业务等。全程物流公司的网站首页包括公司概览、业务平台和物流软件三部分，公司的软件包是系统的技术支撑，包括第三方物流管理系统、仓储管理系统、配送中心管理系统、运输管理系统、全程跟踪服务网、网上营销系统、物流链管理系统、城市配送管理系统等软件。

**二、现代物流管理信息系统的平台模式**

目前可以选择的计算机平台模式有三种，即主机模式（M/T）、文件服务器模式（F/W）和客户/服务器模式（C/S）。

1. 主机模式（M/T）

这一模式基于多用户主机，是一种由主机/终端构成的集中式系统平台，在20世纪60~80年代一直占主导地位，适用于大中型的现代物流管理信息系统。在主机模式系统中，所有程序都在一个主机上运行，所有数据都存储在主机上，用户通过本地或远程终端来访问主机，终端仅仅由屏幕、键盘以及和主机通信的设施组成，本身没有或仅仅有较少处理能力。其优点是安全性和海量数据存储设备的集中管理能力，并能支持大量并发用户；缺点是昂贵的系统采购和维护费用。

2. 文件服务器模式（F/W）

这一模式是为了共享文件以及昂贵的外设（如激光打印机、磁带机等），将PC连接到LAN上，构成由文件服务器/网络工作站组成的分散式网络系统平台，在整个20世纪80年代流行，适用于中小型现代物流管理信息系统。在文件服务器模式系统中，所有应用处理（包括数据处理）都发生在PC工作站一端，文件服务器仅仅负责从硬盘查询所需要的文件并通过网络把它发送给用户的PC机。数据处理通过PC上的DBMS进行，处理完的结果以整个文件的形式再送回文件服务器，由服务器再把文件存储在硬盘上。其缺点是用户所获得的计算能力局限于本地的PC工作站，尤其是当多个用户同时访问一个共享数据文件时，同一个文件不得不反复在网上传送数次，这会导致网络开销增加，并发控制也相当困难。

3. 客户/服务器模式（C/S）

这一模式是可由各种机型组成网的LAN和交换式互联网构成的分布式系统平台，客户程序和服务器程序可以分布于两台机器上协同工作，也可以是在同一台机器上运行的调用和被调用的程序。它从20世纪90年代以来成为主流平台模式，适用于大中小型现代物流管理信息系统。客户/服务器模式系统既可满足用户对本地资源自治的要求，也可满足数据和处理集中管理的需要，将应用资源在客户和服务器之间进行恰到好处的分配。客户通过网络发出服务请求，由最适合完成此项工作的服务器处理客户的请求，并将结果返回到客户。其优点是将应用资源在前端和后端系统间分离，在网络上传送的是请求而不再是整个文件，因此降低了网络上的开销。

三种计算机平台模式比较见表7-2。

表 7-2　三种计算机平台模式比较

| 模式类型 | 主机模式 | 文件服务器模式 | 客户/服务器模式 |
| --- | --- | --- | --- |
| 应用规模 | 大中型 | 中小型 | 大中小型 |
| 投资保护 | 一次投资大,维护及培训费用高,不易升级 | 成本低,同时性能也低 | 系统易于垂直/水平扩展,可以保护现有的和未来的投资 |
| 计算能力 | 主机能力 | 本地工作站能力 | 网上所有计算资源的能力 |
| 网络开销 | 终端 I/O | 文件 I/O | 请求和结果 |
| 分布式计算 | 集中式 | 分散处理 | 分布式 |
| 用户界面 | CUI | CUI/CUI | CUI/OOUI |
| 企业级计算 | 部门级 OLTP | 企业级 DSS | 部门/企业/OLTO、DSS |

## 三、案例：西安利君制药自动化物流中心的软件系统配置

西安利君制药自动化物流中心属于第四代智能物流系统，工程总投资 2 500 万元，占地面积 7 500m$^2$，库存面积 16 000m$^2$，建筑采用国际流行的轻型钢结构，储存容积 9 702m$^3$，储存重量 4 500t，符合《医药商品技术管理规范》及 GSP 要求。

1. 自动化物流中心基本功能

1）实现有形物资自动化入库、出库、盘库、配送和在库管理，具有数据传输、快速查询和库存分析等管理功能。

2）实现原料、在产品和成品的管理。

3）与公司计算机局域网连通，可及时向公司决策层提供供、储、产、销信息，并能方便地监视货物流向。

4）具有严格的先入先出及急用先出功能。

5）具有对设备自动进行故障检测及查询显示功能，能实现远程维护监控。

6）具有相当的前瞻性，能实现今后可能的供应链系统与电子商务系统的连接。

7）由物流系统、输送系统、分拣系统、管理系统及自动控制系统构成。

2. 自动化物流中心的物流数据

共 100 个品种、129 个规格；常年生产的有 72 个品种、87 个规格；一个月中生产 23 个品种、规格；日入库量最多 11 925 箱、最少 5 364 箱，日出库量最多 8 346 箱、最少 413 箱；每箱重 11 ~ 30kg，数量最多的品种每箱 16. 8kg。

3. 自动化物流中心的主要参数

1）库房占地面积：95m × 42m = 23 990m$^2$

2）储存货位总量：5 巷道 9 层 50 列，每巷道 2 排，总货位数为 4 500 个。

3）单元货物尺寸：WLH = 1 100m × 1 400m × 1 400m（含托盘）。

4）单元货物重量：1 000kg（含托盘）。

5）入出库频率：220 托盘/h。

6）单一作业时间：100. 8s。

7）复合作业时间：164. 6s。

8）输送速度：10m/min。

9）分拣速度：110 托盘/h。

4. 自动化物流中心的软件系统（见图 7-2）

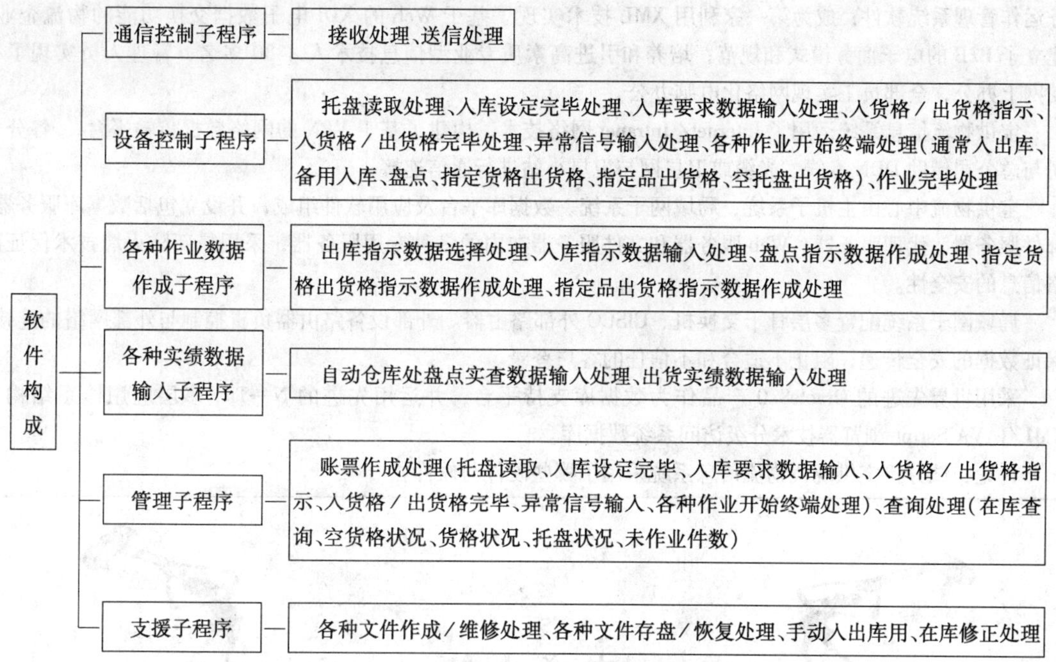


图 7-2 西安利君制药自动化物流中心的软件系统配置

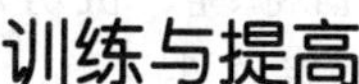

## 训练与提高

**一、判断题**

1. 开发软件是开发用户应用程序的软件。（　　）
2. 应用软件是指针对某种特殊应用的软件，主要是一些客户端软件。（　　）
3. 操作系统不会附带一些有用的应用软件。（　　）

**二、填空题**

目前可以选择的计算机平台模式有三种，即__________、__________、__________。

**三、案例分析**

**宝供现代物流信息系统的硬件与软件集成**

从 1997 年起到 2002 年的 5 年来，宝供物流集团公司总计投入 2 400 多万元进行现代物流信息化的软硬件建设、改造、开发与维护，年平均投资额近 500 万元。

如今，宝供已成功建立了现代物流信息中心、总部局域网和基于 VPN 的全国运作与客户服务网络，拥有 2M 卫星通信设备和线路 1 套，512KDDN 专用通信线路 2 条，高性能服务器和交换机 8 台，便携式电脑 30 部，台式电脑 800 余台，固定资产约 1 000 多万元；成功设计和开发了运输管理系统、仓库管理系统、配送系统、资源分配与调度系统、供应商管理系统、客户管理系统、成本核算系统、人力资源管理系统、合同与档案管理系统以及支持管理决策的查询、统计、分析和报表生成系统等配套现代物流企业管理与业务运作管理系统软件；成为第一家利用 XML 技术实现了基于 Web 的 XDI 电子数据交换功能的物流企业；建立了 B2B 的电子商务模式和规范；培养和引进高素质专业型信息技术人才 30 多名，管理人员实现了移动网上办公，全部员工实现网络化电脑办公。

宝供物流信息系统运用了 Internet/ Intranet 网络技术，构建了基于 VPN 的网络数据传输平台，各分公司与总公司借助 DDN 专线、光缆或卫星网与卫星小站进行通信连接。

宝供物流中心由主机子系统、局域网子系统、数据库平台及应用软件组成，并设立包括数据库服务器、邮件服务器、代理服务器、Web 服务器和文件服务器在内的多种专用服务器，采用最新防火墙技术保证网络信息的安全性。

局域网子系统配置多层骨干交换机、CISCO 外部路由器。外部设备路由器负责控制与外部网络的连接，保证数据的安全传递，阻止不适合和不信任的客户登录。

采用世界先进的 Oracle8.0 产品作为数据库支持平台，并运用先进的 N—Tier 多层应用体系结构和 XML/JAVA Script 浏览器技术分级访问系统数据库。

讨论：试分析宝供现代物流信息系统采用了哪些硬件与软件？

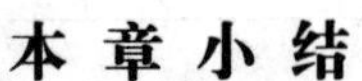

## 本章小结

- 现代物流信息系统常用硬件主要包括主机设备、存储设备、输入输出设备（I/O 设备）、网络通信设备、办公自动化设备、多媒体设备、电源系统、机房设备、诊断维修设备等；常用的软件可分为系统软件、应用软件和开发软件三类
- 计算机平台模式有三种，即主机模式（M/T）、文件服务器模式（F/W）和客户/服务器模式（C/S）

# 第八章　现代物流信息管理系统的解决方案

**本章知识要点**

- 区域性现代物流信息平台解决方案
- 制造企业仓储物流信息化解决方案
- 零售企业物流信息化解决方案
- 第三方物流企业物流信息化解决方案

## 第一节　区域性现代物流信息平台解决方案

### 一、区域性现代物流信息平台的总体规划

1. 定位和目标

以工商企业为主要服务对象，以流通为中心的多功能、跨部门、多用途、权威性的现代物流信息交换中心，成为涵盖指定区域、连通国内、兼容国际的知名现代物流信息平台。

2. 结构和功能

1）它是集信息中心、交换中心、认证中心、服务中心为一体的综合平台。

2）提供信息发布、数据交换、网上市场、交易撮合、网上政务等基本服务功能。

3）提供现代物流管理、信息服务、客户查询、货物跟踪、法律服务等增值服务功能。

3. 广泛的适应性

兼容传统物流模式，擅长现代物流模式，预留未来物流模式。

4. 运营原则

遵循公正、公开、服务、普惠的运营原则。

5. 电子商务

以会员制、有偿制和普惠制等多种方式相结合的网上交易、网上撮合、网上运作和网上结算。

6. 电子政务

物流相关政府机构间的联网办公（特别是审批、海关、工商、税务、城管）。

7. 专业市场

1）区域内专业市场的基本信息需求和物流需求。

2）分别建设各大专业市场的网上货场、卖场和期货交易平台。

3）统一各个不同专业市场的物流信息标准和物流服务标准。

8. 服务对象

工业企业、商业企业、农业企业、城镇居民、金融企业、政府机构、物流企业。

9. 服务方式

1）大型企业会员采用免费的客户端软件实现 EDI 数据交换。

2）中小企业会员采用 ASP 方式低成本地租用物流管理功能。

## 二、区域性现代物流信息平台的总体架构（见图 8-1）

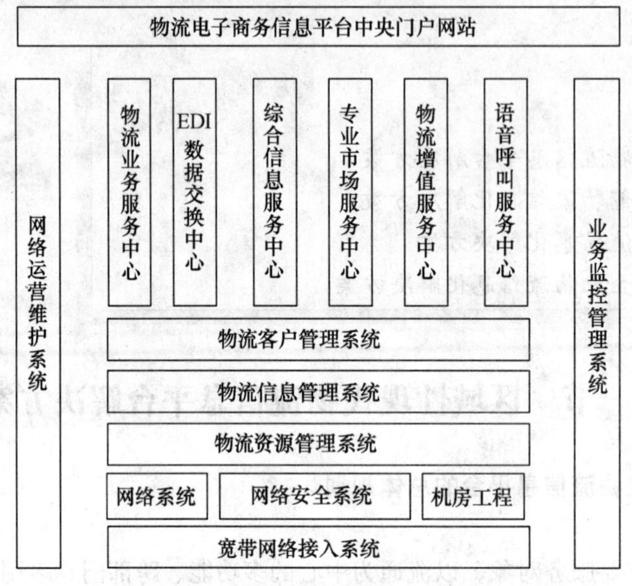


图 8-1 区域性现代物流信息平台的总体架构

## 三、区域性现代物流信息平台的用户结构

现代物流是一个涉及工商、税务、交通、海关、商检、金融、外贸、仓储企业、运输企业、货代企业、货主、生产企业、商业企业等多个部门、多个环节、多种资源、多种主体的复杂活动。现代物流信息平台必须用网络将这些部门、环节、资源、主体连接在一起，实现现代物流各主体间的信息交流和共享。区域性现代物流信息平台的用户结构如图 8-2 所示。

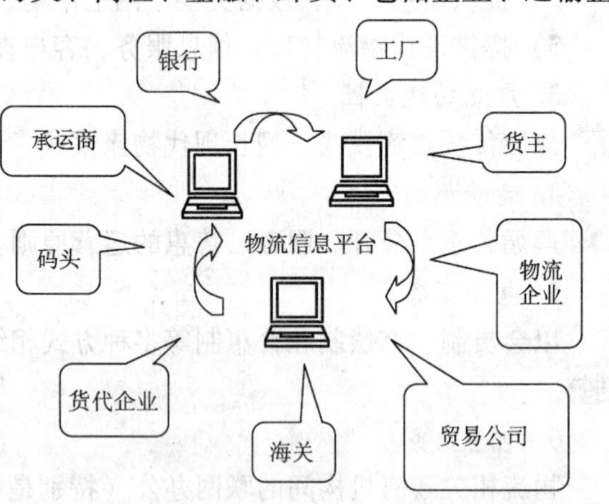


图 8-2 区域性现代物流信息平台的用户结构

## 四、区域性现代物流信息平台的网络架构

现代物流信息平台是由建立在 Internet 基础上多层次的网络系统构成的，核心部分是现代物流信息平台管理中心的 Intranet 局域网。该局域网是由服务器簇、交换机、路由器、防火墙、各种电脑等信息设备组成的快速以太交换网，整个网络通过光纤整体接入 Internet 主干网上。

信息平台由一个拥有国际顶级域名的门户网站作为入口，为客户提供 7 × 24 小时的物流信息服务和实务服务。

信息平台的使用者可以是企业级的信息平台，也可以是单台电脑，他们可以通过专线或宽带网络、ADSL、ISDN、PSTN 等各种方式接入到信息平台上，获得所需要的信息和服务，实现相互间的信息交换和共享。

区域性现代物流信息平台的网络架构如图 8-3 所示。

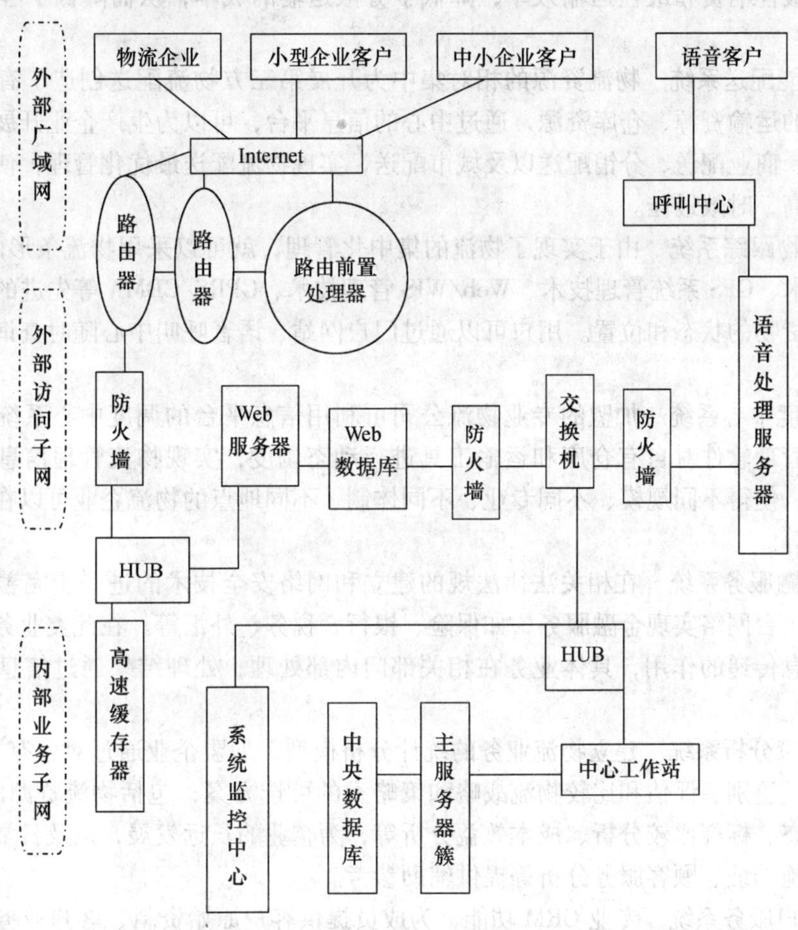


图 8-3　区域性现代物流信息平台的网络架构

**五、区域性现代物流信息平台的功能架构**

现代物流信息平台面向用户的服务功能有六个部分，即物流业务服务功能、EDI 数据交换功能、物流信息服务功能、专业市场服务功能、物流增值服务功能、语音呼叫中心功能。六大功能基本上满足了区域内目前以及未来物流信息、物流服务、数据交换、电子商务、物流管理的需要。系统采用分层框架结构，在标准的网络链路层上，按照国际标准 Intranet 搭建设备层、系统平台、管理平台和服务平台。这样，随着今后业务的不断扩展，可以很方便地使用服务平台的数量和内容，实现系统的开放性和可扩展性。

六个服务中心的功能和内容简介如下：

1. 物流业务服务中心

(1) 仓储管理系统　以实体仓库为管理对象，管理的范围可以是自有的或是委托的仓库，服务中心集中尽可能多的类别、各地点、各专业仓库资源，构成中心虚拟仓库群，可以为需要仓库资源的企业或客户提供合适位置、合适费用和合适服务的货物存储空间。

（2）运输管理系统　运输管理系统包括运输资源（运输工具、运输方式、人员等）的管理和运输任务（计划、运输中、完成）的管理。通过集约化的运输管理，实现最佳运筹、最佳路线、最佳消费和最佳运输效率，降低了分散运输的成本，从而降低了客户的运输成本。

（3）智能配送系统　物流资源的相对集中为开展第三方物流配送创造了有利条件。利用物流中心的运输资源、仓库资源，通过中心的信息平台，可以为生产企业开展零库存的生产资料配送、商业配送、分销配送以及城市配送，实现物流配送最优化管理，使配送成本最低，效率最高，时效最佳。

（4）货物跟踪系统　由于实现了物流的集中化管理，就可以采用物流条形码管理技术、POS 管理技术、GPS 系统管理技术、Web/WIS 管理技术、GPRS/CDMA 等先进的货物跟踪管理技术管理货物的状态和位置。用户可以通过门户网站、语音呼叫中心随时查询获得货物的信息。

（5）调度中心系统　加盟的专业物流公司可利用信息平台的调度中心系统，通过信息平台提供的管理软件对自有仓库和运输工具进行动态调度，实现物流管理信息系统的 ASP 应用。这样，使得不同规模、不同专业、不同体制、不同地点的物流企业可以在信息管理水平上实现平等。

（6）金融服务系统　在相关法律法规的建立和网络安全技术的进一步完善后，可以通过物流信息平台网络实现金融服务，如保险、银行、税务、外汇等。在此类业务中，信息平台起一个信息传递的作用，具体业务在相关部门内部处理，处理结果通过信息平台返回客户。

（7）决策分析系统　建立物流业务的统计分析模型，加盟企业通过对已有数据的分析，帮助管理人员鉴别、评估和比较物流战略和策略上的可选方案，包括物流资源的利用效率、市场方向动态、标杆比较分析、成本效益分析等，为企业的长远发展，以及日常车辆调度策略、物流设施选址、顾客服务分析等提供辅助参考。

（8）客户服务系统　专业 CRM 功能，为成员提供客户原始资料、客户业务需求、客户满意度调查以及日常的客户服务功能。系统不仅可以为客户提供下达提货、存货、运输指令的接口，为其提供相关查询功能，而且要为物流企业提供客户动态和客户个性化服务提示。

（9）结算管理系统　为通过服务中心发生的所有物流业务提供结算功能。根据企业或客户的要求，可以按单、按日、按月、按年提供各种物流费用的结算清单，产生发票，并可按客户要求与其专用财务系统进行接口。

（10）合同管理系统　服务中心所承担的所有物流业务（也是加盟物流公司承担物流业务的总和）都以标准合同文本的形式出现，并在业务发生前提交中心验证中心公证，获得法律效应，中心对合同的服务条款实行严格控制，并通过对物流服务合同以及合同的执行情况进行跟踪管理，评价企业和客户资信。

2. 电子数据交换（EDI）中心

EDI 中心是一个电子数据交换处理系统，可通过公用电信网、专用网及 X. 25 网等通信网络把不同地区的 EDI 系统连接在一起。物流 EDI 是货主、承运业主以及其他相关单位之间，通过 EDI 系统进行物流数据交换，并以此为基础实施物流作业活动。物流 EDI 的参与单位有货主（如生产厂家、贸易商、批发商、零售商等）、承运业主（如独立的物流承运企业等）、实际运送货物的交通运输企业（如铁路企业、水运企业、航空企业、公路运输企业等）、协助单位（如政府有关部门、金融企业等）和其他的物流相关单位（如仓库业者、专业报关业者等）。

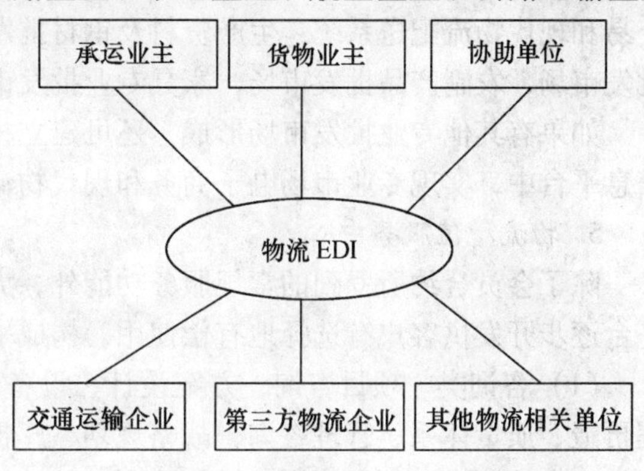

图 8-4　物流 EDI 的框架结构

物流 EDI 的框架结构如图 8-4 所示。

3. 现代物流信息中心

现代物流信息资源是开展现代物流活动的基础。通过信息平台整合现代物流信息资源，建立现代物流信息资源数据库，并以 Web 站点的形式对外发布，用户只要通过 Internet 连接到信息平台 Web 站点上，就可以获取站点上提供的现代物流信息。物流信息平台提供的现代物流信息服务主要包括：

（1）政策法规信息　与现代物流有关的各种政策和法规信息。

（2）现代物流政务信息　与现代物流相关的各政府部门的政务信息。

（3）现代物流动态信息　国内外现代物流发展动态和相关新闻。

（4）现代物流科技信息　现代物流行业新的技术、新的产品等方面的信息。

（5）现代物流人才信息　现代物流行业的人才招聘和求职信息。

（6）联盟会员信息　本信息平台的各联盟企业的信息。

（7）现代物流培训信息　各种现代物流理念、物流管理、物流操作等方面的培训信息。

（8）现代物流会展信息　各种现代物流展览、物流研讨会、物流论坛信息。

（9）航班船期信息　各大机场、港口、码头的航班船期信息。

（10）铁路车次信息　全国各主要车站铁路货运车次信息。

（11）现代物流价格信息　主要运输价格、仓库价格、配送价格以及其他服务价格信息。

（12）仓库资源信息　区域的仓库资源信息。

（13）仓库需求信息　客户发布的各种租仓信息。

（14）运输资源信息　各种运输车辆和适载货物信息。

（15）运输需求信息　货主发往各地的货源信息。

现代物流信息平台通过对以上现代物流信息的收集和处理，可以显著提高现代物流资源的利用率，迅速构建个性化的现代物流服务链条，满足客户的需求，降低现代物流成本。

4. 专业市场服务中心

专业市场是中国特色的专业产品集中交易中心，代表着专业产品或原材料集中采购、存储、运输、配送的原始需求格局。从市场发展的角度来看，专业市场代表着流通的效率化、专业化需求，代表着现代物流的集约化需求，在电子商务尚不普及的中国，专业市场的业态将长期存在，通过先进现代物流方式和手段的引进，可以逐步向专业现代物流配送中心的方向过渡。因此，规范其运作方式，提高其采购和配送效率，扩大其辐射范围，细化其服务功能，是专业市场未来的发展方向。在此，信息平台将以电子商务为手段，逐步实现这个目标。

根据区域目前商贸流通情况，现代物流信息平台首先在以下几个专业市场建立电子商务交易和现代物流配送系统：生产资料及钢材批发市场，汽车及零配件批发市场，日用消费品批发市场，农副产品批发市场，家具专业批发市场。

如果有其他专业批发市场形成，还可建立相应的电子商务交易系统，并集成到现代物流信息平台中，实现专业市场电子商务和现代物流的无缝衔接。

5. 物流增值服务中心

除了会员合约所罗列的常规服务功能外，大量的个性化、特殊化和专用功能可以由信息平台逐步开发供客户有选择地有偿使用，构成平台的增值服务项目。

(1) 咨询类　项目咨询、方案设计、设备选型、市场调查、信息综合、成本分析、流程再造、质量体系、管理咨询、战略规划、广告策划。

(2) 培训类　专题培训、操作培训、基础培训、学位培训、海外培训。

(3) 会展类　本地参展、专题招商、全国联展、海外招商、海外参展、广告制作。

(4) 应用类　企业信息化、网络设计、系统集成、网站设计、网站管理、网站制作、网络接入、专线接入、网络会议、信息发布、信息检索、软件定制。

6. 语音呼叫服务中心

语音呼叫服务对于尚未联网的企业客户和现代物流末端客户具有十分重要的意义。中国电话通信网络的发展已经成为世界第一，信息平台和电话通信网络的连接就显得十分必要。客户只要拨打呼叫电话，呼叫中心即可根据客户语音或按键的要求传达给现代物流服务中心，呼叫中心可以是自动接听也可以是人工坐席，或两者兼有，系统将根据客户的服务要求提供相应的服务支持。

区域邮政的183、185呼叫系统，采用人工坐席制建立区域内邮件服务呼叫系统，如果加以系统升级，可以纳入信息平台呼叫中心服务体系。

以上信息平台的服务功能是与使用者的人机界面（前台部分），其展示的所有功能都是依赖后台的管理系统实现的。后台管理软件主要有三大组成部分，即现代物流客户管理系统、现代物流信息管理系统和现代物流资源管理系统。

为了保证系统的正常运行，信息平台还必须有网络管理部分和运行维护部分承担相应的基础管理职能，简列如下：内部网络管理、外部网络接口、网络安全保障、机房设备管理、运行状态监控、日常维护管理、非法访问监控。

**六、区域性现代物流信息平台的技术实施方案**

1. 信息平台的设计原则

(1) 先进性原则　采用当今国内国际上最先进和成熟的计算机软件硬件技术，使所建立的信息平台能够最大限度地适应今后技术发展变化和业务发展变化的需要。系统总体设计的先进性原则主要体现在以下几个方面：

1) 采用的系统结构应当是先进、开放的体系结构。

2) 采用的计算机技术应当是先进的，如双机热备份技术、共享阵列盘技术、容错技术、RAID技术等。

3) 采用先进的网络技术，通过智能化的网络设备及网络管理软件实现对网络系统的有效管理与控制，实时监控网络运行情况。

4）采用先进的现代管理技术，保证系统的科学性。

（2）实用性原则　最大限度地满足实际工作要求，综合考虑各业务层次、各管理环节中数据处理的便利性、可行性和操作的简便实用。

（3）可扩充、可维护性原则　系统的设计过程中，应充分考虑系统的维护方便和功能的扩展方便。模块化设计、网络设计有助于提高系统的可扩展性，为不断发展的平台功能提供扩充空间；系统设计中严格遵守软件工程学的原则，加强测试技术和项目管理水平，可增加系统的可维护性。

（4）可靠性原则　系统每个时刻都要采集大量的数据，并进行相应的处理，任一时刻系统的故障都有可能给用户带来不可估量的损失。因此，数据安全、操作可靠、运算稳定是系统具有较强的稳定性和可靠性的重要指标。

（5）安全保密原则　用户在信息平台上的数据就是用户的商业秘密，维护用户的数据安全性、机密性就是维护信息平台的权威和信用。因此，采用认证技术、密钥技术以及Web安全访问技术等先进的保全技术对提高系统的安全保密性是十分重要的。

（6）经济性原则　在满足系统应用的前提下，应采用分阶段投资、设备性价比平衡、可再利用原则，严格、认真地进行设备选型，尽可能避免超前消费、超标准消费、超时效消费，采用成本效益相结合交替的方式实施系统集成，以节省投资，争取以最低成本完成信息平台的建设。

2. 网络建设方案

区域性现代物流信息平台的网络架构为Intranet / Extranet / Internet体系结构，共分以下三层：

（1）内部业务网　内部业务网是由若干服务器互连构成信息平台运营中心的Intranet快速交换局域网。网络的主服务器（数据库服务器）采用小型机方案，以双机热备份方式工作。其他服务器如备份服务器、文件服务器等采用一般专用服务器即可。主服务器操作系统为UNIX平台，其他服务器可选用Windows平台；数据库可选用Oracle、Sybase SQL Server、DB2等大型数据库。

（2）外部访问网　由Web服务器、邮件服务器、FTP服务器、BBS服务器等服务器簇组成，这些服务器采用一般专用服务器即可，通过交换机和双绞线连接在一起组成外部访问子网。服务器操作系统可安装UNIX或Linux平台，Web页面的开发可采用JSP、HTML、DREAMWAVER、FLASH等语言和工具进行开发。外部访问网和内部业务网间通过专线连接，并设立防火墙。

（3）外界用户网络　外界用户既可以以专线方式也可以以宽带或PSTN与外部访问网相连；既可以是单台电脑接入，也可以是整个局域网接入，而且对用户电脑的操作系统平台和数据库系统没有限制。外界用户网络和外部访问子网的连接将通过路由器和防火墙，以保证系统的安全。

3. Internet接入方案

（1）信息平台网络系统的Internet接入　采用光纤方式，通过路由器和防火墙接入内部主交换机上，带宽应不小于10M，有不少于8个的固定IP地址。

（2）外部用户网络的Internet接入　可采用宽带、ADSL、DDN、PSTN等多种方式接入，不同的接入方式，带宽不同，在数据交换方式上也会不同。

4. EDI 中心实施方案

EDI 中心结构按功能划分如图 8-5 所示。

EDI 应用系统是 EDI 用户端的 EDI 应用支持，在传统的 EDI 应用系统中，是作为完整的客户端功能存在的。也就是说，需要一套完整的客户端软件支持。在基于 Internet 的 EDI 系统中，可以沿用此种方法，在 Web 上下载客户端 EDI 应用软件，也可以将其功能放在 EDI 中心的服务端，而采用 ASP 方式应用。应用系统包含的功能模块有报文生成和处理模块、格式转换模块、通信模块和联系模块组成，如图 8-6 所示。

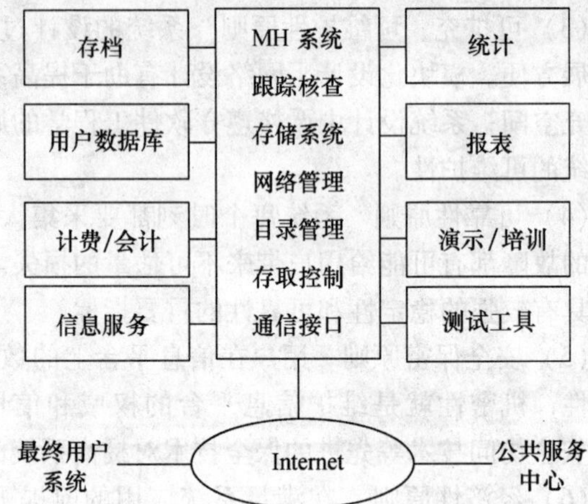


图 8-5 区域性现代物流公共信息平台 EDI 中心结构功能

（1）报文生成和处理模块 模块功能包括以下内容：

1）接收来自用户联系接口、其他信息系统和数据库内部联系接口模块的命令和信息，按照 EDI 标准生成订单、发票、合同以及其他各种 EDI 报文和单证，经格式转换模块处理之后，提交给通信模块，经 EDI 通信网传发给其他 EDI 系统的用户。

2）经通信模块将接收到的来自其他 EDI 系统的 EDI 报文进行自动处理，按照不同的 EDI 报文类型、不同的应用过程进行处理，如订单、发票等。

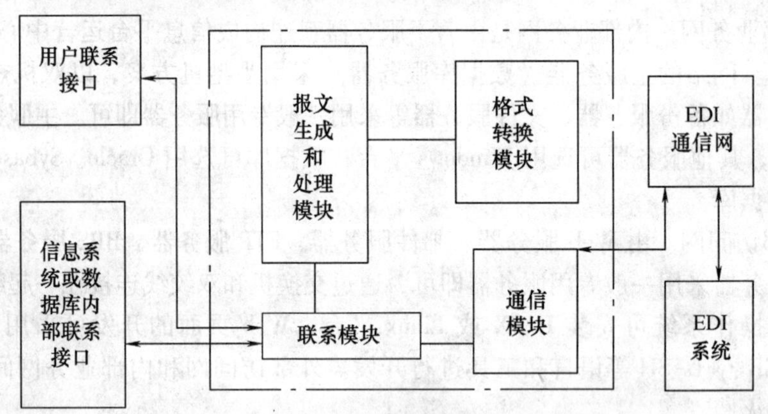


图 8-6 区域性现代物流公共信息平台 EDI 功能模块

（2）格式转换模块 格式转换模块将各种 EDI 报文，按照 EDI 结构化的要求作结构化处理。按照 EDI 的语法进行压缩、重复、嵌套和代码转换，并加上相应的语法控制字符后，提交给通信模块再发送给其他的 EDI 用户。

（3）通信模块 通信模块是 EDI 系统与 EDI 通信网的接口，执行呼叫、应答、自动转发、地址转换、差错校验、出错报警、审计和确认、命名和寻址、合法性和完善性检查及报文传送等。

（4）联系模块 联系模块包括用户联系模块和内部系统联系模块两部分。用户联系模块是为用户提供友好的接口和良好的人机界面；内部系统联系模块是 EDI 系统和本部门内其他信息和数据库的接口。

EDI 的报文标准采用 EDIFACT 标准，根据 EDI 技术的发展，将积极应用 XML 技术开发基于 Internet 的 EDI 应用系统。

5. 电子商务交易系统方案

电子商务交易系统的开发采用国际通用的 J2EE 编程规范，全面支持浏览器/应用服务器/数据库服务器三层结构，如图 8-7 所示。

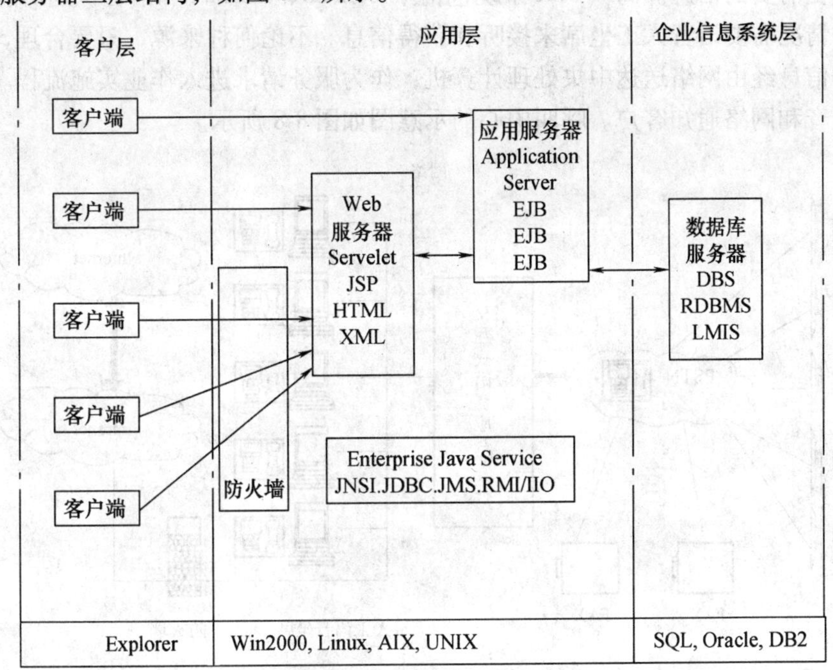


图 8-7　电子商务交易系统方案三层结构

电子商务交易系统的交易环境采用跨平台语言开发，采用流行的中间件产品（如 IBM 公司的 Websphere 或者 Weblogic 等），支持客户端或单一浏览器访问，大大降低了访问成本，提高了系统的可行性和可维护性。

数据库产品采用流行的 SQL Server 和 Oracle，支持大规模的数据交互和并发访问，支持分布式数据库结构，使系统具有足够的数据处理能力和存储能力，以及数据的可靠性、可恢复性。同时，系统采用海量磁盘阵列和磁带设备，定时或不定时地进行数据备份，以确保系统历史数据的完整性，为信息平台成为法定的认证机构奠定必要的技术基础。

所采用的电子商务交易系统模式有以下几种：

（1）B2B 模式　企业与企业间的网上交易，如现代物流服务企业和客户间的第三方现代物流服务单证交换、专业批发市场的企业与企业间的商品买卖等，这是电子商务的主要业务模式。

（2）B2C 模式　企业与一般消费者间的网上交易，如一般消费者通过专业市场交易系统购买商品，一般消费者在网上提交的包裹递送请求等。

（3）B2G 模式　企业与政府间的单证传输，如进出口业务中的企业向海关的报关业务，企业向政府有关部门提出的审批请求等。

由这三种主要的电子商务模式生成的如 B2B2C、B2G2B 等其他模式，在现代物流信息平台的电子商务中心都会得到应用。

6. 呼叫中心方案

呼叫中心采用 IVR 系统，即交互式语音应答系统。它的主要功能是进行交互式语音处理，相当是一个“自动坐席台”。由于有 IVR 子系统，呼叫者可通过话机按钮输入他的信息，也可接受需要的信息。高级 IVR 系统包括 voice mail、Internet 和语音识别功能。

特殊的情况需要语音人工坐席来接听和获得信息。不论何种来源，只要合理，呼叫系统就将获得的信息经由网络送达中央处理计算机，作为服务请求进入作业实施流程。处理结果可以通过语音和网络通知客户。呼叫中心的示意图如图 8-8 所示。

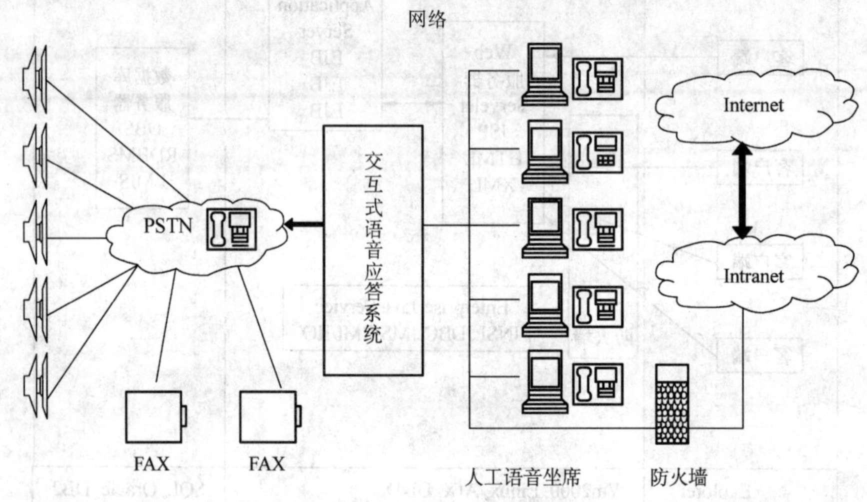


图 8-8　呼叫中心的示意图

IVR（交互式语音应答系统）主要由以下几部分组成：系统控制部分、语音处理模块、电话接口模块、数据接口模块（提供 IVR 和内部网络间的连接）、可选模块、语音处理模块、传真模块、ISDN 接口模块。

7. 现代物流信息发布系统方案

现代物流信息发布系统的技术实现与电子商务系统是相同的。现代物流的发布将是动态的，并以 Web 的方式表示出来，用户只要登录现代物流信息平台网站，通过浏览器就可以在授权范围内访问现代物流信息。系统将开发后台管理系统，对现代物流信息的收集和处理进行动态管理和实时更新。

8. 现代物流管理信息系统方案

系统遵循 J2EE 规范，采用组件开发技术和流程化管理。系统的开发将充分借鉴国外先进现代物流信息系统和业务处理流程的成功经验，结合我国现代物流运作的特点和区域的实际需求，强调系统的实用性和可维护性。系统将集成现代的先进技术，如 GPS/GSM/GIS 技术、条码技术、QR 技术、JIT 技术等，通过建立运筹模型，实现配送线路的优化和空车配载效率的提高，实现仓储、运输、配送、流通加工、装卸搬运、报关、合同、客户等现代物流全过程信息的一体化管理。

9. 现代物流信息平台安全方案

现代物流信息平台是通过 Internet 网络和用户进行连接并实现数据交换的。由于 Internet 自身协议的开放性，使 Internet 自身的安全受到严重威胁。对网络安全的威胁主要表现在：拒绝服务、非授权访问、冒充合法用户、破坏数据完整性、干扰系统正常运行、利用网络传播病毒、线路窃听等方面。这就是必须充分重视的信息平台安全性，有针对性地采取安全防范措施。区域性现代物流信息平台采取以下安全防范措施：

（1）AAA 服务　AAA 是 Authentication、Authorization、Accounting 的缩写，即认证、授权、记账功能。

1）认证：用户身份的确认，确定允许哪些用户登录，对用户身份的校验。

2）授权：当用户登录后允许该用户可以干什么，执行哪些操作的授权。

3）记账：记录用户登录后干了些什么。

（2）防 DOS 黑客攻击　防范拒绝服务（DOS）黑客攻击的措施一般有两种：一是过滤进网和出网的流量，目的是阻止任何伪造 IP 地址的数据包进入网络，从而从源头阻止诸如 DDOS 这样的分布式网络攻击的发生或削弱其攻击效果；二是采用网络入侵检测系统 IDS（Intrusion Detection Systems），当系统收到来自奇怪或未知地址的可疑流量时，网络入侵检测系统能够给系统管理人员发出报警信号，提醒他们及时采取应对措施，如切断连接或反向跟踪等。

（3）漏洞检测　漏洞检测（Vulnerability Scanner）就是对重要计算机信息系统进行检查，发现其中可被黑客利用的漏洞。漏洞检测的结果实际上就是系统安全性能的一个评估，它指出了哪些攻击是可能的，因此成为安全方案的一个重要组成部分。防范措施一般采用安全扫描服务器，对网络设备进行自动的安全漏洞检测和分析。

（4）入侵检测　入侵检测（Intrude Detection）具有监视分析用户和系统的行为、审计系统配置和漏洞、评估敏感系统和数据的完整性、识别攻击行为、对异常行为进行统计、自动地收集和系统相关的补丁、进行审计跟踪识别违反安全法规的行为、使用诱骗服务器记录黑客行为等功能，使系统管理员可以较有效地监视、审计、评估自己的系统。

（5）防病毒　系统集成了可以联机升级的防病毒设备和软件，采用联机病毒代码更新、实时扫描等有关技术对新旧病毒实施不间断的防范，并连同网络安全隔离防火墙对偷袭的病毒实行隔离消杀。

（6）VPN 方式　现代物流信息的特殊用户和重要用户，可以通过 VPN 的方式建立起用户和信息平台的虚拟专用通道，以保证数据的安全传输。

## 第二节　制造企业仓储物流信息化解决方案

在中国制造企业物流信息化建设的案例中，中软冠群与东风汽车整车仓储信息化方案最为经典，被中国物流与采购联合会评为年度优秀案例。这个方案主要解决了东风公司的两个问题：信息滞后，销售公司营销部不能及时准确地获取来自检查储运部的可销售商品车的信息；整车仓储面积大、车型多，因库内信息不准确，导致为取出指定的车而频繁倒车。

东风汽车股份有限公司整车仓储物流信息化方案涉及的业务部门有：汽车分公司生产部

的总装作业部，销售公司的检查储运部和营销部。从总装作业部产品下线开始，至商品车发车为止，是一条业务完整的仓库管理业务线。

解决方案是在 ES/1 Logistics 产品的强大物流管理系统基础上，使用 ES/1 自身的开发平台，根据汽车行业仓储物流管理的特点开发和形成的具有国际管理水平、在国内首屈一指的汽车行业整车仓储和物流管理方案。

该方案以整车仓储自动化管理、运输管理为中心，向外可延伸到汽车的生产管理、库存管理、销售管理和财务管理，并可向 ES/1 Logistics 和 ES/1 Manufacturing 任意扩展，形成汽车行业信息化的整体解决方案。

该方案通过全方位的条形码扫描替代人工录入来管理所有仓库库存，实现根据规则自动建议入库位置、自动建议出库位置，达到最大化利用仓储空间和避免库区内倒车的管理效果；并通过库间倒车跟踪和长途运输跟踪来控制车辆运输时间和避免车辆损失，从而大大提高汽车行业整车物流的管理水平，减少庞大的管理费用。

该方案以生产管理为起点，采用最适合汽车行业的重复生产模式来管理生产作业的进度计划，并通过此计划自动生成车型与底盘号的对应关系，无须人工维护。

该方案管理销售订单、运单、销售发票、应收账款，并可管理和控制在经销商仓库中的库存，保证企业资金顺畅，避免财务风险。

**一、整车仓库管理和物流管理的需求特点**

1）序列号管理：每种车型的每一辆车都有自己的底盘号、发动机号、VIN 码，并一一对应。

2）倒车管理：生产线暂存仓库到整车发车库有相当的距离，要对倒车的时间及人员进行管理与控制。

3）整车按系列的不同在发车库中分区域停放。

4）在规范的库区中，整车在同一库位只能放同一种车型，并且颜色要相同。

5）库区中库位长度可能不同，由于车型的不同车辆长度也不同，因而对于库位存放车辆数量的关系需要计算和管理。

6）整车仓库面积很大，管理相对困难，因而空间利用受人工管理的限制浪费较大，需要计算机管理实现最大可能地利用停车空间。

7）整车出库按照先进先出的原则按入库先后顺序出库，但受人工管理的限制，信息不准确及时；同时，由于各种相关业务的影响，按此原则往往无法顺序出车，而要大量倒车才能将指定的车开出。

8）整车销售时要办理运单，并跟踪整车到达目的地的情况，且要计算运费。

9）整车管理流程繁多复杂，包括调整、检验、倒车、新车准备、销售、借车、返修、退库、拆装箱等，难以规范管理。

10）需要大量及时的业务报表和信息支持业务运作，也需要大量准确及时的管理报表提供决策支持。

在上述几点中，最难以管理的是整车仓储。其管理难度较大，管理好坏差距也很大。较差的管理是：相同车型不同颜色混排，不充分利用空间，前、后、中间都有空位，不按间隔停放，难以先进先出。良好的管理是：同车型颜色同列存放，充分利用空间，车辆长度与库位长度比较接近，先进先出非常顺利。

### 二、解决方案的功能和特点

1）所有车辆采用条形码管理，车辆入库和出库管理全部通过条形码扫描实现。

2）入库扫描后依据规则设定系统自动产生和打印入库建议单，驾驶员完全依据指定的货位入库。

3）入库建议单指定库位即可入库，无须人工干预。

4）入库建议依据规划保证同一车型同一颜色放在同一排。

5）入库建议根据车长和库位计算库位的存放数量，使仓库空间利用率达到最大。

6）入库建议依据规则可设定某库区或存放的车型种类。

7）入库建议自动根据设定库位优先级来寻找库位，保证车辆放置紧凑有序。

8）出库根据先进先出原则，系统自动根据车辆入库时间先后顺序给出所要出库车型的出库建议，驾驶员根据出库建议按顺序领取车钥匙并提车。

9）出库时扫描出库单条形码和整车的条形码，自动对应收货单位和所提车辆信息。

10）运单管理可以跟踪每辆车的在途情况，以及检查车辆实际到达目的地和返回公司的日期是否符合系统计算的日期要求。

11）采用最适合汽车行业的重复生产模式来管理生产作业的进度计划，并通过此计划自动生成车型与底盘号的对应关系，无须人工维护。

通过上述方案，可以做到管理所有放在经销商仓库的整车库存，管理所有经销商和直接客户的销售信息，使企业对市场信息了如指掌，便于经营管理者做出正确及时的管理决策。

## 第三节　零售企业物流信息化解决方案

### 一、方案简介

随着中国零售市场的竞争越来越激烈，零售企业对信息系统的要求也越来越高，拓展管理理念，进行连锁化管理和业态创新成了零售企业提升信息系统的关键需求。融通公司针对这种需求，结合新的国际化管理理念和中国企业的管理特色，研发出支持多业态的零售企业信息管理套件 Myshop。它的应用将帮助零售企业加速精细化管理和提高企业的核心竞争力，轻松实现规模化、效益化的超常规发展。

### 二、适用对象

Myshop 是一个基于框架结构的组合式产品，由多个独立运行的子系统构成。这些子系统涵盖了零售企业几乎所有的业务，能够独立升级或与第三方软件集成。基于 Myshop 的零售企业解决方案满足从单店、区域连锁，到全国性大型连锁零售企业的商品流、信息流、资金流管理，适合于大型综合连锁超市、购物中心、百货商场、便利店、连锁式专卖店等各种零售业态。

### 三、主要功能

Myshop 以规范化、标准化、规模化为设计理念，以实现快速实施复杂大型商业系统为目标，在解决企业的物流、资金流和信息流三者集成的同时，优化企业内部的业务流程，强化内部管理，提高企业的市场竞争能力。

Myshop 套件简介如下：

1. Myshop 数据中心系统（Myshop DCS）

（1）释名　Data Center System

（2）目的　统一整个信息系统的编码数据。

（3）功能简介　自动生成全系统统一的各种编码数据，如供应商编码、商品编码、品类编码、机构编码等。完善的编码对象监察机制，有效防止编码对象重复。灵活的编码查询机制，包括编码对象的状态、编码数据等。为各分公司系统（异构、同构）统一配送做资料匹配，同时支持总部统一数据分析。

2. Myshop 业务管理系统（Myshop BMS）

（1）释名　Business Management System

（2）目的　支持零售业务的经营管理。

（3）功能简介

1）系统管理。对角色、用户、工作站、权限、安全、版本进行管理。

2）档案管理。对品类、经营方式、商品、供应商、合同等进行管理。

3）库存管理。对补货、收货、配送、调拨、盘点、报损等进行管理。

4）销售管理。对售价、折扣、促销、批发、团购等进行管理。

3. Myshop 业务报告系统（Myshop BRS）

（1）释名　Business Report System

（2）目的　支持零售业务的查询分析和报告。

（3）功能简介

1）不同的观察对象，如品类、品种、供应商、门店、时间等。

2）不同的观察指标，如销售额、成本、毛利、动销比、交叉比等。

3）多种检索手段，如流程分类、使用频度分类、部门分类、人员分类。

4）灵活的数据组织，常用的数据由日结产生，动态数据动态产生。

4. Myshop 门店管理系统（Myshop SOS）

（1）释名　Store Opreation System

（2）目的　支持门店的业务运作和管理。

（3）功能简介

1）库存管理。对门店的补货、收货、退货、盘点、报损等进行管理。

2）销售管理。对门店的售价、折扣、销售组合、促销等进行管理。

3）报告管理。对门店的基础数据和经营数据进行查询和统计。

5. Myshop 销售收银系统（Myshop POS）

（1）释名　Poin Of Sales

（2）目的　支持门店商品的销售和收银。

（3）功能简介

1）商品销售。可进行扫码、录入条形码等销售方式。

2）收银管理。可进行多种支付方式的收银。

3）其他管理。实时打折、顾客信息采集等。

6. Myshop 卡服务系统（Myshop CSS）

（1）释名　Card Service System

（2）目的　支持零售企业各类会员卡、积分卡、提货卡业务的管理和分析。

（3）功能简介

1）客户账户管理。持卡人基本账户资料的管理。

2）卡规则管理。实现卡（券）的类型管理，信息系统将支持一卡多服务类型。

3）卡业务管理。包括制卡、售卡、卡冻结/解冻结、卡挂失/解挂失等。

4）业务处理。包括卡消费、积分管理、交易台账等。

5）业务分析。实现对顾客消费的交易数据进行查询、统计，支持对顾客关系的分析管理。

7. Myshop 财务辅助系统（Myshop FAS）

（1）释名　Financial Assistant System

（2）目的　支持零售业务的中央结算和辅助核算。

（3）功能简介

1）辅助明细账。内嵌商品库存余额表及明细账、往来账款余额表及明细账的管理。

2）核算管理。对单据进行审核和核算，生成财务系统使用的凭证。

3）结算管理。根据库存和销售情况，产生可结货款额，抽单汇总生成结算货款；根据扣项条款生成本期扣款；根据货款和扣款生成支付款及发票要求。

8. Myshop 配送中心调度系统（Myshop DMS）

（1）释名　Distribution Management System

（2）目的　支持配送调度，有主动配送和被动配送两种模式。

（3）功能简介

1）补货管理。对门店的补货请求进行分析、排队，以生成配送计划。

2）配送管理。执行配送计划，并产生派车要求。

3）派车管理。包括路线管理、车辆管理、驾驶员管理和派车管理。

4）查询报告。对库存、配送数据等进行查询并生成经营报告。

9. Myshop 配送中心仓储管理系统（Myshop WMS）

（1）释名　Warehouse Management System

（2）目的　支持仓库的货物管理。

（3）功能简介

1）货位管理。包括货区、货位、托盘等的管理。

2）收货管理。包括预验、月台分配、入库、上架等的管理。

3）出货管理。包括拣货、装车、发运等管理。

4）库内作业。调仓、移库、补货、盘点等管理。

5）查询报告。对批次、库存、出入库数据等进行查询并生成报告。

10. Myshop 供应商服务系统（Myshop VSS）

（1）释名　Vendor Service·System

（2）目的　加强供应商和零售商之间的信息交流，促进双方的合作关系。

（3）功能简介

1）系统管理。建立登录用户账号、密码等安全措施，进行登录用户的权限分配。

2）档案管理。零售商和供应商的资料档案管理。

3）销售管理。提供供应商的销售信息查询。

4）订单管理。提供供应商网上查询和接收订单。

5）库存管理。支持供应商从网上查询自己的商品库存。

6）结算管理。支持供应商从网上查询和接收零售商发出的结算通知书。

7）网上对账。支持供应商和零售商之间的网上对账功能。

**四、硬件与软件推荐**

1. 硬件平台

推荐使用 IBM 的系统小型机、PC 服务器和系列 POS 销售终端等。

2. 应用服务器平台

推荐使用 IBM 的 Websphere 应用服务器。

3. 数据库平台

推荐使用 IBM 的 INFORMIX、DB2 等大型数据库。

# 第四节　第三方物流企业信息化解决方案

## 一、系统整体功能结构

第三方物流企业的整体功能结构如图 8-9 所示。

1. 基本信息系统

基本信息系统是公用的子系统，提供所有其他子系统的基本数据，是系统的必要组成部分。凡是其他子系统要参照的数据，组织人员信息及与货主有关的供应商、客户的信息均包括在内。

2. 订单系统

客户服务部门接受订单之后，将订单录入系统，从而开始单据在物流系统中的流转过程；同时对订单进行跟踪管理，并与客户之间保持联系，向客户及时地提供订单的执行情况。

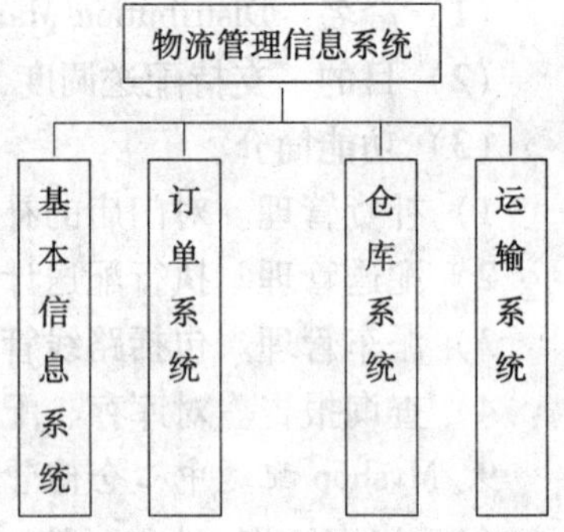

图 8-9　第三方物流企业的整体功能结构

3. 仓库系统

仓库系统是物流中心信息系统的重要组成部分，是整个供应链管理中不可或缺的一个环节。仓库系统的高效运作，也必然推动整个物流系统的高效运作。本系统专门面对第三方物流企业的仓库管理软件，融合现代物流的管理思想，为物流企业的仓库管理提供了一个良好的应用平台，并为企业电子商务的应用预留了可扩展的接口。仓库系统实现了对仓库运作全过程的管理，包括入库、同库、盘点、不良品处理、库存实时查询功能；同时系统实现了对货品的批次进行精确的跟踪，提供完善的单据报表，采用严格的权限控制，从而保证了仓库运作的严格、有序、高效。

4. 运输系统

运输系统是物流中心信息系统的重要组成部分，是整个供应链管理中不可或缺的一个环节，运输的效率直接影响整个物流系统的运作。

本系统是专门面对第三方物流企业的运输管理软件，融合了现代物流的管理思想，为物流企业的运输管理提供了一个良好的应用平台，并为企业电子商务的应用预留了可扩展的接口。运输系统实现了对运输操作全过程的管理，包括调度、车辆外协、装车、短拨、费用处理、投诉受理等功能；同时系统实现了对运输过程的跟踪，提供完善的单据报表，采用严格的权限控制，从而保证了运输操作的严格、有序、高效。

**二、客户收益**

该系统要求建立在计算机网络之上，实现数据共享，减少数据冗余，确保数据一致性。同时，对大量的运输信息能进行及时正确的处理，有利于服务客户、争取货源，达到扩大市场份额的效果；对运输生产过程进行管理和监控，加强对资金、人员、车辆等方面的管理，促进物流公司物流整体效益的提高。

**三、系统特点**

1. 可维护性好

由于系统采用 B/S 模式，所以所有系统的维护工作只需要在服务器端进行，不需要在客户端进行任何的升级和维护，大大提高了系统的可维护性。

2. 跨地域操作

在任何地点都可以通过 Internet 连接上服务器。对于大型物流公司，必定在全国设有分支机构，通过提供这种方式，就可以使各分支机构间使用同一套系统，实现数据的共享和及时交互。

3. 界面友好、简单易用

系统采用创新的 Web 风格界面，简明清晰，生动自然；从菜单中点击进入功能，使用户一目了然，易于上手。

4. 清晰的流程

系统的业务流程参照先进的物流理念和多家业界领先的物流公司实际的运营流程，同时深入了解了第三方物流公司自身的运作，制定了清晰的业务流程，使操作人员能够按照流程清晰地进行实际操作，保证物流运作有序而高效地进行。

1）硬件平台：IBM RS6000

2）软件平台：Websphere 4.0（EXPRESS）

3）操作系统：AIX

4）适用的行业：物流行业。

5）适用的用户群：第三方物流企业、物流园区、区域物流中心。

**本章小结**

- 区域性现代物流信息平台解决方案
- 制造企业仓储物流信息化解决方案
- 零售企业物流信息化解决方案
- 第三方物流企业物流信息化解决方案

# 参考文献


[1] 曾剑，等. 物流基础[M]. 北京：机械工业出版社，2004.

[2] 曾剑，等. 物流管理基础[M]. 北京：机械工业出版社，2005.

[3] 王明智. 物流管理案例与实训[M]. 北京：机械工业出版社，2003.

[4] 魏修建，等. 电子商务物流[M]. 北京：人民邮电出版社，2001.

[5] 李建成. 现代物流概论[M]. 北京：中国财政经济出版社，2002.

[6] 宋华，胡左浩，等. 现代物流与供应链管理[M]. 北京：经济管理出版社，2000.

[7] 翁心刚. 物流管理基础[M]. 北京：中国物资出版社，2002.

[8] 刘联辉，等. 超市物流[M]. 北京：中国物资出版社，2003.

[9] 刘志学. 现代物流手册[M]. 北京：中国物资出版社，2001.

[10] 江锦祥，等. 物流信息技术[M]. 北京：机械工业出版社，2003.

[11] 方美琪. 电子商务实用基础[M]. 北京：电子工业出版社，2002.

[12] 李东. 管理信息系统的理论与应用[M]. 北京：北京大学出版社，2001.

[13] 欧阳文霞. 物流信息技术[M]. 北京：人民交通出版社，2002.

[14] 崔介何. 电子商务与物流[M]，北京：中国物资出版社，2002.

[15] 蔡淑琴. 物流信息技术[M]. 北京：中国物资出版社，2002.

[16] 赵龙强，张雪凤. 数据库原理与应用[M]. 上海：上海财经大学出版社，2001.

[17] 张润彤. 电子商务概论[M]. 北京：电子工业出版社，2003.

[18] 龚炳铮. EDI与电子商务[M]. 北京：清华大学出版社，1999.

[19] 张毅. 企业资源计划(ERP)[M]. 北京：电子工业出版社，2001.

[20] 甘利人. 企业信息化建设与管理[M]. 北京：北京大学出版社，2002.

[21] 李东. 企业信息化案例[M]. 北京：北京大学出版社，2002.

[22] 王之泰. 现代物流管理[M]. 北京：中国工人出版社，2001.

[23] 华成. 信息资源管理[M]. 北京：高等教育出版社，2002.

[24] 鲍吉龙，江锦祥. 物流管理技术[M]. 北京：机械工业出版社，2003.

[25] 张宗成，郝渊晓. 现代物流信息化[M]. 广州：中山大学出版社，2001.

[26] 周城. 物流信息化解决方案[M]. 成都：四川人民出版社，2002.

[27] 王之泰. 现代物流管理[M]. 北京：中国工人出版社，2001.

[28] 丁俊发. 中国物流[M]. 北京：中国物资出版社，2002.

[29] 杨永明，周剑敏. 物流信息系统管理[M]. 北京：电子工业出版社，2005.

[30] 蔡淑琴，夏火松. 物流信息与信息系统[M]. 北京：电子工业出版社，2005.